やわらかアカデミズム
〈わかる〉シリーズ

# よくわかる
# アメリカの歴史

梅﨑 透/坂下史子/宮田伊知郎
［編著］

ミネルヴァ書房

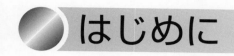

　アメリカ合衆国の「国」としての歴史は，世界史に重ねるとわずか数百年の近現代にあたる部分である。しかし，その歴史の短さにもかかわらず，アメリカ合衆国での歴史にたいする関心はとても高く，たとえば大学では歴史学は人気の専攻科目の一つにあがる。

　アメリカの歴史の書き方は大きく変わってきた。初期の歴史学者は，新興国家アメリカを語るためにヨーロッパとの対抗関係においてその歴史の独自性を工夫して強調した。公民権運動を経て，アフリカ系アメリカ人をはじめとするマイノリティへの様々な不正義・不公正が露わになると，歴史はアメリカに渡りそこで生きる多様な集団やその子孫が，自らの存在を確認するための手段となった。グローバル化が進展する現在においては，世界と自らの 生 （ライヴズ）を可視化するため，人々はアメリカの歴史を参照している。

　本書は，世界史のなかで断片的に登場するアメリカや，メディアで切り取られたアメリカではなく，アメリカの成立や構成を深く理解するために，体系的なアメリカ史像を提供する。内容の構成にあたっては，国家や政治経済の発展ばかりではなく，アメリカに生きる人々がどのように社会をつくり，変化させてきたのかという視点からの構成を心がけた。本書の執筆者は各自の専門分野からアメリカ史を研究してきたが，それぞれの留学や在外研究を経て形成された視点を重ねることで，多様ながらも一貫した歴史像が浮かび上がっていることがわかると思う。

　こうした視点は，近年の歴史学のまなざしの変化にもとづくものでもある。たとえば従来のテキストで「奴隷」（slaves）とされていたアフリカ系については，その地位が当事者の意思に反したものであったことを明確にするために「奴隷化された人々」（enslaved people）といった表現を用いて記述した。また，ネイティブ・アメリカンについては，自ら「インディアン」と称する場合をのぞき，「先住民」とした。さらに「婦人」と訳されてきたものを「女性」に統一するなど，訳語としての日本語の変化にも配慮した。読者が多様な主体の歴史をそれぞれの生き様にてらして理解し，同時にそうした人々と社会の関係を重層的に把握するきっかけになることを期待したい。

　近現代のアメリカは，世界にも大きな影響を及ぼしてきた。20世紀半ばに「アメリカの世紀」を標榜したアメリカの姿は，21世紀の現在は大きく様変わりした。しかし，アメリカで創造された社会理念や文化，人種，ジェンダー，

階級をめぐる人間関係のあり方は，現在も様々に参照され，示唆を与えてくれる。アメリカの歴史を学ぶ意義はこうしたところにもあるだろう。

　本書では，TOEFL やメディア等で説明なく使われる一般的なアメリカ史の用語に，可能な限り原語を添えている。読者への少しばかりの手助けになればと考える。

　末筆ながら，細かな注文にも辛抱強く応えてくださった執筆者の皆さん，本書の企画から出版まで丁寧な編集作業で支えてくださったミネルヴァ書房の堀川健太郎さん，冨士一馬さんに心より感謝申し上げる。

　　2021年5月

　　　　　　　　　　　　　　　　梅﨑　透・坂下史子・宮田伊知郎

# もくじ

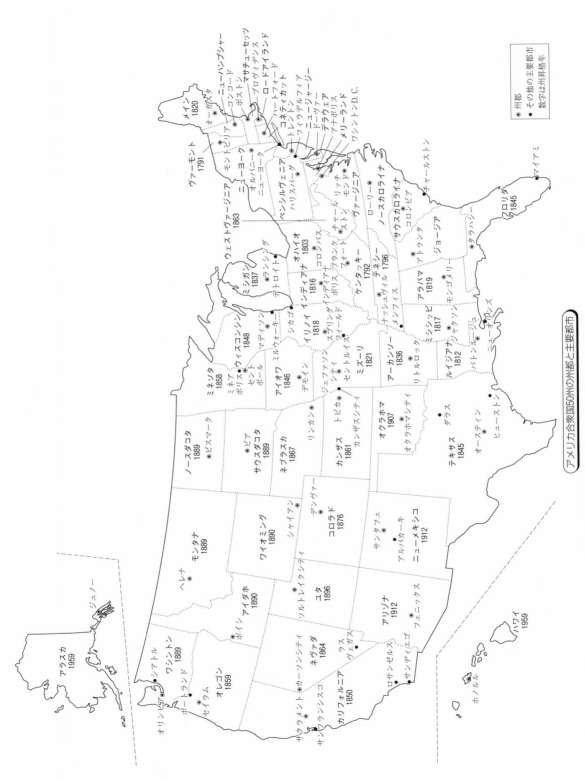

アメリカ合衆国50州の州都と主要都市

州都
その他の主要都市
数字は州昇格年

メイン 1820
オーガスタ
ニューハンプシャー
コンコード
ボストン マサチューセッツ
プロヴィデンス
ロードアイランド
ハートフォード
コネティカット
トレントン
フィラデルフィア
ニュージャージー
ドーヴァー
デラウェア
アナポリス
メリーランド
ワシントンD.C.

ヴァーモント 1791
ヴァージニア
モントピリア
ニューヨーク
オルバニー
ニューヨーク
ペンシルヴェニア
ハリスバーグ

ミシガン 1837
デトロイト
ランシング
ミルウォーキー
ウィスコンシン 1848
セント
ポール
ミネソタ
オハイオ 1803
コロンバス
インディアナ 1816
インディアナポリス
フォート
ウェイン
スプリング
フィールド
イリノイ 1818
シカゴ
ウェストヴァージニア 1863
リッチモンド
ヴァージニア
ローリー
ノースカロライナ
コロンビア
サウスカロライナ
チャールストン
ケンタッキー 1792
フランクフォート
ルイヴィル
ナッシュヴィル テネシー 1796
メンフィス
アラバマ 1819
モンゴメリー
ジョージア
アトランタ
サヴァンナ
フロリダ 1845
マイアミ

アイオワ 1846
デモイン
ミズーリ 1821
ジェファソン
シティ
カンザス
シティ
セントルイス
アーカンソー 1836
リトルロック
ミシシッピ 1817
ジャクソン
ルイジアナ 1812
バトンルージュ
ニューオリンズ

ミネソタ 1858

ノースダコタ 1889
ビスマーク
サウスダコタ 1889
ピア
ネブラスカ 1867
リンカン
カンザス 1861
トピカ
オクラホマ 1907
オクラホマシティ
テキサス 1845
ダラス
オースティン
ヒューストン

モンタナ 1889
ヘレナ
ワイオミング 1890
シャイアン
コロラド 1876
デンヴァー
サンタフェ
アルバカーキ
ニューメキシコ 1912

ワシントン 1889
オリンピア
シアトル
ボートランド
セイラム
オレゴン 1859

アイダホ 1890
ボイシ
ユタ 1896
ソルトレイクシティ
ネヴァダ 1864
カーソンシティ
ラス
ヴェガス
アリゾナ 1912
フェニックス

サクラメント
サンフランシスコ
カリフォルニア 1850
ロサンゼルス
サンディエゴ

アラスカ 1959
ジュノー

ハワイ 1959
ホノルル

アメリカ合衆国50州の州都と主要都市

出典：和田光弘編著『大学で学ぶアメリカ史』ミネルヴァ書房、2014年、300-301頁。

SERIES
# ya

やわらかアカデミズム・〈わかる〉シリーズ

よくわかる
アメリカの歴史

#  「新世界」と近代世界システムの形成

## ① 「新世界」と先住民

ヨーロッパ人によって「新世界」とされた大陸にいつ頃，どのような人々が，どのような経路で移住してきたのかについては諸説ある。なかでも文化人類学，考古学，地質学，生物学などの分野で合意が得られているのはベーリング説である。紀元前1万4000年から紀元前1万2000年頃までに人々は氷河期における海面低下によって現れたベーリング陸橋を，シベリアからアラスカへ大型動物を追いながら徒歩で渡った。この「最初のアメリカ人」，いわゆるアメリカ先住民は厚い氷河で覆われていた大陸北部の氷が溶け始めた紀元前1万2000年頃にさらに南下し，大陸全体に広がった。その他にも人々が海を渡って移住した可能性も指摘されている。また先住民の間ではこの大陸で生まれ，移動したという独自の歴史観も受け継がれている。

現在，北アメリカ大陸と呼ばれる地は東は大西洋，西は太平洋に面したややカーブのついた扇型で，扇の要にあたるパナマ地峡が2つの大海をつなぐ。大陸の東側には比較的なだらかなアパラチア山脈が，西側にはカスケード山脈，シエラネバダ山脈，そしてロッキー山脈が走る。特に西側の山脈は気候に大きな影響を及ぼす。太平洋上で湿気を含んだ空気が山脈の西側に降水をもたらし，山脈の東側には乾燥した風が吹く。そのため大陸の西部には比較的乾燥したグレートベースンと雨の少ないグレートプレーンズを作り出す。さらに東を流れるミシシッピ川は温暖湿潤な平原を通り，メキシコ湾にそそぐ。

山脈は人々の移動の壁ともなり，その両側に実に多様な文化圏を生み出した。比較的雨の多いミシシッピ川下流域では早くからトウモロコシやカボチャなどの栽培が盛んで，紀元前1800年頃には大規模な共同体が誕生した。グレートプレーンズではバッファローが主食とされ，また乾燥した南西部では灌漑を用いた農業技術が用いられた。

15世紀の北アメリカ大陸には500万から1000万人の先住民が住み，300以上の言語が使用されていたと推定される。これらの先住民の社会は住居，社会形態，食糧などの特徴からおよそ10のゆるやかな文化圏に分類できる。人々は村や**部族**単位で生

---

▷**部族（tribe）**
政治，社会形態，言語，慣習，食糧入手形態を共有する先住民集団の単位。同語を先住民集団に用いることに対する批判はあるが，ここでは同語の歴史性と汎用性をふまえて便宜上使用する。

▷**アステカ王国（Aztec Empire）**
14〜16世紀にかけてメキシコ中央高原に栄えた。

▷**インカ帝国（Inca Empire）**
15世紀半ば〜16世紀にかけてアンデス一帯で繁栄した。

[北アメリカの地図]

北アメリカの地理（紀元前1万2000年頃）

出典：ジェームズ・ウエスト・デイビッドソン，上杉隼人・下田明子訳『若い読者のためのアメリカ史』すばる舎，2018年。

活していたが交易，儀式，血縁や贈与関係などを通して個々の社会の交流は頻繁に行われていた。

## ② 「新世界」と「旧世界」の遭遇

　1492年10月12日，スペイン王室の支援を受けたクリストファー・コロンブスが現在のサンサルバドル島に到着した。カトリック世界の拡大（布教）とインド航路探索を目的としたコロンブスの航海のごとく，以後，宗教改革後のカトリックとプロテスタントの二大勢力が中央集権化の進んだ世俗的王権と結びつき南北アメリカ大陸に進出した。先陣を切ったスペインはコンキスタドールと呼ばれる征服者たちが金銀を求めて**アステカ王国**と**インカ帝国**を滅ぼし，1530年代末〜40年代にかけてフロリダからアメリカ南西部に北上し，18世紀にはカリフォルニアに到達した。フランスは17世紀初頭から毛皮貿易を中心とした商業的植民地の建設を目的に北方ではセントローレンス川流域から五大湖地方，西方ではメキシコ湾岸に至るミシシッピ川とその支流域に進出した。イギリスは16世紀後半から個人出資による入植を試みていたが，17世紀初頭からは国王の特許状を獲得した共同出資会社が大西洋沿岸に本格的な植民地建設を開始した。

　「新世界」と「旧世界」の遭遇はその両者に甚大な影響を与えた。16世紀以降，北アメリカ大陸ではミシシッピ川流域を中心とする地域で，地理的環境の破壊，人口減少，政治的同盟関係やリーダーシップの変化などにより，それ以前の社会，価値観やアイデンティティの在り方が激変するシャッター・ゾーン（Shatter Zone）が作り出された。歴史学者のアルフレッド・W・クロスビーはアメリカ大陸とヨーロッパが接触し，動植物や病原菌を通して世界の生態系がグローバルに混じり合う過程を「コロンブスの交換」と呼ぶ。アメリカ大陸にはコムギやサトウキビ，牛や馬，山羊，豚などの家畜が入ってきた。また天然痘，黄熱病などの病原菌がもたらされ，膨大な数の先住民の命を奪った。一方ヨーロッパには，トウモロコシ，イモ類，トウガラシ，トマトなどの作物が広がり「食糧革命」を引き起こした。　　　　（野口久美子）

（先住民の文化圏）

出典：Carl Waldman, *Atlas of the North American Indian,* third edition, Checkmark Books, 2009.

**参考文献**

チャールズ・C・マン，布施由紀子訳『1491——先コロンブス期アメリカ大陸をめぐる新発見』NHK出版，2005年。

「コロンブスの交換」によって交換された作物と家畜

| | アメリカ大陸からヨーロッパへ | ヨーロッパからアメリカ大陸へ |
|---|---|---|
| 穀物 | トウモロコシ，センニンコク，キヌア | コムギ，オオムギ，ライムギ，イネ，モロコシ，キビ，ソバ |
| イモ類 | ジャガイモ，サツマイモ，マニオク | タロイモ，ヤムイモ |
| 果物類 | パイナップル，パパイヤ，アボカド | リンゴ，イチジク，ブドウ，オリーブ，ナシ，柑橘類 |
| マメ類 | インゲンマメ，ラッカセイ，ライマメ | ヒヨコマメ，エンドウ，ソラマメ，ダイズ，アズキ |
| 果菜類 | カボチャ，トマト | キュウリ，スイカ，ナス |
| 野菜類 | | ニンジン，タマネギ，キャベツ |
| 香料，香辛料 | トウガラシ | コショウ，チョウジ，コエンドロ，ショウガ |
| 嗜好料 | たばこ，カカオ | 茶，コーヒー |
| その他の作物 | ゴム，ワタ，ヒョウタン | サトウキビ，サトウダイコン，ワタ，バナナ，ヒョウタン |
| 家畜 | リャマ，アルパカ，七面鳥，クイ（テンジクネズミ），犬 | 牛，馬，羊，山羊，豚，ロバ，犬 |

注：薬用植物および繊維用植物は除く。なお，作物のワタおよびヒョウタン，家畜の犬は両大陸で栽培，飼育されていた。

出典：山本紀夫『コロンブスの不平等交換——作物・奴隷・疫病の世界史』角川選書，2017年，13頁。

#  北米植民の始まり

## ① イギリスによるアメリカ進出の開始

　**イギリス**のアメリカ大陸進出は，16世紀後半のイングランド女王エリザベス1世の治世期に始まる。すでに新大陸に進出していたカトリック国のスペインやフランスに対抗するため，プロテスタント体制を整えつつあったイングランドは，エリザベスの寵臣ウォルター・ローリーの指揮の下で北米植民を計画した。当時の北米大陸では，スペインがフロリダや南西部などの大陸南部の，フランスがセントローレンス川流域の大陸北部の領有をそれぞれ主張していたため，イングランドは西欧諸国が未進出の大西洋岸地域への入植を試みた。1584年，ローリーは現在のノースカロライナ沖のロアノーク島に最初の植民団を派遣し，この地域一帯を処女王と呼ばれたエリザベスにちなんでヴァージニアと名づけた。しかし，2度に渡るロアノーク植民は，未曾有の干ばつによる食糧不足や先住民との争いによって失敗に終わった。この「失われた植民地」の経験から，これ以後のイングランドの植民活動は国家主導ではなく国王から特許状を得た勅許会社や領主による事業として進められることになる。

## ② ジェイムズタウン

　アメリカにおけるイギリス最初の恒久的植民地は，ロンドン商人の合同出資により設立されたヴァージニア会社によって建設された。ヴァージニア入植の特許状を獲得した会社は，1607年にジョン・スミスを指導者とする104人の植民団を派遣した。ロアノークの北に位置するチェサピーク湾の河口に到着した植民者は，当時の国王にちなんで名づけたジェイムズ川のほとりにジェイムズタウンを建設した。しかし，川下の湿地を選んだため，入植者はマラリアなどの病気や悪環境に苦しめられた。さらに，気候不順のためヴァージニア一帯では深刻な食糧不足が続き，植民地は飢えと病気に悩まされた。その結果，最初の冬を乗り越えたのはわずか38人であった。続く数年間は同様の状況が続き，1622年までの15年間に約1万人の入植者がヴァージニアに移住したが，生存率はわずか2割であった。この間，飢餓のために植民者の間で食人まで行われていたことが近年の考古学調査からも明らかにされている。

▷**イギリス**
本章では，イギリスという語を，1707年の合同法以前はイングランドを，以後はスコットランドを含むグレートブリテン王国を指して用いる。

▷**年季奉公人**
アメリカへ移住する際，渡航費や生活費と引き換えに5〜7年の年季労働を義務づける契約を結んで，プランテーション等における労働力として移住した人々。

▷**ポウハタン**
ポウハタンとその娘ポカホンタスについては，Ⅰ章コラム「セトラー・コロニアリズム」を参照。

▷**1619年**
1619年はヴァージニアにお

地球儀の北米大陸の上に手を載せ，新大陸に野心を示すエリザベス1世

出典：Woburn Abbey（Wikimedia Commons）.

この苦境を救ったのが，入植者の１人ジョン・ロルフによるタバコ栽培の成功であった。当時，スペイン人がカリブ海の西インド諸島からヨーロッパに持ち込んだタバコは，イングランドでも人気を博していた。チェサピーク湾の高温多湿の環境はタバコの栽培に適しており，たちまちイングランドへの輸出向け商品作物として生産されるようになった。タバコ栽培が始まった1612年以降，生産量は増加を続け，1624年には20万ポンド，1638年には300万ポンドに達した。タバコがもたらす利益を求めて移民が増加したが，その多くは若い男性の**年季奉公人**で，女性の数は少なかった。初期のヴァージニアは圧倒的に男性主体の植民地であった。男性植民者たちは，プランテーション（農園）のためにより多くの土地を求めた。

植民者によるプランテーションの拡大は，必然的に近隣の先住民との軋轢を増大させた。当時のヴァージニア一帯は，**ポウハタン**を盟主とするアルゴンキン語族の部族連合が治めていた。当初，植民者たちは交易相手として受け入れられたが，食糧や土地をめぐって関係は悪化していた。両者の対立は，３度のアングロ・ポウハタン戦争と呼ばれる武力衝突に発展し，1646年にポウハタンの跡を継いだ指導者オペチャンカナウが処刑されるまで続いた。植民者が持ち込んだ疫病も相まって，戦争の過程で先住民は人口を激減させ，植民者に土地を譲る結果となった。

北アメリカと西インド諸島（1763年）

出典：Jack P. Greene & J. R. Pole, eds., *The Black-well Encyclopedia of the American Revolution* (Cambridge. Mass., 1991) 見返しより作成。

## ③　プランテーション植民地の展開

ヴァージニアでタバコ栽培が成功すると，北米ではプランテーション植民地が次々と誕生した。**1619年**，ヴァージニアで最初の植民地議会が開設され，後発の植民地のモデルとなった。1632年には，ヴァージニア北部がカトリック教徒の貴族ボルティモア卿に下賜されてメリーランド植民地が成立し，信教の自由を特徴とするタバコ植民地として発展した。1640年代以降，イングランドは西インド諸島に進出し，バルバドスやジャマイカといった植民地が成立する。当初はタバコが栽培されたが，オランダ商人がブラジルの砂糖きび生産の技術を伝えると，砂糖生産が盛んになった。その結果，西インド諸島はイギリスにとって最も大きな富をもたらす植民地となった。1660年代には，ジャマイカのプランターたちによってカロライナ植民地が開かれ，塩沼地の多い環境を生かした染料インディゴや米の生産が盛んになった。このように，チェサピーク湾から西インド諸島にかけて，熱帯産品を生産するプランテーション植民地が成立し，イギリス大西洋帝国の重要な経済セクターとして発展した。

（鰐淵秀一）

ける議会開設の年であると同時に，植民地にはじめてアフリカ人が連行された年でもあった（Ⅰ章コラム「大西洋奴隷貿易と奴隷制の起源」を参照）。アメリカにおける民主主義と奴隷制の始まりは奇しくも同じ年のことであった。

**参考文献**

キム・スローン，増井志津代訳『英国人の見た新世界——帝国の画家ホワイトによる博物図集』東洋書林，2009年。

チャールズ・C・マン，布施由紀子訳『1493——世界を変えた大陸間の「交換」』紀伊国屋書店，2016年。

#  丘の上の町

## ① ピューリタンとは誰か

前節で見たヴァージニアや西インド諸島の入植は主に経済的動機に基づくものであった。それに対して，宗教的動機から新大陸へと移住した人々がいた。その先駆けとなったのが，現在の合衆国北東部に位置するニューイングランドに移住したピューリタン（Puritan）と呼ばれる人々であった。ピューリタンとは，イングランドでヘンリ8世やエリザベス1世が進めた国家主導の宗教改革によって成立したイングランド国教会に不満を抱き，プロテスタント改革の徹底を求めた急進派を指す。ピューリタンという呼称は，彼らが儀礼や位階制といったカトリックの要素を排除して，教会の純化（purify）を求めたことに由来する。**長老派**や**会衆派**，**分離派**等の様々なグループに分かれたが，多くのグループに共通するのはカルヴァン派（改革派教会）の教義に影響を受けていた点である。その信仰の特徴は，神による救済の対象はあらかじめ予定されているという予定説の支持と，救いの確信を得るために信仰に基づく道徳的な生活を実践することであった。そのなかでも，救済の証しを得た人々（すなわち「聖徒」）のみによって構成される教会を形成し，正しい信仰に基づく社会を作り上げようとしたのが，ニューイングランドを建設した会衆派の人々であった。

## ② ニューイングランドの建設

アメリカに渡った最初のピューリタンは，イングランド国教会からの分離を主張した分離派と呼ばれる人々であった。本国での迫害を逃れてオランダに亡命していた数十人の分離派は，新大陸で理想とする信仰共同体を作り上げるために，1620年メイフラワー号に乗船して大西洋を渡り，ニューイングランドに上陸してプリマス植民地を建設した。後世の人々は，彼らをピルグリム・ファーザーズ（巡礼始祖）と呼び，メイフラワー号の船上で交わされた信仰に基づく社会契約である「メイフラワー誓約」や，現在の祝日である感謝祭の起源となった先住民ワンパノアグ族との平和的交流といったエピソードを通じて，彼らをアメリカの起源神話の中心的存在と見なした。

1630年，ジョン・ウィンスロップ率いる会衆派ピューリタンは大規模な移住を実行し，ボストンを中心とするマサチューセッツ湾植民地

ジョン・ウィンスロップ

を建設した。続く10年間に約1万4000人のピューリタンがニューイングランドに移住した（「大移住」）。彼らは「丘の上の町」，すなわち信仰に基づく共同体を模索し，自らの信仰を証明した教会員のみが政治への参加資格を得る一種の神権政治を行った。こうした政教一致体制に同意しない人々は，反体制派として迫害されることになった。教会と政府を批判したロジャー・ウィリアムズは植民地から追放され，1635年，ナラガンセット湾にプロヴィデンス（ロードアイランド）植民地を建設した。そこで定められた信仰の自由と政教分離の原則は，男性聖職者による統治体制に挑戦したアン・ハッチンソン等の反体制派の男女を惹きつけた。こうした信仰に基づいたピューリタンの世界観は，20名以上の犠牲者を出した**セイラムの魔女裁判**の一因ともなった。

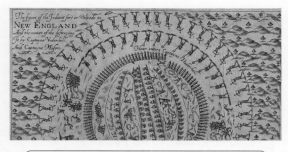

ピューリタン植民地連合軍によるピークォット族の包囲

出典：*Newes from America ; or, A new and experimentall discoverie of New England*, London: 1638, by John Underhill (d. 1672). STC 24518, Houghton Library, Harvard University（Wikimedia Commons）.

　ピューリタン人口が増加するにつれ，ニューイングランド北部にニューハンプシャー植民地，西部にコネティカット植民地が建設され，ピューリタンの入植地はニューイングランド全域へと拡大していった。入植地の拡大は不可避的に先住民との関係を悪化させることになった。最初の衝突は，1636年に植民地連合が同盟を結ぶ先住民部族と協力して，敵対するピークォット族を殲滅したピークォット戦争（Pequot War）であった。戦争に加えて，入植者が持ち込んだ天然痘などの伝染病により地域の先住民人口は減少の一途をたどり，次第に先住民と入植者の人口は逆転した。1676年，フィリップ王戦争（King Philip's War）が入植者の勝利に終わると，先住民はニューイングランドからほぼ一掃された。

## 3　クエーカーの移住

　ピューリタンのなかでも最も急進的な集団である**クエーカー**や**バプティスト**は，（ロードアイランドを除く）ニューイングランドでも，イングランド本国と同様に迫害された。17世紀半ばにイギリスで内乱（ピューリタン革命）が終結し，王政復古がなされると，クエーカーが信仰の自由を求めてアメリカへの移住を開始した。1675年，西ジャージー（現在のニュージャージー州南西部）に向けた最初のクエーカー植民が開始された。そして，1681年，ウィリアム・ペンが王弟ヨーク公（後のジェイムズ2世）から得た土地にペンシルヴェニア植民地を建設すると，ピューリタンの大移住を上回る規模のクエーカーによる大移動が起こった。信教の自由が定められたペンシルヴェニア植民地には，イングランド，スコットランド，アイルランド，ドイツ南西部の各地から様々な宗派の人々が移住し，民族や宗教の多様性が社会を特徴づけた。　　　　　　（鰐淵秀一）

▷**セイラムの魔女裁判**
1692～1693年にかけてボストン近郊のセイラムで起こったアメリカ史上最大の魔女裁判。200人以上の男女が魔女として告発され，19人が処刑，1人が拷問死，5人が獄死したが，その原因についてはいまだ定説が確立していない。

▷**クエーカー（Quaker）**
イングランド内戦中に成立した宗派。「内なる光」を通じた神による個人の導きを特徴とする。平和主義や慈善活動で知られる。フレンド派とも呼ばれる。

▷**バプティスト（Baptist）**
分離派から分かれたプロテスタント教派。幼児洗礼を認めず，信仰告白による洗礼を重視したことに由来する。

（参考文献）
大西直樹『ニューイングランドの宗教と社会』彩流社，1997年。

# セトラー・コロニアリズム

## セトラー・コロニアリズム

　アメリカは，「先住者」としての先住民の土地に「入植者」によって建国されたという**セトラー・コロニアリズム**（settler colonialism，入植植民地主義）の経験をたどっている。セトラー・コロニアリズムの国家は入植者が先住民の土地を入手し，そこに留まり，先住民を「排除」することで建国，維持された。排除は伝染病，強制移住，戦争，虐殺などによる身体的排除に加え，教育，自営農民化，里親・養子縁組制度，

イギリス滞在中のポカホンタスを描いたシモン・デ・パスによるポカホンタス像（1616年）

出典：リーハイ大学図書館デジタルアーカイブズ。

キリスト教化，市民権付与などにより，先住民の社会体制や文化を消し去り，先住民を入植者の文化に同化させるという文化的排除の形をとる。結果，土地という生活基盤を失った先住民は政治的，経済的自治，それらを担う人口を維持するのが困難となり，貧困化する。こうした排除の理論は先住民を不可視化させ，現代においても，警察の暴力や大量投獄，行方不明者の放置，保留地の環境破壊など，先住民に対する差別と暴力を維持する社会構造を作り出している。

　また先住民はしばしば国家的なシンボルやアメリカ人のアイデンティティの象徴としてステレオタイプ化され，利用されてきた。イギリス人男性を救った「平和のシンボル」としての**ポカホンタス**や，ピルグリムの一団に食料を与えたワンパノアグ族（サンクスギビングの起源）の物語などがアメリカの「建国神話」として語られ，スポーツロゴや商品，映画産業に先住民のイメージが積極的に取り入れられた。その過程でセトラー・コロニアリズムの構造自体が不可視化されたのである。

## 政治的アクターとしての先住民

　セトラー・コロニアリズムは，その初期から先住民と入植者の間で土地をめぐる軋轢をおこしてきた。ヨーロッパ諸国は「新大陸」を最初に「発見」した国の国王が土地に対する全権を持つという「発見の権利」と，その地に居住する先住民の「占有の権利」があるとし，ゆえに，先住民が「占有しない」土地は国王のものであり，入植者に開放するべきであると主張した。

だが，先住民はそもそも土地を所有する概念を持たず，食糧入手範囲を含めたその生活圏は広大，かつ流動的である。両者の土地観の違いは特に入植者が先住民の土地を必要としたイギリス植民地において，土地をめぐる軋轢の根本的原因となった。近年では，先住民が16世紀から長期にわたって自分たちの政治的，軍事的パワーを維持し，入植者を脅かす存在として君臨していた地域も着目されているが，入植者が急増した東部植民地では，早々に両者の勢力均衡が崩れ始めた。

ヴァージニア植民地ではタバコ生産の拡大に伴う土地の必要性から，周辺のポウハタン族と土地をめぐる争いが次第に顕在化していった。1622年には部族長のオペチャンカナウのもと周辺の先住民が一斉に蜂起し，ヴァージニアの人口の3割弱である347名を殺害した。以後，ポウハタン族の抵抗は20年にわたって断続的に続いた。ニューイングランドでも大規模な武力衝突が勃発した。かつてこの地に居住していた先住民が伝染病で死滅した土地の上に創られたプリマス植民地は，

マサソイト率いるワンパノアグ族との友好的関係を保っていた。しかし，増加した入植者と先住民の軋轢が増すと，1675年，ワンパノアグ族のメタカム（イギリス人からフィリップ王と呼ばれる）が決起し，他の部族がこれに呼応する形で諸部族連合を結成し，プリマス植民地周辺やコネティカット川流域のタウンを襲った。これは諸部族連合とニューイングランド植民地の全面対決（フィリップ王戦争）となり，一時期は植民地社会に大打撃を与えたが，76年には先住民側の敗北で終わりを迎えた。処刑されたメタカムの首がプリマスの広場に以後25年間にわたってさらされていたことは，入植者の先住民に対する憎しみの強さを象徴する。以後，植民地勢力は先住民に移住を強いて，ニューイングランドから先住民を排除した。アメリカの歴史はその植民地時代の初期から先住民の排除と表裏一体の関係にあったといえる。

（野口久美子）

▷セトラー・コロニアリズム
現在進行形の植民地主義であるセトラー・コロニアリズムが注目された背景には，植民地主義を「過去のもの」として歴史化するポストコロニアリズム理論に対する問題意識がある。カナダ，オーストラリア，ニュージーランド，イスラエルなども同様の歴史をたどる。

▷ポカホンタス
ポウハタン族の大族長の娘。1613年に誘拐されてヴァージニア植民地の人質となる。翌年，タバコ貿易をてがけるジョン・ロルフと結婚し，1617年には渡英してジェームズ国王夫妻に謁見した。この結婚によって同植民地にはつかの間の「平和」がもたらされたとされる。同年，ヴァージニアに戻る船上で死亡する。

マサチューセッツ州プリマスに建てられたマサソイトの銅像

出典：Britannica Online（https://www.britannica.com/biography/Massasoit）.

参考文献

石山徳子『「犠牲区域」のアメリカ──核開発と先住民族』岩波書店，2020年。
野口久美子『インディアンとカジノ──アメリカの光と影』ちくま新書，2019年。

# コラム

# 大西洋奴隷貿易と奴隷制の起源

## 大西洋奴隷貿易の始まり

　アメリカにおける奴隷制成立の背景には大西洋奴隷貿易がある。中世以来，地中海や黒海の周辺地域では，奴隷の売買が行われていた。15世紀に入り，アフリカを経由してアジアへの貿易ルートの開拓に乗り出したポルトガル王国は，黄金海岸や奴隷海岸などアフリカ大陸大西洋岸に交易拠点を設置した。そこでは金や象牙といった商品と共に，奴隷狩りや現地勢力との取引によって奴隷とされた人々も交易の対象となった。当初，彼らはイベリア半島や北アフリカ沿岸のマデイラ諸島やカナリア諸島へ送られ，使役された。

　16世紀に入ると，コロンブスによる新大陸到達を受けて，スペインはアメリカ大陸の征服と植民地化を進めた。カリブ海や中南米の先住民は奴隷として使役され，苛烈な植民地支配や伝染病の結果，コロンブス到達以前は5500万人と推計される南北アメリカ大陸の先住民人口は1000万人にまで減少した。スペインは労働力の不足を補うために奴隷化されたアフリカ人を新大陸に導入し，主にポルトガル商人との間にアシエントと呼ばれる請負契約を結んで奴隷貿易の独占権を与えた。こうして，イベリア半島のスペイン王室とポルトガル商人によって大西洋奴隷貿易が開始され，ギニア湾沿岸のベニン王国やダホメ王国などから奴隷とされた人々を購入し，スペイン領アメリカやカリブ海の西インド諸島へ輸送した。その後，17世紀半ばからオランダ，イギリス，フランスも奴隷貿易に参入した。

## アフリカン・ディアスポラ

　19世紀半ばまで約400年間にわたって続いた大西洋奴隷貿易において，アフリカから南北アメリカ大陸に送られた人間の数は1000万人を超える。その行き先は様々で，ブラジルから西インド諸島，現アメリカ合衆国やカナダまで各地へ離散していったことから，アフリカン・ディアスポラ（アフリカ人の離散）とも呼ばれる。現在，多数の研究者によって各国の公文書や船舶史料から奴隷貿易のデータベースが構築されており，出航地や出

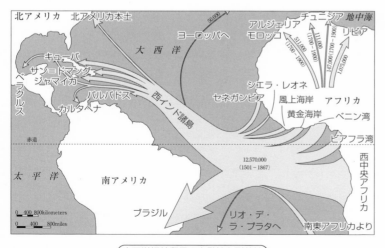

大西洋奴隷貿易の出発地と到着地

注：航路の幅は輸送された捕虜数を示す。
出典：エルティス，リチャードソン（2012：4，5）より。

航日から奴隷購入地，積み込まれたアフリカ人の人数や男女比，死亡率にいたるまで，奴隷船の航海の実態を知ることができる。

通常，奴隷貿易はヨーロッパ，アフリカ，アメリカを結ぶ三角貿易として行われた。奴隷を積み込んでアフリカから大西洋を横断するルートは，三角貿易の中間に当たることから中間航路（ミドル・パッセージ）と呼ばれる。この中間航路における2カ月におよぶ航海は，悲惨と悲劇に満ちた旅路であった。奴隷とされた人々は鎖につながれ，不潔な船内に隙間なく並べて寝かされた。1日に2度の食事と水が与えられ，運動不足を解消させる目的で1日に1度甲板の上でダンスをさせられたが，劣悪な環境による病気などの理由で平均1〜2割の奴隷が航海中に亡くなった。奴隷船はまさに「移動する監獄」であったが，奴隷たちはしばしば共謀して反乱を起こした。多くの反乱は乗組員によって鎮圧されたが，過酷な状況下で奴隷たちは死を賭して解放を求めたのであった。

## イギリス領アメリカにおける奴隷制の成立

イギリス領アメリカ植民地における最初の奴隷は，1619年8月にヴァージニア植民地に到着した20数名のアフリカ人とされている。しかし，この時まだヴァージニアでは制度としての奴隷制は確立しておらず，彼らは白人労働者と同じように数年の労務の後に解放される年季奉公人として扱われたと考えられる。当初，チェサピーク湾のタバコ・プランテーションでは白人奉公人が多数を占め，奴隷身分のアフリカ人は少数であった。むしろ，イギリス領アメリカで最も早く奴隷制が定着したのは，バルバドスやジャマイカなど西インド諸島であった。1640年代以降，砂糖プランテーションの開発が進むと，マラリアや黄熱病といった熱帯病への耐性を持たない白人奉公人に代わって奴隷とされたアフリカ人が輸入されるようになった。イギリス領アメリカに送られたおよそ300万人のうち，8割は西インド諸島へ送られた。17世紀末にタバコ市場が停滞した結果イングランドからの年季奉公人が減少すると，北米植民地では代替労働力の需要が高まり，白人奉公人から奴隷化されたアフリカ人への転換が生じた。ヴァージニアでは，1650年に300人程度であったアフリカ人人口は1700年には1万3000人に増加した。

奴隷身分のアフリカ人の増加にともない，イギリス領アメリカで奴隷制が制度として確立していく。1660年代に入ると，バルバドス（1661年），ジャマイカ（1664年），ヴァージニア（1667年）であいついで奴隷に関する法律が制定された。とりわけ，ヴァージニアでは，奴隷の母親から生まれた子供は父親の身分を問わず奴隷とされることが定められるなど，イングランド本国のコモンローとは異なる独自の法理が導入され，その後追加された個別法とともに1705年に「奉公人と奴隷に関する法」として集大成された。他の植民地でも同様の奴隷法が制定され，18世紀までにアメリカ植民地において奴隷制度は法体系として確立された。このような法体系を背景に，アングロアメリカにおける人種観が形成されることになる。征服当初から先住民，ヨーロッパ人，アフリカ人の間の混交が進み，複層的な人種ヒエラルキーを形成したラテンアメリカ社会に対して，アングロアメリカでは各地で異人種婚禁止法が整備され，人種混交はタブー視されていった。白人と黒人の間の区別は絶対的なものとされ，祖先に一人でも黒人がいる場合その人物を黒人とみなすという「血の一滴の掟」（ワンドロップ・ルール）と呼ばれる原則が生まれた。このような奴隷制と密接に結びついた人種観が，後の時代の人種差別へと結びついていったことは間違いない。

（鰐淵秀一）

参考文献

布留川正博『奴隷船の世界史』岩波書店，2019年。
デイヴィッド・エルティス，デイヴィッド・リチャードソン，増井志津代訳『環大西洋奴隷貿易歴史地図』東洋書林，2012年。
山田史郎『アメリカ史のなかの人種』山川出版社，2006年。

# 幸福の追求

**▷13植民地**
最後のジョージア植民地は1732年に建設された。後にアメリカ合衆国として独立する13植民地のみがイギリス領植民地だったわけではなく、西インド諸島やカナダの植民地を含めると、その数は倍以上となる。

**▷メイン州**
現在のメイン州にあたる地域は、当時はマサチューセッツ植民地の一部であった。メイン州として分離して州に昇格するのは1820年のミズーリ妥協においてである。

**▷タウン制**
ニューイングランド地方で見られた、タウン共同体が土地を管理し、住人による直接民主制のタウン・ミーティングによって自治を行う制度。

**▷ジョナサン・エドワーズ**
イェール・カレッジで学んだ後、コネティカット植民地ノーサンプトンの教会の牧師を務め、数々の有名な説教を行った。彼の著作は後の福音主義に影響を与え、アメリカ最大の神学者と評価されている。

**▷ジョージ・ホイットフィールド**
イングランド国教会の巡回説教師として、イングランド、ウェールズ、アメリカ植民地など、イギリス大西

## 1 北米植民地の地域的多様性

　18世紀までに、イギリスは北米大陸の大西洋岸に帯状に連なる**13の植民地**を形成した。北端にあたる現在の**メイン州**から南端のジョージアまで全長1000キロ以上におよぶ北米13植民地は、きわめて多様な地域的特色を有しており、北東部（ニューイングランド）・中部・南部という3つの地域的なまとまりに分類される（Ⅰ章2節の地図を参照）。南部植民地を特徴づけるのは、一握りのプランターによる大土地所有および年季奉公人や奴隷の労働に立脚するプランテーション経済であり、当初は自発的か強制かを問わずイングランドやアフリカから労働力として移送された独身男性が主体の社会であった。南部の高温多湿の厳しい環境も相まって、人口増加は緩やかであった。他方、北東部のニューイングランドでは、ピューリタンによる家族での移住が主であったため、冬の厳しい寒さにもかかわらず、高い出生率による人口の自然増加が進んだ。この地域では、**タウン制**の下でイングランド系農民を主体とする小土地所有が主流となった。最後に、大西洋岸の中間部に位置する中部植民地では、比較的穏やかな気候と肥沃な土地に恵まれて穀物生産や牧畜を主体とする農耕社会が成立した。この地域では、植民地成立の経緯や宗教的寛容政策に由来する民族や宗教の多様性が社会を特徴づけた。例えば、ニューヨーク植民地は、第二次英蘭戦争（1665〜1667年）の結果、オランダ領からイギリス領となったが、イギリス統治下においてもオランダ系住民に従来の土地所有制度や信仰の自由を保障したため、多様な言語や宗派の人々が共存する多元的社会が成立した。

## 2 イギリス化と消費文化の誕生

　17世紀末から18世紀半ばにかけて植民地社会は大きな変化を経験した。北米植民地や西インド諸島でのタバコや砂糖の生産量が増大すると、本国と植民地との間の貿易も盛んになった。この大西洋経済の成長とそれにともなう社会の変化は、アジア・アフリカ貿易の増大とともにイギリス商業革命と呼ばれる。帝国経済の繁栄の下で、本国で製造された綿布などの衣料品や、銀器、茶器、書籍といった消費財が植民地に大量に流入した。こうしたイギリス製品の流入は、植民地の人々の生活スタイルを変化させ、植民地社会のイギリス化と呼ばれる現象が起こった。都市部では、男性もウィッグやタイツを身につけてコー

ヒーハウスに出入りし，女性はシルクのドレスに身を包み，イギリス製のティーポットで茶会を開いた。上流層のあいだでは，ジョージアン様式の邸宅を建て，ロココや新古典主義様式のマホガニー製の調度品をしつらえることが流行した。中国趣味の流行もあり，中国製の陶磁器や日本製の漆器も人気を集めた。イギリス化は，植民地に消費文化を花開かせ，マナーや文化の洗練化をもたらすと同時に，多様な植民地社会にイギリス人としての共通のアイデンティティを与える役割を果たした。

ジョン・シングルトン・コプリー「サージェント夫人」

出典：ボストン美術館（Wikimedia Commons）。

## ③ 啓蒙と大覚醒

　大西洋経済が活発化するにつれて，モノだけではなく情報や知識もヨーロッパとアメリカ植民地のあいだを行き交うようになった。手紙や新聞，雑誌，書籍といったメディアを通じて情報の交換が積極的に行われ，植民地においても世界各国についてのニュースや知識に触れることが可能になった。聖職者養成機関として創設されたハーヴァード（1636年創設）やイェール（1701年創設）などのカレッジと並んで，ボストンやフィラデルフィアといった植民地都市はアメリカにおける学問文化の中心となった。こうした啓蒙の文化を体現するのが，ベンジャミン・フランクリンである。ボストンで職人の息子として生まれたフランクリンは，フィラデルフィアで印刷業者として成功する一方，文学，発明，科学，政治と多岐にわたる活動を行った。有名な雷の実験を含む『電気についての実験と観察』（1751年）を発表すると，ヨーロッパでも一流の自然科学者として名声を博し，アメリカ最初のセレブリティとなった。

ベンジャミン・フランクリン

出典：ホワイトハウス（Wikimedia Commons）。

　この時代には啓蒙の進歩的・科学的な世界観が浸透していく一方で，信仰のあり方についても変化が生じた。17世紀末にはニューイングランドにおいてもピューリタニズムの影響力は後退し始め，寛容かつ合理的でリベラルな神学が登場していた。しかし，1730〜40年代にかけて，人々のあいだに激しい感情の表出をともなう信仰心の高まりが見られ，その勢いと広がりから大覚醒（Great Awakening）と呼ばれた。この動きは，神学者ジョナサン・エドワーズと伝道説教師ジョージ・ホィットフィールドによって主導されたが，伝道説教や出版物を通じてイングランドやウェールズでも同時に生じていた。その意味で，大覚醒はアメリカ独自の現象というよりも，イギリス各地の信仰復興の動きと連動して環大西洋規模で生じた運動であった。アメリカでは，こうした信仰復興運動が19世紀以降も繰り返し生じており，現代のアメリカにおける福音主義信仰へと継承されている。

洋世界の各地で大覚醒を主導した。

（鰐淵秀一）

(参考文献)

ジャック・P・グリーン，大森雄太郎訳『幸福の追求——イギリス領植民地期アメリカの社会史』慶應義塾大学出版会，2013年。

フランクリン，松本慎一・西川正身訳『フランクリン自伝』岩波書店，1957年。

#  5 フレンチ・インディアン戦争

▷**ウィリアム王戦争**
1688年，ヨーロッパにおけるファルツ継承戦争またはアウクスブルク同盟戦争（1688〜1697年）と連動して開始された。

▷**アン女王戦争**
ヨーロッパにおけるスペイン継承戦争（1701〜1714年）と連動して戦われた。

▷**ジョージ王戦争**
ヨーロッパにおけるオーストリア継承戦争（1740〜1748年）と連動して戦われた。同時に，イギリスとスペインの間で奴隷貿易をめぐってカリブ海で戦われたジェンキンスの耳戦争（1739〜1748年）とも連動していた。

▷**フロンティア**
開拓地の境界地域を指す言葉。植民者や開拓者が西進するにつれて，その位置も変化した。植民地時代は主にアレゲニー山脈以西の土地を指す。アメリカ史にお

##  第2次英仏百年戦争

17世紀末から18世紀後半にかけて，北米植民地と西インド諸島が大西洋経済において重要な地位を占めるにつれて，北米大陸の支配権をめぐるイギリスとフランスの対立はエスカレートしていった。両者の対立は長期間にわたり，ヨーロッパおよび北米を含めた世界各地の植民地を舞台とする4度の戦争として争われたことから第2次英仏百年戦争とも呼ばれる。ヨーロッパでの戦争では欧州諸国が加わって戦端が開かれたが，北米大陸での戦争には，しばしば英仏と同盟を結んだ先住民集団が加わって複雑な力関係の中で展開した。最初の戦争は**ウィリアム王戦争**（1689〜1697年）と呼ばれ，イギリス側にイロクォイ（ホデノショニ）連合，フランス側にアベナキ連合が加わって戦われた。2度目の戦争は**アン女王戦争**（1702〜1713年）と呼ばれ，イギリスはフランス・スペイン両国およびアベナキ連合と戦い，勝利した。この結果，1713年のユトレヒト講話条約で，イギリスはフランスからカナダのアカディア（ノヴァスコシア），ニューファンドランド，ハドソン湾，およびカリブ海のセント・キッツ島を獲得した。その後しばらくの間平和が続いたが，1744年には3度目の戦争である**ジョージ王戦争**（1744〜1748年）が勃発した。この戦争で両者の決着はつかず，1750年代まで断続的に局所的戦闘が続けられた。

##  フレンチ・インディアン戦争

第2次英仏百年戦争のクライマックスとなったのが，1754年に始まるフレンチ・インディアン戦争であった。その名が示す通り，この戦争で，イギリスはフランスと先住民諸部族の同盟軍との間で，北米大陸の覇権をかけて争った。当時，イギリスとフランスは，先住民諸部族が居住する内陸部のオハイオ渓谷の支配をめぐって緊張を高めていた。1754年5月，ヴァージニア民兵軍の若き将校ジョージ・ワシントンがフランスの築いた砦を攻撃したことで，戦争が開始された。北米大陸内陸部をめぐる英仏の衝突は，1756年にオーストリアとプロイセンの間で開戦した七年戦争と連動し，その戦端はヨーロッパのみならずインドやアフリカにまで拡大した。開戦当初，イギリス軍は**フロンティア**地域

ベンジャミン・ウェスト「ウルフ将軍の死」
出典：カナダ・ナショナル・ギャラリー（Wikimedia Commons）。

におけるフランス軍と先住民諸部族のゲリラ戦法に苦戦し，エドワード・ブラドック将軍が戦死するなど敗北を重ねた。その後，スペインのフランス側での参戦にもかかわらず，イギリスは攻勢に転じた。ウルフ将軍の活躍などもあり，フランスの要衝であるケベックやモントリオールを占領し，北米における戦争はイギリスの勝利に終わった。1763年の英仏間のパリ講話条約において，イギリスはフランスからオハイオ渓谷を含むミシシッピ以東のルイジアナとヌヴェル・フランス（カナダ）を，スペインから**フロリダ**を獲得して，北米大陸の東側全域を手中に収めた形となった。この結果，フランスやスペインの勢力は西インド諸島やミシシッピ以西へと後退し，北米大陸の勢力図は大きく塗り替えられた。

パリ条約後の北米大陸と西インド諸島におけるイギリスの領土を示す地図（1763年）

出典：アメリカ議会図書館（Library of Congress）。

## ❸ パリ条約の影響

　フレンチ・インディアン戦争におけるイギリスの勝利によって，北米大陸における勢力均衡は崩壊した。フランスの影響力が失われた結果，同盟相手を失った内陸部の先住民諸部族は，土地を欲してフロンティアを西進するイギリス系植民者と対峙せざるを得なくなった。1763年末，先住民の土地を保護する目的でアパラチア山脈以西への入植を禁じる国王宣言が発せられたが，実効性を持つものではなかった。また，イギリス軍が同盟部族への貢納を停止したことも，先住民側の不信を招くことになった。その結果，同年，五大湖周辺やオハイオ渓谷など内陸部の先住民集団が一斉に蜂起し，フロンティア地域に居住する植民者約2000人を殺害または虜囚とした。この出来事は指導者の１人の名前をとってポンティアックの反乱と呼ばれる。この反乱は，イギリス軍が先住民諸部族に対して宥和政策に転じ，先住民諸部族との間に平和条約を締結して貢納を復活させることで終結した。この事件の結果，先住民諸部族と同盟を結んだイギリス軍は内陸部とカナダに砦を築いて常駐することになり，後のイギリス軍と植民者との対立の構図を準備することになった。

　フロンティア地域の再編とともに北米植民地に大きな影響を与えたものが，莫大な戦費によるイギリスの国家財政の逼迫であった。第２次英仏百年戦争の時期を通じて，イギリスは戦争遂行のために国内に緊密な徴税システムを持つ財政軍事国家を作り上げ，国民に重税を課すことで海外戦争を戦い抜いた。しかし，七年戦争の結果，イギリスの負債は7300万ポンドから１億3400万ポンドに膨れ上がり，さらに新たに獲得した領土を維持するための多額の軍隊駐留経費が見込まれていた。植民地戦争に要した戦費と帝国の防衛費を捻出するため，本国政府は経済成長著しい植民地に費用の負担を求めることになる。

（鰐淵秀一）

ける重要語句とされてきたが，近年はボーダーランドと呼ばれることも多い。

▶**フロリダ**
この後，フロリダはアメリカ独立戦争中にフランス・スペイン連合軍に占領され，1783年のパリ講和条約で再びスペイン領に戻る。スペイン領時代は，1821年にアダムズ＝オニス条約により正式にアメリカ合衆国領となるまで続いた。

【参考文献】

アラン・テイラー，橋川健竜訳『先住民 vs. 帝国 興亡のアメリカ史——北米大陸をめぐるグローバル・ヒストリー』ミネルヴァ書房，2020年。

#  革命の始動

## 1 代表なくして課税なし

　北米植民地によるイギリス政府への抵抗に始まり，アメリカ合衆国の建国に至る一連の出来事を総称してアメリカ革命（American Revolution）と呼ぶ。この革命の第1段階は，本国議会による植民地への一連の課税とそれに対する植民地の抵抗運動の高まりである。本国の政策に対する抵抗運動を通じて，植民地人は自らの持つ自由や権利についての意識を高めていった。

　Ⅰ章5節で見たように，七年戦争に勝利したイギリスは，帝国の統治体制を大きく転換した。戦争の負債と大陸の防衛費を賄うために，勝利の恩恵を享受するはずの植民地への課税を決定したのである。本国ではすでに国民に重税を課していたことに加えて，商業革命を通じて植民地が経済成長を遂げていたことが，植民地への課税を正当化した。1764年の**砂糖法**を皮切りに，本国議会は植民地に対して，日用品や嗜好品の輸入や消費を対象とする一連の課税を行なった。すなわち，本国による課税は，Ⅰ章4節で見た植民地における消費文化の成立を前提とした，輸入関税や消費税という形で行われたのである。

　しかし，課税は植民地人の激しい反発を呼び起こした。その理由は，課税が植民地による同意の無い，本国議会による一方的な決定であったからである。従来の本国による植民地に対する財政干渉は，航海法に代表される重商主義的貿易統制に限定されていた。植民地内における課税は，各植民地の議会が決定すべき事柄であった。しかし，本国議会による課税は，「**有益なる怠慢**」と呼ばれる本国と植民地の間の長年の慣行を破るものであった。植民地人にとって，自らの代表を送っていない本国議会が同意なく課税を行うのは，自分たちのイギリス人としての権利が脅かされていることに他ならなかった。それゆえ，彼らは「代表なくして課税なし」というイギリス立憲主義の原則の下に本国議会の決定に抵抗したのである。

## 2 印紙法危機

　とりわけ激しい抵抗を引き起こしたのが，1765年3月に制定された印紙法（Stamp Act）である。書籍，雑誌，新聞からトランプまで，あらゆる出版物に本国政府が発行する有料の印

▷**砂糖法（Sugar Act）**
植民地における密貿易の規制を目的として，糖蜜（ラム酒の原料）やワインといった嗜好品の輸入関税を改正した法律。商人を中心とした植民地人による反発が起こった最初の課税法。

▷**有益なる怠慢**
アメリカ植民地に広範囲の自治を認め，貿易統制も緩やかであった，名誉革命（1688年）以後のイギリス本国による植民地政策を指す言葉。1775年，イングランドの庶民院（下院）議員であったエドマンド・バークが，アメリカ植民地の抵抗を擁護するために用いた。

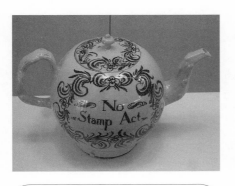

"No Stamp Act" とプリントされたティーポット

出典：国立アメリカ史博物館（Wikimedia Commons）。

紙を貼ることを義務づけるもので，本国では17世紀から施行されていた。本国からの通達が植民地に伝わると，各植民地はこれを植民地人の権利に対する侵害と受け止めて反発した。マサチューセッツのサミュエル・アダムズは，反対キャンペーンを組織し，他の植民地に連帯を呼びかけた。これに応えて，ジョージアを除くすべての北米植民地の議会でイギリス臣民としての権利に基づく自治権が確認され，本国議会の決定に反対する決議が行われた。同時に，各地で「自由の息子たち」と呼ばれる集団が結成され，民衆による**タール・アンド・フェザー**のような暴力を伴う抗議デモや印紙販売人への脅迫などが行われた。

　抵抗運動のなかで最も効果が高かったのは，ニューヨークやボストンといった都市部を中心に組織されたイギリス製品の輸入ボイコットであった。消費財に対する課税に対して，植民地人はボイコットという形で経済的抵抗を行ったのである。ボイコットを主導したのは女性であった。彼女らは「自由の娘たち」と名乗り，本国製の衣服の不買運動を展開して，自給自足の「ホームスパン」の衣服こそ愛国的とするキャンペーンを行った。また，イギリス風の茶会は非愛国的な行為と見なされ，反飲茶運動も行われた。反印紙法のボイコットが開始されると，植民地向け輸出で多額の利益を得ていたロンドンの商人たちが植民地側の支持に回った。その効果もあり，本国政府は印紙法の撤回を余儀なくされた。その後，1767年に本国議会は当時の財相の名を冠したタウンゼンド諸法を制定し，茶や紙，ガラスといったイギリス製品に対する輸入関税を課した。これに対しても植民地側はボイコットを実行し，結果として同法は1770年に茶法を除いて撤回された。

## ③ 軍事衝突へ

　本国政府と植民地の関係は悪化の一途をたどった。1773年，**茶法**が改定されると，これに反発したボストンの「自由の息子たち」は，現在の価値にして100万ドルとも言われる額の茶箱を夜の海へと投げ捨てた。このボストン茶会事件（Boston Tea Party）を受けて，本国政府はボストン港の閉鎖や植民地の自治権剥奪などの懲罰措置をとった。これらの措置は「耐え難き諸法」と呼ばれ，諸植民地に自治の喪失という危機感を与えた。1774年9月，この危機に対応するため，ジョージア以外の植民地の代表が集まり，第1回大陸会議（1st Continental Congress）が開催された。会議では，本国議会に対して，植民地の内政に対する立法権を否定する宣言が発せられ，「耐え難き諸法」が撤回されるまで本国との通商の停止が決議された。緊迫した状況が続く中，翌1775年4月18日，イギリス軍がボストン近郊のレキシントンで民兵と衝突し，戦闘が開始された。レキシントン・コンコードの戦いと呼ばれる，独立戦争の開始を告げる戦いである。

（鰐淵秀一）

タール・アンド・フェザー

出典：John Carter Brown Library（Wikimedia Commons）.

▷**タール・アンド・フェザー**

熱して溶かしたコールタールを全身に塗り付け，羽毛をふりかけて市中を引き回す私刑（リンチ）。全身に火傷が残り，きわめて残虐な暴力的見せしめ行為であった。

▷**茶法（Tea Act）**

経営難に陥ったイギリス東インド会社救済のために，本国政府が会社に対して植民地における茶の独占販売権を与えた法律。植民地人は，新たな貿易統制の強化策と捉えて反発した。

（参考文献）

斎藤眞監修，斎藤眞・五十嵐武士訳『アメリカ革命』アメリカ古典文庫16，研究社，1978年。

T. H. Breen, *The Marketplace of Revolution : How Consumer Politics Shaped American Independence*, New York : Oxford University Press, 2004.

# 7 1776年

## 1 大陸軍の結成と独立の決議

　1775年4月，レキシントン・コンコードの戦いによって植民地はイギリス軍との交戦状態に入ったが，植民地側はすぐに独立を決断したわけではなかった。5月，衝突の知らせを受けてフィラデルフィアで第2回大陸会議が召集され，フレンチ・インディアン戦争で活躍したヴァージニアのプランター，ジョージ・ワシントンを司令官として大陸軍が結成された。大陸軍がカナダやニューヨークでイギリス軍との戦闘を続ける一方，大陸会議はイギリスの下での自治の回復を模索した。同年7月，和解を意図して上奏した「オリーブの枝請願」が国王ジョージ3世に拒否されると，独立を主張する急進派が力を強めた。1776年に入ると，すでに従来の植民地政府に代わって革命政権が成立していた各植民地では，独立派による説得が進められた。同年1月にはトマス・ペインによるパンフレット『コモン・センス』が刊行された。民主主義思想に基づいて君主政を否定し，独立の必然性を主張した同書は，たちまちベストセラーとなって世論を独立へと動かしたと言われる。7月2日，激論の末に大陸会議にて独立の決議が可決された。そして，7月4日，トマス・ジェファソンら起草委員会の作成した独立宣言（Declaration of Independence）が採択された。独立宣言は直ちに印刷され，各植民地やヨーロッパ諸国に送られた。ここに，植民地の反乱は独立戦争へと性格を変化させることになった。これにより，各邦（旧植民地）では新たな邦憲法の制定が進められ，大陸会議は13の独立諸邦の同盟を結成するため，**連合規約**（Articles of Confederation）を批准した。

▷**邦**
日本語の慣例では，独立した旧植民地であるstateを「邦」と訳し，合衆国憲法の制定後，アメリカ合衆国が成立した後の個々のstateを「州」と訳す。

▷**連合規約**
Ⅱ章2節を参照。

▷**自然権理論**
人間は自然法の下で自由や平等の権利を生まれながらに有しているとする理論。トマス・ホッブズやジョン・ロックら17世紀ヨーロッパの思想家によって唱えられた。

## 2 独立宣言の思想

　独立宣言の本文は大きく分けて2つの部分からなる。前半部分では，独立の正当性が**自然権理論**を用いて説明される。以下の部分はアメリカ民主主義の根幹として，現在でもしばしば演説などに引用される。

　われわれは以下の真理を自明であると信じる。すなわち，すべて人間は平等につくられている。すべて人間は創造主によって，誰

イギリス国王ジョージ3世の像を引き倒すニューヨークの民衆

出典：所蔵先不明（Wikimedia Commons）。

にも譲ることのできない一定の権利を与えられている。これらの権利の中には，生命，自由，そして幸福の追求が含まれる。これらの権利を確保するために，人々の間に政府が設置されるのであって，政府の権力はそれに被治者が同意を与える場合にのみ，正当とされるのである。

これに続く部分では，普遍的権利としての自然権に基づいて，圧政を排して新政府を設立することができるという，**ジョン・ロック**流の革命権が主張される。今日の研究では，独立宣言にはロックのみならず，スコットランド道徳哲学や国際法思想など当時の様々なヨーロッパ思想の影響が指摘されているが，その根底には自然法思想の受容があると見てよい。

この前半部分を受けて，後半部分ではイギリス国王による植民地に対する「違法行為と権利侵害による」圧政の数々が列挙される。この部分には，植民地人に共有されていた共和主義と呼ばれる思想の影響が見られる。これは古代ギリシャ以来の西洋思想の伝統に連なる，権力の腐敗や専制政治を自由の対極と見なして批判し，市民による政治参加を重視する考え方である。本国議会ではなく国王による圧政を批判し，そこに「絶対的な専制政治」の意図を見出す背景には，この思想があったと言える。

独立宣言に見られる自然権理論と共和主義という2つの思想は，イギリス本国への抵抗運動から合衆国憲法の制定まで，革命の正当性を主張する論拠として大きな役割を果たした。

(独立宣言)

出典：国立公文書館（NARA）（Wikimedia Commons）。

▶ジョン・ロック
17世紀イングランドの思想家。自然権理論に基づいて社会契約説を論じ，近代自由主義の祖と言われる。『人間知性論』（1689年）や『統治二論』（1689年）は，18世紀ヨーロッパ・アメリカの知識層に大きな影響を与えた。

## ③　愛国派と忠誠派

独立の決議によって，植民地人は2つの立場に分かれた。つまり，独立の大義を支持する愛国派（パトリオット）とイギリス本国への忠誠を誓う忠誠派（ロイヤリスト）である。当時の植民地には，愛国派と同程度の割合で忠誠派が存在したとされる。両者のあいだには必ずしも階層的・地域的な相違は見られなかったが，忠誠派には本国との関わりの深い貿易商などが多かった。しかし，両派よりも多かったのは，どちらにも明確な支持を表明しない無党派層で，その割合は植民地の白人人口の3分の1から半数に上った。この無党派層をいかに動員するかが，独立の成否を握る鍵となったのである。

愛国派による動員はしばしば暴力を伴うものであった。とりわけ，独立の大義に反対する忠誠派は，暴力的制裁の対象となり，財産の強制的没収も行われた。他方，忠誠派は愛国派に対抗して，イギリス軍への協力を惜しまなかった。戦後まで国内にとどまった者も多かったが，自らの土地を離れてカナダやイギリスへと亡命せざるを得なかった人々の数は数万に上った。独立へのうねりは理念と暴力が絡まりあって展開したのである。

（鰐淵秀一）

(参考文献)
有賀貞『アメリカ革命』東京大学出版会，1988年。
デイヴィッド・アーミテイジ，平田雅博ほか訳『独立宣言の世界史』ミネルヴァ書房，2012年。
ゴードン・S・ウッド，中野勝郎訳『アメリカ独立革命』岩波書店，2016年。

# 8 独立戦争

## 1 国際戦争としての独立戦争

　アメリカ独立戦争を，独立を勝ち取るためにワシントン率いる大陸軍がイギリス軍を相手に果敢に戦った戦争とのみイメージするのは，一面的な見方である。大西洋世界の辺境に位置する北米植民地がイギリスから独立を達成するためには，外交を通じて諸外国から協力を取り付ける必要があった。開戦当初，大陸軍は敗北を重ねて苦境に陥っていたが，1777年10月，ニューヨーク北部サラトガにおいて，イギリス軍に対して初めて大きな勝利を収めた。翌年2月，この報せを受けて，フランスに外交使節として派遣されていたベンジャミン・フランクリンらの説得も功を奏し，フランス国王ルイ16世は七年戦争での敗北に対する報復としてアメリカと同盟を結び，イギリスと戦端を開いて独立戦争を支援した。米仏同盟成立の結果，フランスに続いてスペインとオランダも対英戦争に加わり，ロシアのエカチェリーナ2世はプロイセンやスウェーデン等とともに武装中立同盟を結成した。ここに，独立戦争はイギリス帝国内部の内戦からヨーロッパ列強が軒並みイギリスに敵対する国際戦争へと発展し，戦線はカナダから西インド諸島やインドにまで拡大した。最終的に植民地側が勝利を収めた背景には，大陸軍に対するフランスの多額の援助と列強諸国によるイギリス包囲網があった。また，独立の大義に共感したフランスのラファイエットやプロイセンのシュトイベン，ポーランドのコシューシコといった軍人貴族が義勇兵として参加し，大陸軍兵士の訓練や作戦の指揮にあたったことも勝利に貢献した。

▷ミニットマン
植民地時代および革命期の民兵の呼称。有事に際して1分（ミニット）で駆けつけることから名づけられた。

エマニュエル・ロイツェ「デラウェア川を渡るワシントン」（1851年）

出典：メトロポリタン美術館（Wikimedia Commons）。

## 2 民衆の独立戦争

　アメリカ独立戦争がヨーロッパ諸国を巻き込む国際戦争となる一方で，北米大陸ではそこに住むあらゆる人々が様々な形で戦争に関わった。ミニットマン，つまり民兵や大陸軍兵士として戦った白人男性だけではなく，女性もまた自由を勝ち取るために積極的に独立戦争に協力した。彼女たちは従軍中の夫や父の留守中の家を守り，戦時の不況や混乱を乗り切るため家計の維持に奔走した。当時のジェンダー

規範に忠実だった者ばかりではなく，デボラ・サムソンのように男性になりすまして大陸軍に従軍した女性も存在した。後にファーストレディとなるアビゲイル・アダムズが夫ジョンに訴えたように，革命と戦争は女性にも自らの自由と権利を意識させたのである。

　独立戦争は，白人植民地人にとって自らの自由を勝ち取るための戦いであったが，奴隷身分のアフリカ人や先住民は彼らとは異なる方法で自由を追求した。奴隷とされた人々は革命による混乱を自由を得る好機と見た。1775年11月，イギリス側のヴァージニア総督ダンモア卿が，独立派のプランターが所有する奴隷に対して国王軍への入隊と引き換えに解放を約束する旨の布告を出すと，自由を求める数千の奴隷身分の黒人がこれに応じ，プランテーションから逃亡して国王軍に志願した。この黒人忠誠派の存在はプランターたちに奴隷反乱の恐怖を呼び起こし，ヴァージニアを独立へと駆り立てるきっかけとなった。他方で，先住民はフランスに代わって同盟者となったイギリス軍に協力し，自分たちの土地を侵略する植民地人と戦った。西部のフロンティア地域における先住民と大陸軍の戦闘は凄惨を極め，文字通り血を血で洗う状況が出現した。先住民にとって，独立戦争は北米大陸の主導権をめぐる帝国間戦争の延長上にあり，失われつつある自らの自由と独立を守るための戦いであった。

イギリス軍士官として戦ったモホーク族の指導者ジョゼフ・ブラント

出典：ナショナル・ギャラリー，カナダ（Wikimedia Commons）。

## ③　アメリカ独立と大西洋革命

　フランスの支援も加わり，戦況はしだいに大陸軍優位となっていった。主戦場は北部やニューヨークから南部へと移った。1781年10月，アメリカ・フランス連合軍はヨークタウンの戦いでコーンウォリス将軍を降伏させ，独立戦争は植民地側の勝利によって幕を閉じた。1783年9月，パリで講和条約が結ばれ，イギリスはアメリカ13邦の独立を承認した。このパリ条約によって，イギリスはカナダとフロリダを除くミシシッピ川以東の土地をアメリカに割譲し，アメリカは西半球最初の主権国家として独立した。

　アメリカの独立と（後の連邦憲法制定による）合衆国の成立は，ヨーロッパ諸国に衝撃を与えた。フランスの啓蒙思想家（フィロゾーフ）はアメリカの独立や新しい政治体制を共和政の実験として注目し，熱心に議論した。そして，独立戦争に多額の支援を行ったブルボン王家は国家財政の逼迫に悩まされ，イギリスと同じ課税問題をきっかけにフランス革命の渦に飲み込まれていく。フランス革命からナポレオン時代のヨーロッパの混乱は，サン・ドマングの奴隷蜂起をきっかけとする**ハイチ革命**を引き起こし，革命の連鎖はさらにラテンアメリカの独立革命に引き継がれた。アメリカ革命は，この大西洋革命の起点に位置づけられ，直接間接にこれらの革命にインスピレーションを与えたのである。　（鰐淵秀一）

▷ハイチ革命
1791年，フランス領サン・ドマングの黒人奴隷が蜂起し，トゥサン・ルヴェルチュールおよびデサリーヌの指導により1804年にハイチ共和国として独立を達成した。大西洋革命の時代に成立した最初にして唯一の黒人共和国となった。

参考文献
バーバラ・W・タックマン，大杜淑子訳『最初の礼砲——アメリカ独立をめぐる世界戦争』ちくま学芸文庫，2020年。
鰐淵秀一「ポスト共和主義パラダイム期のアメリカ革命史研究」『立教アメリカン・スタディーズ』第42号，2020年。

**合衆国憲法**

▷邦
Ⅰ章7節を参照。

▷公有地条例
公有地を6マイル平方のタウンシップに分割し，さらにそれを36分割して競売によって払い下げることを定めた。

▷北西部条例
オハイオ川以北の領土について，人口が6万人をこえた場合に邦として連合に加入できることを定めた。また，この地域において奴隷制度を廃止した。

▷アナポリス会議
ヴァージニア邦議会の呼びかけにより，同邦，ニューヨーク，ニュージャージー，ペンシルヴェニア，デラウェアの5邦による会議がおこなわれた。ニューハンプシャー，マサチューセッツ，ロードアイランド，ノースカロライナの代表は到着が間に合わなかった。

## 1 連合規約の成立

　独立宣言の採択直後の1776年7月12日，大陸会議において連合規約案が報告された。アメリカ最初の憲法にあたるこの連合規約の案は1777年11月には大陸会議によって承認されたが，13の**邦**によって批准されるまでには数年の歳月を要し，1781年3月にようやく成立した。批准にここまでの時間を要した原因は，西部領土の帰属が問題になったからである。いくつかの邦が西部の土地の領有権を主張したが，最終的にそのような領土を連合全体の帰属とすることで一致した。

　13条からなるこの連合規約では，まず第1条においてこの連合の名称を"The United States of America"と定めている。そして第2条において各邦が主権・自由・独立を有していることが記されている。そのため，各邦の代表によって構成される連合議会には，宣戦・講和の決定，外交使節の派遣・受入，条約・同盟の締結といった限定された権限しか与えられていなかった。また，連合議会には課税についての決定権が無かったので，この時期のユナイテッド・ステイツの財政基盤は脆弱であった。連合議会によって定められた条例として重要なものが，1785年の**公有地条例**と1787年の**北西部条例**である。

## 2 合衆国憲法の成立

　連合規約下のアメリカは各邦に多くの権限が確保されていたために，様々な問題が生じることとなった。連合議会は通商規制権をもたなかったため，対外貿易交渉において不利な状況におかれた。また，独立戦争時の債務の返済について，立場の異なる邦の間で対立が起こった。一方，各邦の議会は独自に数多くの法律を制定したため，様々な混乱が生じた。例えばマサチューセッツでは負債に苦しむ西部の農民たちが，富裕層に有利な法律で自分たちを苦しめていると邦議会を非難し，紙幣の増刷，裁判所の改革，邦憲法の改正を求めた。しかし，彼らの訴えは聞き入れられず，独立戦争に参加した士官ダニエル・シェイズに率いられた反乱が勃発した。

　このような混乱を受け，より強力な中央政府を求める声が高まっていった。連邦体制の全面的変更を検討する会議として，1786年9月にメリーランドのアナポリスに5邦の代表が集まり討議（**アナポリス会議**）がおこなわれ，翌1787年

5月にはニューヨークの代表であるアレグザンダー・ハミルトンの呼びかけによって，フィラデルフィアにおいて全邦の代表が集まる会議が開催されることになった。

　フィラデルフィア会議にはロードアイランドを除く12邦の代表が参加した。ジョージ・ワシントンを議長とするこの会議は，当初の目的であった「連合規約の改正」を遥かに超える，強力な中央政府や議会などを規定する新たな憲法をつくり上げる場となった。そして，ジェームズ・マディソンにより起草されたヴァージニア案によって，中央政府や議会の

トーマス・ロシター「合衆国憲法案への署名」

出典：Pauline Maier et al. eds., *Inventing America : A History of the United States,* New York: Norton, 2003, p. 243.

具体的なかたちが提案された。ここで特に議論となったのが議会における各邦の議員数であった。各邦の人口に応じて議員数を決めるとするヴァージニア案に対し，議員数は各邦同数とする対案がだされ（ニュージャージー案），両者の妥協として**人口に応じた議員数を配分する下院と各邦同数の議員数の上院の2つの院**によって議会を構成する案が採られた（コネティカット案）。また，人口に応じた議員数に関しては，奴隷を人口に算入することの是非が議論され，最終的に黒人奴隷を総数の5分の3として算入する妥協が成立した（5分の3条項）。また，奴隷貿易についても1808年までは禁止しないことが同意された。4カ月にわたる議論を経て，最終案は1787年9月17日に採択された。

　この合衆国憲法案は批准のために各邦に送られ，各地で激しい議論が引き起こされた。憲法の批准を推進する人々は自らを連邦派（フェデラリスト）と呼び，主権を持つ各邦の連合という現体制の維持を望む反連邦派（反フェデラリスト）と論争した。1788年6月には発効に必要な9つの邦の批准を得て，合衆国憲法（Constitution of the United States）は発効した。

▷下院・上院
下院は各州の人口に応じて議員数が配分され任期は2年，上院は各州平等に2議席が割り当てられ任期は6年と憲法で定められた。

## 3 憲法体制下のアメリカ

　合衆国憲法では第1条で連邦議会（Congress），第2条で大統領，第3条で連邦最高裁判所などについて規定されている。この立法・行政・司法という3権が互いに抑制しあう仕組み（三権分立）が，憲法の中に明記されている。

　合衆国憲法成立の翌年である1789年3月には第1回連邦議会がニューヨークにおいて招集され，4月にはジョージ・ワシントンが初代大統領に，ジョン・アダムズが副大統領に選出された。ワシントンの選出は，大統領選挙人全員からの票を得てのものであった。ワシントンはトマス・ジェファソンを国務長官に，アレグザンダー・ハミルトンを財務長官に任命した。このようにして，新たな連邦体制下でのアメリカ合衆国の歩みが始まった。

（鈴木周太郎）

**参考文献**

斎藤眞『アメリカ革命史研究——自由と統合』東京大学出版会，1992年。
飛田茂雄『アメリカ合衆国憲法を英文で読む——国民の権利はどう守られてきたか』中公新書，1998年。

# 2 フェデラリストと反フェデラリスト

## 1 合衆国憲法批准をめぐる論争

　合衆国憲法の批准をめぐる連邦派（フェデラリスト）と反連邦派（反フェデラリスト）との論争は，後に議会を舞台とした党派対立へと展開することとなった。

　憲法批准をめぐる論争が活発であった時期に，連邦派の中心的な存在はアレグザンダー・ハミルトン，ジョン・ジェイ，そしてジェームズ・マディソンであった。彼らは批准をめぐる論争が特に激しかったニューヨークの新聞において憲法の必要性を訴える論説を数多く発表した。これらは後にまとめられて『ザ・フェデラリスト』として出版された。特にハミルトンは『ザ・フェデラリスト』の中で連邦政府が強力な権限を有することの必要性を強く主張している。それに対して反連邦派は新たな政府や議会に非常に大きな権限が与えられ，さらにそれが無制限に拡大しうることを危険視した。それに加えて反連邦派は，この憲法案に人民の権利を保障する条項が無いことを問題とした。そのような批判に対して連邦派は，連邦政府は憲法に列挙された権限のみを行使するのだから，人民の権利について明記する必要はないと反論した。反連邦派の抵抗がありながらも，合衆国憲法は1788年に発効した。

## 2 権利の章典

▷合衆国憲法修正1条
「連邦議会は，国教を定めまたは自由な宗教活動を禁止する法律，言論または出版の自由を制限する法律，ならびに国民が平穏に集会する権利および苦痛の救済を求めて政府に請願する権利を制限する法律は，これを制定してはならない。」
（訳：アメリカ大使館）

▷合衆国銀行
1791年2月に設立。イングランド銀行がモデルとなった。1811年に特許の更新が認められずに閉鎖された。1816年に設立された第2合衆国銀行と区別して第1合衆国銀行と呼ばれる。

▷ジェイ条約
イギリス軍の北西部地域か

　合衆国憲法に人民の権利についての条項が存在しないことは，憲法成立を受けて招集された第1回連邦議会においても議論された。マディソンは1789年7月に合衆国憲法の修正条項として権利条項の原案を連邦議会に提出し，12カ条の修正条項が議会を通過した。これらの修正条項は批准のために各州にまわされ，1791年12月までにはそのうち10条の批准が成立し，合衆国憲法にとって初めての修正となった。この修正1条から10条までは「権利の章典（Bill of Rights）」と呼ばれ，憲法案をめぐって生じた連邦派と反連邦派との対立は収束に向かった。**修正1条**において宗教活動や言論・出版の自由が定められる

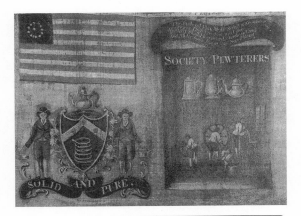

合衆国憲法批准を祝うニューヨークの職人組合のバナー（1788年）

出典：Eric Foner, *Give Me Liverty : An American History,* Seagull Sixth Edition, Volume 1, New York: Norton, 2019, p. 273.

など，権利の章典は合衆国憲法の重要な要素として，今日においても大きな位置を占めている。

## ③ ヨーロッパにおける戦争とアメリカの党派対立

ワシントン政権発足以降，財務長官ハミルトンは連邦体制の確立のために積極的な経済・財政政策を進めていくが，それが多くの反発を生むことになる。例えば1790年1月に発表された「公信用に関する報告書」において，ハミルトンは独立戦争中にアメリカが抱えた多額の債務について，各州の債務を連邦政府が肩代わりすることを提案したが，償還が進んでいた南部の諸州から反発を受けた。また，同年12月には紙幣の発行や通商についての権限を有する**合衆国銀行**の創設を提案したが，銀行設立の権限は連邦政府ではなく州にあるという批判を受けた。このようななかでハミルトンの推し進める政策に反発したトマス・ジェファソンが1793年に国務長官を辞し，マディソンらと共に党派対立の一方の勢力を構成していった。彼らは共和派（リパブリカン党）と呼ばれ，ハミルトンら連邦派（フェデラリスト党）と対立を深めていった。

党派対立が民衆を巻き込んでより激しいものとなるのは，フランス革命を発端とするヨーロッパでの戦争に対するアメリカの姿勢が議論となってからである。ワシントン大統領はヨーロッパ諸国の争いに巻き込まれないように1793年4月に中立を宣言したが，それに反発したイギリスによるアメリカ船の拿捕は深刻な問題となっていった。この事態を打開するためにジェイがイギリスに派遣され，1794年に両国の間で条約（**ジェイ条約**）が成立した。しかしこの条約はアメリカにとって不利益なものとして，共和派から強い反発を受けることになった。

1796年，ワシントン大統領が3期目にのぞまずに引退することを発表（**ワシントンの告別演説**）したために，同年の大統領選挙は連邦派のジョン・アダムズと共和派のジェファソンとの間で激しく争われた。選挙の結果アダムズが勝利し，翌年第2代大統領に就任した。アダムズ政権期にはフランスとの関係が悪化し，その結果1798年には**外国人・治安諸法**が成立した。これらの法律によって，外国人のアメリカ国内での政治活動が制限されることになったが，特に対象となっていたのが連邦派に批判的なフランス人亡命者だった。この諸法によって共和派の言論活動にも制限が加えられたため，ジェファソンやマディソンはケンタッキー州やヴァージニア州の議会による抗議の決議を主導し，党派対立は一層深まっていくことになった。

（鈴木周太郎）

連邦議会下院における共和派と連邦派の議員の間での小競り合い（1798年）

出典：Pauline Maier et al. eds., *Inventing America : A History of the United States,* New York: Norton. 2003, p. 277.

らの撤退や英領西インド諸島との貿易は認められたが，イギリス海軍によるアメリカ船での強制徴用の停止は盛り込まれず，イギリスに最恵国待遇を与えたことは共和派から激しく批判された。

▷**ワシントンの告別演説**
1796年9月にフィラデルフィアの新聞に掲載された。連邦派と共和派の党派争いを戒め，フランス革命に揺れるヨーロッパの情勢にまきこまれないように中立を貫くべきであると強調された。

▷**外国人・治安諸法**
帰化法，外国人法，敵性外国人法，治安法からなる。

（参考文献）

A・ハミルトン，J・ジェイ，J・マディソン，斎藤眞・中野勝郎訳『ザ・フェデラリスト』岩波文庫，1999年。
中野勝郎『アメリカ連邦体制の確立——ハミルトンと共和政』東京大学出版会，1993年。

# 3 ジェファソニアン・デモクラシー

## 1 「1800年の革命」

　1800年12月の大統領選挙では，現職大統領である連邦派のジョン・アダムズが敗れ，共和派のトマス・ジェファソンと**アーロン・バー**が同数の選挙人票を獲得する事態となった。連邦議会下院における決選投票が繰り返された結果，ジェファソンが勝利することになった。初めての共和派からの大統領選出である。同時におこなわれた連邦議会選挙においても共和派が連邦派をおさえて最大勢力となった。この政権交代を，ジェファソンは後に「1800年の革命」と呼んだ。

　ジェファソンの就任式は1801年3月4日におこなわれた。ジェファソンは新たな首都ワシントンで就任した最初の大統領であった。ワシントンが建設された場所，メリーランド州とヴァージニア州の境を流れるポトマック川沿いは，そもそも1790年にジェファソンやハミルトンらが政治的妥協の一環として南部に首都を建設することで合意した結果決められたものであった。フランス人技師ピエール・ランファンによって設計されたこの都市は，憲法で定められた政治機構を都市計画として形にする意欲的なものであったが，ジェファソンの大統領就任の時点では，まだ建設途上の状態であった。

## 2 マーベリー対マディソン事件

　アダムズは大統領選での敗北から自身の任期終了までの間に，連邦派の勢力を残すために，多数の連邦派の人物を連邦裁判所判事に任命した。そのなかの一人であるウィリアム・マーベリーは，政権交代後に保留されていた自身の任命状の交付を新たに国務長官となったジェームズ・マディソンに求め，最終的に最高裁判所に対してマディソンに任命状交付の職務執行命令を出すように訴えた。これが「マーベリー対マディソン事件」である。

　最高裁判所の主席判事であった**ジョン・マーシャル**は1803年に出された判決文において，職務執行命令の根拠となっている制定法と合衆国憲法は矛盾しており，そのような場合は憲法が優先されること，その判断は司法がおこなうことを記

▷**アーロン・バー**
1756〜1836年。ニューヨークの政治家。1800年の大統領選の結果を受けて，第3代副大統領となる。1804年7月，決闘でアレグザンダー・ハミルトンを死に至らしめた。副大統領退任後の1807年に反逆罪で起訴され，ジェファソンはその対応に苦慮した。

▷**ジョン・マーシャル**
1755〜1835年。ヴァージニア出身。1801年から1835年まで連邦最高裁判所主席判事を務める。それ以前のアダムズ政権期には国務長官を務めていた。実はマーベリーの任命には国務長官としてマーシャルは深く関わっていた。

1800年の大統領選におけるジェファソンの選挙バナー

出典：Pauline Maier et al. eds., *Inventing America : A History of the United States*, New York: Norton, 2003, p. 280.

し，マーベリーの訴えを退けた。この判決により，憲法に反する法律を無効にできる強力な権限（違憲立法審査権）が司法に認められることになった。これ以降，1896年の**プレッシー対ファーガソン事件判決**や1954年の**ブラウン判決**に代表されるように，連邦最高裁判所による判決が幾度もアメリカの歴史を大きく変えていくことになった。

　ジェファソンはその就任式において「私たちは皆共和派であり，皆連邦派なのです」と述べるなど，両者の融和に努めた。外国人・治安諸法は廃止されたが，合衆国銀行は存続されるなど，前政権の政策は基本的には受け継がれた。しかしこの選挙で敗れた連邦派の打撃は大きく，以降連邦派が政権を獲得することはなかった。

ピエール・ランファンによる首都ワシントンの設計図

出典：Pauline Maier et al. eds., *Inventing America : A History of the United States,* New York: Norton, 2003, p. 259.

## ③　ルイジアナ購入

　大統領としてのジェファソンの政策として重要なものは，フランスからのルイジアナ購入であろう。ミシシッピ川の西に広がるこの広大な土地は，1801年にスペインからフランスへ譲渡されていたのだが，1803年にナポレオンはこの土地の割譲をアメリカに提案した。ルイジアナの購入・割譲については同年10月の連邦議会において議論され，条約は承認された。アメリカはルイジアナを約1500万ドルで購入し，領土は倍増した。

　当初ジェファソンはルイジアナ購入を決意するのをためらった。憲法には領土の併合に関する連邦政府の権限について明記されていなかったことも1つの理由であった。しかし自由な土地が確保されていることによって，農業を根幹産業とするアメリカの発展が保証されるという国家観（自由の帝国）から，憲法を拡大解釈することでのルイジアナ購入に踏み切った。

　ジェファソンは獲得したルイジアナを調査するために，メリウェザー・ルイスとウィリアム・クラークの2人を隊長とする探検隊を派遣した。同地の気候・自然を調査することに加え，太平洋へ抜けるルートを発見することも目的であった。ルイス・クラーク探検隊は1804年にミシシッピ川とミズーリ川の合流点に位置するセントルイスを出発し，ロッキー山脈を越えコロンビア川を経て太平洋に到達し，1806年にセントルイスに帰還した。彼らのもたらした情報により，アメリカ人の西部への関心が高まり，後に西部開拓が促進されることとなった。

（鈴木周太郎）

ジョン・マーシャル

出典：Pauline Maier et al. eds., *Inventing America : A History of the United States,* New York: Norton, 2003, p. 288.

▷プレッシー対ファーガソン事件判決
Ⅳ章5節を参照。
▷ブラウン判決
Ⅶ章4節を参照。

参考文献

阿川尚之『憲法で読むアメリカ史』ちくま学芸文庫，2013年。
安武秀岳『自由の帝国と奴隷制——建国から南北戦争まで』ミネルヴァ書房，2011年。

# ④ 1812年戦争

## ① マディソン大統領の誕生とヨーロッパ情勢

　トマス・ジェファソンは大統領職を２期務め，次の1808年の大統領選挙では共和派のジェームズ・マディソンが勝利した。ジェファソン，マディソン，そして次のジェームズ・モンローの３人はそれぞれ２期務めた大統領で，いずれも共和派であり，ヴァージニア出身であったことから，この時代は**ヴァージニア王朝**と呼ばれることがある。

　アメリカにおいてジェファソンからマディソンに大統領職が受け継がれていく頃は，ヨーロッパにおいてナポレオン戦争の中で英仏の抗争が激しくなっていった時代でもあった。1806年にはナポレオンは大陸封鎖令によって，ヨーロッパ諸国に対してイギリスとの通商を禁じた。そのようななかでアメリカは中立の立場を維持し，英仏両方との通商関係を続けていたが，そのことによってアメリカ商船は英仏の両方から拿捕される脅威にさらされることになった。特にイギリス海軍は，脱走兵が逃げ込んでいる可能性があることを理由にアメリカ商船を停止させ，アメリカ人船員を強制徴用することがあった。このことにより，アメリカの世論は反英感情を強めていった。その結果，ジェファソンの任期終了直前には英仏との貿易を禁止する**通商禁止法**が出され，マディソンも1811年にイギリスとの通商禁止を表明した。

## ② 1812年戦争

　対英関係が悪化する中で連邦議会における発言権を増してきたのが，ケンタッキー州のヘンリー・クレイやサウスカロライナ州のジョン・C・カルフーンら，西部や南部出身の若手議員たちであった。彼らはイギリス領カナダやスペイン領フロリダに対して領土的野心を持っており，「好戦派（ウォー・ホークス，タカ派）」と呼ばれていた。彼らは議会において反英へと向かう世論に乗じて1812年６月にイギリスに対し宣戦布告をおこなう法案を成立させ，マディソンはそれに署名した。1812年戦争（アメリカ＝イギリス戦争）である。この戦争については，領土的野心の薄い北部は消極的であり，特にマディソンと政治的に対立していた連邦派の勢力が強かったニューイングランドにおいて反対の声が多かった。1814年にニューイングランド各州の代表が集まったハートフォード会議では，南部諸州が連邦の政治を主導していることへの反発から合衆国憲法

▷**ヴァージニア王朝**
第２代のアダムズ（マサチューセッツ出身）を除くと，初代のワシントンから第５代のモンローまでの５人のうち４人がヴァージニア出身であった。いずれもプランテーション経営者であり，奴隷主であった。

▷**ジェファソンの通商政策**
英仏への対抗措置として，アメリカ商船の国外への出航を禁止する出航禁止法が1807年12月に制定されたが，自国の経済に大きな打撃をもたらしてしまった。そのため1809年３月には同法は廃止され，英仏との貿易のみを禁止した通商禁止法が成立した。

の修正まで呼び掛けられた。彼らの戦争への非協力的な姿勢は戦後に反発を呼び，連邦派の力を失わせる要因となった。

　カナダとの国境付近では多くの先住民部族がイギリス軍と連携してアメリカ軍と戦った。ショーニー族の**テカムセ**は特に有名である。結果的に「好戦派」の目論んだカナダへの侵攻は成功しなかった。イギリス海軍は合衆国の海岸線を封鎖し，1814年8月には首都ワシントンにも侵攻し大統領官邸や連邦議会議事堂など多くの建物を焼き討ちした。結局この戦争は勝敗がはっきりしないまま，同年12月にベ

砲撃を受けるマクヘンリー砦

出典：アメリカ議会図書館（Library of Congress）。

ルギーのガンで結ばれた講和条約によって終結することになった。しかし，終戦の知らせがアメリカに届く前の1815年1月に，アンドリュー・ジャクソン率いるアメリカ軍がニューオーリンズの戦いでイギリス軍を大敗させた。この勝利によってジャクソンは国民的英雄となり，後に第7代大統領となる。

　この戦争では結局カナダの領土を獲得することは叶わなかったが，戦争中にスペイン領であったフロリダ半島の西部を占領し，アメリカの領土拡張はこれ以降も続いていく。

## ③ 戦争がアメリカに与えた影響

　この戦争は「第2次独立戦争」と呼ばれるほど，アメリカ社会に与えた影響は大きなものだった。戦争によってイギリスの工業製品の輸入が途絶えたことによって，国内の製造業の発展が促されることになった。特に繊維産業が北部を中心に発展した。また，イギリス軍と連携した先住民の勢力が弱体化したことによって，西部開拓が容易になった。そして，戦争を通してアメリカ人としてのアイデンティティが形成され，ナショナリズムが高まった。

　ナショナリズムの高まりの1つの例として，フランシス・スコット・キーの書いた詩「**星条旗**（The Star-Spangled Banner）」が挙げられる。キーは1814年9月のボルティモアの戦いにおいて，捕虜の解放交渉のために乗船したイギリス軍の船の中から友軍のマクヘンリー砦が砲撃を受けるのを見ていなければならなかった。翌朝，激しい攻撃を受けてもなお翻る旗に感激し書きあげたのが「星条旗」である。この詩はすぐにボルティモアにおいて印刷され，次第にメロディー（イギリスの酒宴の歌）をつけられて愛国歌として歌われていくことになる。この詩とメロディーは1931年に連邦議会によって合衆国の国歌として規定されることとなった。

（鈴木周太郎）

▷テカムセ
1768年？〜1813年。ショーニー族のチーフとして，諸部族の連携を呼びかけた。1810年，北西部領地総督のウィリアム・ヘンリー・ハリソンとの会談における演説でアメリカ政府の非道を訴えた。1812年戦争においてはイギリス軍とともに戦い，1813年に戦死した。

▷星条旗
星条旗が国の旗として制定されたのは1777年6月14日，大陸会議の海軍部会においてであり，大陸軍側の邦の数である13のストライプと星がデザインとして規定された。

（参考文献）
スコット・M・グインター，和田光弘 他訳『星条旗 1777-1924』名古屋大学出版会，1997年。

# 5 市場革命

## 1 北部における工業化

　1812年戦争を契機として，大西洋岸北部では工業化が急速に進行した。それを支えていたのが保護関税政策であった。1816年には綿製品などに平均税率20％を課す保護関税法が制定された。初期の工業化は綿工業を中心に発展した。特にマサチューセッツ州を中心にした地域では，巨額の資本で運営され，水力による紡績機と織機を備えた工場が発展した。ボストン製造会社がボストン近郊のウォルサムに工場を建設したことから，このような工場の形態をウォルサム型と呼ぶ。ボストン製造会社は，その後メリマック川沿いに多数の工場を建設し，この地は綿工業の発展に重要な役割を果たした人物の名前から**ローウェ**▷**ル**と名付けられた。

　これらの紡織一貫工場において労働力となったのは，近郊の農村部出身の若い女性たちだった。彼女らは工場に併設された寄宿舎に住み，工業生産における仕事場と生活の場が結び付けられて管理された。工場の経営者たちは，徳も教養もある女性たちを雇用していると自負していた。ローウェルで働く女性たちの中には，自分たちで編集し発刊していた文学雑誌『ローウェル・オファリング』に物語や詩やエッセイを書く者も存在した。

　綿工業以外の製造業もこの時代に発展していった。例えば製靴業や仕立て業では下請け制度を導入するかたちで合理化が進んだ。

　1840年代になると，北部においてヨーロッパからの移民が大量に工場労働力として吸収されるようになった。建国以来，アメリカへの最初の移民の波はドイツ人，フランス人，カナダ人，イギリス人であったが，この時代にはアイルランドからの移民がアメリカ社会に大きな影響を与えた。アイルランドにおけるじゃがいもの凶作と，1801年の併合以降のイギリスによる搾取的な政策が深刻な飢饉をもたらし，100万人以上が餓死し，ほぼ同数がアメリカへ移住した。紡織工場においても，労働者の中心は近郊農村部の若い女性から移民に切り替わっていった。資本家たちが移民労働者たちに低賃金と過酷な労働条件を課すことが可能になったからである。

　アイルランド系移民に対しては敵意が向けられることになった。彼らが安い賃金で働くことと，カトリックという信仰の点

▷ローウェル
マサチューセッツ北東部の都市。ボストン製造会社の設立に関わった商人資本家のフランシス・C・ローウェルから名前がとられた。1840年代には約7000人の女性が紡織工場で働いていた。

ローウェルの工場跡とメリマック川

出典：著者撮影。

から，アメリカ生まれの市民による排外主義（nativism）を引き起こし，1850年代には移民排斥を訴える**ノウナッシング党**（Know-Nothing Party）が誕生した。

## 2 市場革命と拡大するアメリカ

　アメリカ北部で進行したこのような工業化は，「市場革命（Market Revolution）」というより大きな枠組みの中で捉えられる。これは19世紀前半のアメリカ社会が経験した変化を理解するための概念である。この概念には北部の工業化に加えて，交通の発達（交通革命）や南部の綿花生産や西部の農産物生産に伴う資本主義的農業の浸透なども含まれており，それらの変化が密接に結びついていることが重要である。

　**ヘンリー・クレイ**が1824年3月に連邦下院でおこなった演説で提示した，いわゆる「アメリカ体制」論は，アメリカの各地域の産業を育成し分業体制を確立することを図るものであった。クレイの「アメリカ体制」論においては，高率の保護関税によって北部製造業の育成を促し，関税収入を国内交通網の整備拡充（内陸開発）にあて，健全な信用を供給する中央銀行を設立して国内の商取引を円滑にすることが掲げられていた。

　「アメリカ体制」論でも明らかなように，広域市場経済における分業体制が成立するためには，交通網の整備は不可欠であった。特に西部で生産された農作物を南北にはしるアパラチア山脈を越えて大西洋岸の都市部へと運ぶ手段が不可欠であった。**カンバーランド国道**に代表される道路建設から運河建設へと交通革命は進展していった。特に1825年に完成したエリー運河は，ハドソン川上流のオルバニーとエリー湖畔のバッファローを結ぶ全長584キロの巨大な運河であり，これによって西部の農地と大西洋岸の大都市ニューヨークが結ばれることになった。また，交通網の発展には蒸気機関という新しい動力の導入も重要であった。19世紀初頭にロバート・フルトンの建造した蒸気船は，ミシシッピ・オハイオ水系や運河を用いた大量輸送を促し，1830年に建設されたボルティモア・オハイオ鉄道から始まる鉄道建設ラッシュは，より迅速に人やモノを運ぶことを可能にした。

　交通革命によって西部（オハイオ州，インディアナ州，イリノイ州）における農業の商業化が進んでいった。この地域で生産された小麦やトウモロコシが大西洋岸都市部へと運ばれていくのである。また，サイラス・H・マコーミックが1831年に発明した刈取り機に代表される西部農業の機械化は，広大な土地での草原農法を可能にした。

（鈴木周太郎）

馬と競争するボルティモア・オハイオ鉄道のイギリス製蒸気機関車（1830年頃）

出典：Pauline Maier et al. eds., *Inventing America : A History of the United States*, New York: Norton, 2003, p. 329.

▷**ノウナッシング党**
1850年代に反移民・反カトリックを掲げた政治運動・組織。この通称は党員が組織の存在を尋ねられても「何も知らない」と答えたことから来ている。1854年にはマサチューセッツ州議会で圧勝し，多くの都市の市長選でも勝利した。

▷**ヘンリー・クレイ**
1777年〜1852年。ケンタッキー州の政治家。下院議長などを務め，ミズーリやカリフォルニアの州昇格をめぐる妥協に深く関わった。ホイッグ党から大統領選に複数回挑戦した。

▷**カンバーランド国道**
ポトマック河畔のカンバーランドからアパラチア山脈を越え，オハイオ河畔のホイーリングまでをつなげる舗装道路として，1811年に着工された。後にイリノイ州ヴァンダリアまで延伸した。

（参考文献）
森杲『アメリカ職人の仕事史──マス・プロダクションへの軌跡』中公新書，1996年。
野村達朗『アメリカ労働民衆の歴史──働く人びとの物語』ミネルヴァ書房，2013年。

#  6　北部の改革運動

## ① キリスト教と改革運動

　19世紀前半は市場革命によるアメリカ社会の急激な変化によって，共和国建設の基盤となっていたアメリカの美徳が失われてしまうという危機感が高まり，社会改革運動が盛り上がった時代であった。改革運動はその目的や動機を含めて多岐にわたっていたが，信仰復興運動に結びつくものが多かった。第2次大覚醒運動と呼ばれる信仰復興運動は1790年代から各地で広がり始めたが，1820年代になると聖職者チャールズ・フィニーらによってニューヨーク州西部で拡大していった。フィニーは禁酒運動（temperance movement）や奴隷制廃止運動に積極的に関わった人物である。

　禁酒運動の背景にあったのは蒸留酒の過剰流通によって引き起こされた，人々の飲酒癖であった。この時代には輸送網が開発途上であったことから，輸送コスト節約のために西部農地における余剰穀物を蒸留酒に加工して市場に出していた。このように安価な蒸留酒が大量に流通したことで，過度な飲酒が社会問題となった。1826年にはボストンにおいてアメリカ禁酒協会が設立され，ライマン・ビーチャーら著名な聖職者も参加した。

　奴隷制廃止運動もこの時代の北部において拡大していった。それ以前から存在していた反奴隷制の運動が，奴隷の漸進的な解放，奴隷主への経済的な補償，解放奴隷の国外への植民を唱える穏健なものであった（漸進主義）のに対し，1830年代にはより急進的なアボリショニズム（Abolitionism）という運動が登場した。その指導者の1人である**ウィリアム・ロイド・ギャリソン**は，自身の発行する『リベレーター』紙において，漸進主義を強く批判し，奴隷の即時・無償・全面解放を訴えた。アボリショニズムにはフレデリック・ダグラスら北部の自由黒人も参加していった。

## ② 改革運動と女性

　女性たちは改革運動に積極的に参加していった。敬虔で道徳的な存在としての女性像が，改革運動を通して女性が公的な事柄に関与することを可能にした。禁酒運動においては，男性の飲酒癖によって苦しむ妻と子どもというイメージが提示され，全米各地

▷ウィリアム・ロイド・ギャリソン

1805〜1879年。マサチューセッツ出身のアボリショニスト。奴隷制廃止運動の機関紙『リベレーター』において，南部の奴隷制だけでなく，北部の漸進主義的な反奴隷制運動も厳しく批判した。

チャールズ・フィニーの説教がおこなわれるテントにつめかける人々

出典：Pauline Maier et al. eds., *Inventing America : A History of the United States*, New York: Norton, 2003, p. 415.

に女性禁酒組織が設立された。アボリショニズムにおいても女性は重要な役割を担った。フィラデルフィア女性反奴隷制協会の主要メンバーであったルクレシア・モットや，南部の大プランターの娘として生まれ北部でアボリショニズムに加わったサラ・グリムケ，アンジェリナ・グリムケなどが著名である。

　禁酒運動やアボリショニズムに参加した女性の中には，女性の権利への意識を強めていった者もいた。例えばサラ・グリムケは男女入り混じった聴衆を前に演説することを批判され，『両性の平等についての手紙』を発表した。モットはエリザベス・ケイディ・スタントンらとともに，1848年7月にニューヨーク州セネカフォールズで開催されたアメリカ史上最初の女性の権利を求める大会を開催した。またアメリア・ブルーマー[a]は彼女が発行する禁酒運動の機関紙『リリー』において，スカートの着用が当たり前であったこの時代にパンタロン・スタイルを提唱することによって女性の服装改革を試みた。

「女性の聖なる戦い」（1870年代）

出典：アメリカ議会図書館（Library of Congress）。

## ③ ユートピア共同体

　19世紀前半はユートピア共同体が各地で建設された時代でもあった。その多くに共通するのは，産業化の中で激化する競争に抗い，平等と協調を重視する共同体をつくりあげようとする試みであった。例えば宗教指導者ジョン・ハンフリー・ノイズは私有財産制を否定し，1848年に彼によって創設されたオナイダ共同体では財産の共同所有が実施された。

　ニューイングランドのコンコードでラルフ・ウォルド・エマソンらは超絶主義（transcendentalism）を提唱した。これはユニテリアン派の神学運動の延長線上にありながら，人間最高の美徳として「自己信頼」を説き，個人の魂の神聖さを強調し，人間主義的な理想主義を唱えるものであった。このような思想の背景にあったのは，産業化によってもたらされる物質的繁栄への批判的な視点であった。超絶主義者らによって1841年にマサチューセッツ州ロクスベリーに設立されたブルック・ファームは高度な文化と共同で行う労働を結合した共同体の試みであったが，1846年には解体した。

　また，末日聖徒イエス・キリスト教会（モルモン）は1830年にジョセフ・スミスによって創始された。ニューヨーク州で始まりオハイオ，ミズーリ，イリノイへと移動したが，スミスによって導入された一夫多妻制が教会外の人々の反感を買い，1844年に彼は暴徒の手により殺害されてしまう。後継者となったブリガム・ヤングは信者とともに当時のアメリカ領の外であったユタ[a]に移住し，そこで自分たちの理想とする共同体をつくりあげた。

（鈴木周太郎）

▷アメリア・ブルーマー
1818〜1894年。ニューヨーク出身の社会改革者。1851年に自身が発行する禁酒運動の機関紙『リリー』において，ショートドレスの下にパンタロンを着用するスタイルを紹介した。

▷ユタ
ブリガム・ヤングらの到達後，米墨戦争を受けた1848年のグアダルーペ・イダルゴ条約によって，メキシコからアメリカに割譲される。1896年に45番目の州となった。

参考文献
岡本勝『アメリカ禁酒運動の軌跡——植民地時代から全国禁酒法まで』ミネルヴァ書房，1994年。
武田貴子・緒方房子・岩本裕子『アメリカ・フェミニズムのパイオニアたち——植民地時代から1920年代まで』彩流社，2001年。

**南部の奴隷制の拡大**

## ① 綿花王国の興隆

　植民地時代に南部プランテーション最大の商品作物であったタバコは，建国後，土壌の荒廃や国際競争の高まりによる価格低迷で利益を生み出しにくくなっていた。1808年の奴隷貿易禁止とも相まって，奴隷制はいずれ衰退するであろうと考えられていた中，タバコに代わる主要商品作物として台頭したのが綿花である。南部では19世紀前半に綿花プランテーションが拡大し，1800年に1割未満だったアメリカの総輸出額に占める綿花の輸出額は，南北戦争直前の1860年には約6割にまで増え，綿花は最大の輸出品となった。

　南部の綿花生産増大の背景には，イギリスとアメリカ北部の繊維産業における**産業革命**（Industrial Revolution）によって，原材料である綿花の需要が急激に高まったことがある。19世紀までに綿織物業はイギリス最大の工業部門となり，アメリカ北部でも紡績業などの綿工業が発展した。南部の綿花供給量は1840年には全世界の約6割に達し，1850年代には4分の3を占めるに至った。

　このような需要に応える綿花栽培地域の拡大を可能としたのは，1793年に**ホイットニー**が発明した**綿繰り機**である。それまで綿花は，カリブ海諸国から持ち込まれた長繊維の品種がジョージア州やサウスカロライナ州などの大西洋沿岸地域で栽培されていたのみであった。内陸部でも栽培できた短繊維の品種は，種子の除去に手間がかかるため，これまで商品作物には不向きだった。しかし，この技術革新により作業効率が格段に向上したことで，短繊維綿の栽培が促進された。こうして綿花の栽培地域は大西洋沿岸の2州から西漸し，深南部と呼ばれるメキシコ湾沿岸部のアラバマ州やミシシッピ州，ルイジアナ州へと広がり，1850年代にはテキサス州まで達した。南部は「綿花王国」と呼ばれるようになり，奴隷制は息を吹き返したのである。

## ② 奴隷制国家としてのアメリカ

　綿花の生産地域が西へと拡大したのに伴い，南西部の綿花プランテーションでは労働力需要が高まった。奴隷貿易が禁止された後の1810年から1860年までの間に，上南部や大西洋沿岸州で奴隷にされていた約80万の黒人が深南部に転売され，国内の移動を強制された。地域によって奴隷制プランテーションの栽培作物や労働形態は様々であったが，1850年の時点で，これらの人々の半分以

▷**産業革命**
Ⅱ章5節を参照。

▷**イーライ・ホイットニー**
1765〜1825年。北部出身の発明家。
▷**綿繰り機**
針金の歯とローラーで綿花の繊維から種子をすいて取り除く機械。

上が綿花プランテーションや綿花畑で働いていたとされる。その人口は1800年に90万人弱であったが，1860年には約400万人に増加した。これは自然増に加え，奴隷所有者の白人男性が黒人女性をレイプしたり，黒人男女に性的関係を強要したりすることで，高い出生率を維持したことによる。奴隷制は地域的にも人口的にも以前とは比べ物にならない規模で発展し，南部社会の経済的基盤となり続けたのである。

「初めてのコットン・ジン」『ハーパーズ・ウィークリー』（1869年12月8日）

出典：アメリカ議会図書館（Library of Congress）。

とはいえ，19世紀の南部社会において，奴隷所有層は白人全体の3分の1に過ぎなかった。1860年の国勢調査によると，このうち100人以上の奴隷を所有するような大農園主は2000人あまりで，これは奴隷所有者全体のわずか0.7%である。しかし，このような一握りの特権的白人奴隷所有者が南部の政治経済を完全に支配していたことが，南北戦争前の南部社会の特徴であった。さらに，初代大統領のジョージ・ワシントンや独立宣言を起草した第3代大統領のトマス・ジェファソンなど，建国から半世紀の間に大統領を務めた7人のうち，実に5人が奴隷所有者だった。独立戦争後，奴隷制は南部に限定されたけれども，これらの南部奴隷所有者の政治家たちが連邦政治を担っていたことが，この時代のアメリカが奴隷制国家と呼ばれるゆえんである。

## ③ 地域利害の対立の顕在化

綿花プランテーションが南西部に拡大したことにより，西部における奴隷制の扱いが南北の地域利害の対立を生むことになった。当時，南部諸州は奴隷州，北部諸州は自由州とされており，それぞれ11州ずつで均衡を保っていた。1819年にミズーリ準州を奴隷州として連邦に加入する案が提案されると，連邦上院における奴隷州と自由州選出議員数の均衡が崩れ，西部全域に奴隷制が拡大するとの懸念が北部州選出議員の間で広がり，連邦議会では奴隷制をめぐる論争が続いた。しかし，同年末にマサチューセッツ州から分離したメインが自由州として連邦への加入申請を行ったことから，1820年にミズーリ協定と呼ばれる政治的妥協が成立した。この結果，奴隷州と自由州は12州ずつとなり，しばらくは南北の対立が回避された。

しかし，南北はやがて関税に対する立場の違いからも対立するようになる。製造業が発展した北部は，イギリス製品との競争から国内産業を保護する意図もあり，高関税政策を支持した。これに対して，ヨーロッパから製品を輸入し綿花を輸出していた南部は自由貿易政策を主張した。両者の対立は，1828年の関税法やその他の地域利害に関わる問題をめぐり顕在化していく。（坂下史子）

▷準州（territory）
連邦政府に管理されるが，まだ州に昇格していない行政区域。

▷ミズーリ協定
ミズーリを奴隷州，メインを自由州として連邦に加入させることで数の均衡をはかり，ミズーリ州の南の境界線から西に伸びる北緯36度30分から北の地域では奴隷制を認めないという協定。「ミズーリ妥協」とも呼ばれる。

▷地域利害に関わる問題
Ⅲ章3節を参照。

（参考文献）
貴堂嘉之『南北戦争の時代——19世紀』岩波新書，2019年。
紀平英作編『アメリカ史上』山川出版社，2019年。

# 8　モンロー・ドクトリン

## 1　好感情の時代

　ジェームズ・マディソンの次の大統領として，1816年の選挙で勝利したのは共和派のジェームズ・モンローであった。選挙人得票数では連邦派ルフス・キングの34票に対して183票を獲得するという，圧倒的な勝利であった。連邦派は1812年戦争に反対したことによって急速に影響力を失っていた。モンローは1820年の大統領選挙においても，特に選挙運動をすることなく再選された。党派対立が影を潜め，共和派による安定した政治が行われたこの時代は「好感情の時代」と呼ばれている。

　「好感情の時代」はナショナリズムが高揚した時代でもあった。1816年に設立された第2合衆国銀行のもと経済発展が図られ，保護関税による製造業の発展と西部開拓地における内陸開発が関心事となった。1824年のヘンリー・クレイによる**「アメリカ体制」論**もそのような文脈のなかで掲げられたものである。また，選挙権の規定から財産制限が撤廃される動きが各州で見られるようになり，白人男子の普通選挙が確立し始めた時代でもあった。

　ただし，モンロー政権期に国内の対立が存在しなかったわけではなく，地域間の利害が顕在化した時代でもあった。特にミズーリが新たな州として連邦に加わるにあたっての奴隷制導入の是非をめぐる論争は，南北の利害対立の存在を明らかにした。

　対外的には国務長官**ジョン・Q・アダムズ**のもと，未確定であった国境線の確定作業が進められた。イギリス領カナダとの国境は1818年のイギリスとの条約で確認され，ロッキー山脈以西のオレゴン地方については共同領有地とされた。フロリダ半島についても，1812年戦争時に占領していた西フロリダに加えて，東フロリダについても1819年にスペインとの間で締結したアダムズ＝オニス条約によって譲渡を受けた。

## 2　モンロー・ドクトリンと西半球秩序

　ラテンアメリカにおいては，スペイン植民地が相次いで独立を宣言し，1822年にモンロー大統領はそれらの国々の独立の承認を促す教書を連邦議会に送った。しかしヨーロッパでは**ウィーン体制**が形

▷**「アメリカ体制」論**
Ⅱ章5節を参照。

▷**ジョン・Q・アダムズ**
1767〜1848年。第2代大統

ジェームズ・モンロー

出典：アメリカ議会図書館（Library of Congress）。

成され，自由主義とナショナリズム運動の抑圧が図
られていた。そのため，欧州から中南米への軍隊派
遣の脅威が表面化した。また，ロシアがアラスカか
ら太平洋岸へと勢力圏を広げる機会をうかがってい
た。アメリカ大陸は東西からヨーロッパ列強の脅威
にさらされていた時代であった。

出典：アメリカ議会図書館（Library of Congress）。

　このようななか，1823年12月にモンロー大統領は
連邦議会に送った教書において，モンロー・ドクト
リン（モンロー主義）と呼ばれる，アメリカ外交の
基本路線を宣言した。モンロー主義の特徴の1つと
して，非植民地主義があげられる。「南北アメリカ
大陸は，これまで前提とされ維持されてきた自由と
独立の状態によって，これからはヨーロッパ諸国のいかなる国によっても将来
の植民地化の対象とみなされてはならないという原則」が主張された。もう1
つの特徴が，相互不干渉である。「現在のヨーロッパ諸国の植民地や保護領に
ついて，私たちは干渉したことはないし，今後も干渉するつもりはない」が，
すでに独立を宣言しアメリカがそれを認めた西半球の国々へのヨーロッパ諸国
による干渉は「合衆国に対する非友好的な姿勢の表明としか見ることはできな
い」と牽制した。

　ヨーロッパの強国に対抗できるほどの軍事力をアメリカが持ち合わせてはい
なかったこの時代において，モンローの教書が当時の国際情勢に直接的な効果
をもたらしたとは言い難い。しかしモンロー主義は，これ以降のアメリカにお
ける国外との向き合い方に対して大きな影響力を持つこととなった。まずはこ
の宣言を，初代大統領ジョージ・ワシントンの時代からの孤立主義的外交姿勢
を受け継いだものとして位置づけることができる。ヨーロッパの政治体制（君
主制）と西半球の政治体制（共和制）は根本的に異なるものであるという認識
がその背景にあった。しかし同時に，これ以降のアメリカ自身の干渉主義や膨
張主義へと繋がる側面も持ち，西半球における勢力拡張を正当化する根拠とも
なっていった。例えばそれはテキサス併合の是非をめぐる論争の中で1845年に
ジョン・L・オサリヴァンによって提示された「**マニフェスト・デスティニー**
（明白な天命）」の中にも見られる。同年にジェームズ・K・ポーク大統領がオ
レゴンの単独領有を主張したときにも，モンロー主義の原則が持ち出された。
このように，北米大陸において領土を拡張し開拓者が西部へ移動する根拠とな
ったのである。また，20世紀に入りセオドア・ローズヴェルト大統領がカリブ
海諸国に対する合衆国の干渉権を主張したときにも，モンロー主義は援用され
た（**ローズヴェルト・コロラリー**）。

（鈴木周太郎）

領ジョン・アダムズの息子
としてマサチューセッツ州
に生まれる。モンロー政権
で国務長官を務め，モンロ
ー主義の原案を起草した。
1824年の大統領選挙で勝利
し第6代大統領となる。

▷**ウィーン体制**
ナポレオン戦争後のヨーロ
ッパの国際秩序の構築が議
論された1814〜1815年のウ
ィーン会議によってつくり
出された支配体制。革命勢
力の抑圧と勢力均衡の原理
による安定した国際秩序が
志向された。

▷**マニフェスト・デスティ
ニー**
Ⅲ章1節を参照。

▷**ローズヴェルト・コロラ
リー**
Ⅴ章4節を参照。

**参考文献**
イリジャ・H・グールド，
森丈夫監訳『アメリカ帝国
の胎動──ヨーロッパ国際
秩序とアメリカ独立』彩流
社，2016年。
下河辺美和子編『モンロ
ー・ドクトリンの半球分割
──トランスナショナル時
代の地政学』彩流社，2016
年。

#  9　ジャクソニアン・デモクラシー

## 1　1824年の選挙と二大政党制の誕生

　1824年の大統領選挙はリパブリカン党優勢の時代に終わりを告げ，地域的対立を鮮明化した。4人の立候補者のいずれも過半数を取得できず，結局は，選挙人票で第2位のジョン・Q・アダムズが連邦下院で影響力をもつヘンリー・クレイの支持を得て当選した。アダムズ大統領はクレイを国務長官として迎え，広大な国土をつなぐ道路や運河，鉄道の建設によって，東部と西部の農業を結びつけようとする「アメリカ体制」の実現を目指した。

　地域的対立は関税政策に顕著に表れた。製造業者や農民が保護関税を支持するのに対して，多くの製品をヨーロッパから輸入していた南部プランターや海運業者は反対し，とりわけ1828年の保護関税は「唾棄すべき関税」として後者の強い反発を招いた。のちにリパブリカン党はアダムズ率いる大きな政府を標榜するナショナル・リパブリカン党（のちのホイッグ党）とアンドリュー・ジャクソン率いる小さな政府を標榜する民主党に分裂した。アメリカにおける二大政党制の誕生である。二大政党は関税を含む経済政策に中央集権的な役割を必要とするホイッグ党と，生産者の利益と州権論を重視する民主党という，アメリカの統合の在り方をめぐる2つの理念を体現していた。

## 2　ジャクソニアン・デモクラシー

### ▷白人男性の普通選挙
このとき女性や黒人の政治参加は閉ざされたままである。黒人投票権の保障は南北戦争後の憲法修正15条，女性投票権はさらに1919年の憲法修正19条の制定まで待たねばならない。

### ▷猟官制
選挙で勝利した政党がそれまで在職していた公務員の大半を解雇し，支持者をその代わりに任命する制度。官職の世襲的独占を廃止し，

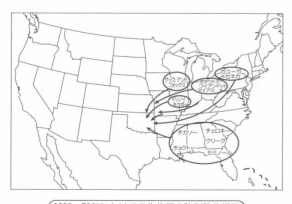

1800〜50年にかけての先住民の強制移住経路

出典：John P. Bowes, "US Expansion and Its Consequences, 1815–1890" Frederick E. Hoxie ed., *The Oxford Handbook of American Indian History*, Oxford University Press, 2016, p. 96.

　1828年の大統領選挙ではヴァージニアやマサチューセッツの「特権階級」でない，テネシー出身の軍人のジャクソンが当選した。背景には有権者資格の拡大がある。各州によって課されていた選挙権の財産資格と納税資格は次第に撤廃され，30年代には全ての州で成年**白人男性の普通選挙**（universal white manhood suffrage）が実現した。激増していた一般有権者の票は米英戦争やインディアン戦争の英雄であり，「たたき上げの男（セルフ・メイド・マン）」の象徴としてのジャクソンに集まったのである。

　ジャクソンはその政治に「生産者」対「特権階級」のレトリックを好んで用いた。白人農民，労働

者，職人，都市市民，起業家，さらにプランター，地方銀行家をも「生産者」として一括し，その利益を代弁しようとした。そこで「敵」とされたのが第2合衆国銀行に代表される，自由や民主主義を阻害するとされた既成体制である。自身も典型的な南部プランターであるジャクソンの政策は，第2合衆国銀行の廃止や**猟官制**（spoils system）の導入などにみられるように既成体制や既得権の破壊と南部利益の保護がその根底にあった。

ジャクソン期は国内政治の民主化やヨーロッパにおける改革運動の影響から，社会・経済・文化面での広範な社会運動の高揚した時期でもある。社会的な矛盾の克服を目指すこれらの運動は，労働者の地位改善，奴隷制廃止運動，信仰復興運動と結びついたモラル改革（禁酒運動，安息日厳守など），ユートピア運動，さらには普通教育の普及を求める教育改革や，女性の権利運動として展開された。公立学校設立に貢献したホーレス・マンや知的独立宣言とも言える「アメリカの学者」の演説をしたR・W・エマソンらも運動をけん引した。これらの運動は中産階級の人々の立場を代弁すると同時に，社会秩序の維持や労働者を統制する役割もあった。

ロバート・リンドヌーによる「涙の旅路」（1942年）

出典：グレンジャー・コレクション。

## 3 先住民の強制移住

広大な土地に居住する先住民もまたジャクソンによって「生産者」の「敵」として位置づけられた。連邦議会下院で南部選出議員による強い支持を得て成立した**インディアン強制移住法**（1830年）は，ミシシッピ川以東に居住していた先住民にその土地を明け渡させ，彼らを同川西方のインディアン・テリトリー（現オクラホマ州）に移住させる権限を大統領に与えるものである。土地の譲渡は先住民の各部族との条約締結をもって行われたが，従わない場合には武力をもって強制された。ジャクソンはその任期が終わる1837年までの間に70もの条約を締結し，日本の総面積を上回る約40万平方キロを明け渡させた。後にその大半は綿花畑となる。一方，移住先に準備されたのはわずか約13万平方キロであった。

中でも移住時期が冬にかかったチェロキーは悲惨な経験をした。約1万6000人のチェロキーがジョージアからオクラホマまで歩き，その道中で約4000人の死者を出した。この移住は「涙の旅路（Trail of Tears）」と呼ばれる。同時期にアメリカに滞在していた**アレクシス・ド・トクヴィル**は，「大衆迎合」がアメリカの民主主義を阻害すると鋭い洞察を加えつつ，その最たる犠牲者であろうチェロキーの涙の旅路を見つめた。

（野口久美子）

選挙に貢献した一般党員に官職を分配しやすいようにした。現在は廃止されたが，大統領が高位官僚を指名できる制度は現在も引き継がれている。

▷**インディアン強制移住法**（Indian Removal Act）
先住民の移住（地理的分離）政策はジェファソン大統領期以降，移住先での先住民の「文明化」とアメリカ社会への統合の手段として検討されてきた。それまで任意であった移住は，ジャクソン政権期に先住民に強制された。

▷**アレクシス・ド・トクヴィル**
フランスの貴族出身で1831〜1832年にかけてアメリカの北部から中西部を中心に視察し，1835年と40年に名著『アメリカのデモクラシー』全2巻を公刊した。

（参考文献）

鵜月裕典『不実な父親・抗う子供たち——19世紀アメリカによる強制移住政策とインディアン』木鐸社，2007年。
岩崎佳孝『アメリカ先住民ネーションの形成』ナカニシヤ出版，2016年。

# アボリショニズムからセネカフォールズへ

## 世界奴隷制反対会議

　1840年，ロンドンにおいて世界奴隷制反対会議が開催された。イギリスでは1833年に奴隷制廃止法が成立しており，国内および植民地において奴隷制が禁止されていた。英国内外奴隷制反対協会が世界規模での奴隷制廃止を目指し，国際大会を呼びかけたのだ。アメリカのアボリショニストであるウィリアム・ロイド・ギャリソンはアメリカからの代表団の1人としてルクレシア・モットを指名した。

　しかしモットは会議への参加を拒まれてしまう。会議の初日は女性をこの会議に出席させるかどうかで1日を費やしてしまった。多くの聖職者が，女性は従属すべき存在であるとして，出席に強く反対した。この議論にも，当然のように女性は参加することはできなかった。結局，この会議への女性の参加は認められな

[世界奴隷制反対会議（1840年）]

出典：アメリカ議会図書館（Library of Congress）。

かった。遅れて到着したギャリソンは代表団としての正規の席を拒否し，モットらと共に傍聴席に座った。

　この会議の会場にはエリザベス・ケイディ・スタントンもいた。議論の場から女性が排除される様を目の当たりにして衝撃を受けたことが，彼女のその後の活動を決定づけた。モットとスタントンは意気投合し，彼女らの友情はその8年後のニューヨーク州セネカフォールズでの女性の権利大会に繋がることになる。

## セネカフォールズの女性の権利大会

　スタントンの従兄ゲリット・スミスはニューヨーク州の奴隷制反対運動に深く関わり，**地下鉄道**（Underground Railroad）の一員として逃亡奴隷の手助けをしていた。スミスを通して出会った夫，ヘンリーもアメリカ奴隷制反対協会の幹部であり，のちに自由土地党の活動に関わっていくことになる。1840年の時点でアボリショニズムは政治活動への姿勢の違いから分裂をしていた。ギャリソン派が政治活動を否定し無政府主義的な傾向を強めていたのに対し，反ギャリソン派は政治活動を通した奴隷解放を目指して自由党そして自由土地党を組織していった。つまりスタントンはギャリソン派と政治的な奴隷制廃止論者たちの両方と交流を持つ存在であり，そのことがセネカフォールズの大会で多くの人を動員できた1つの要因となった。

　1848年にセネカフォールズのスタントンは，モットと女性の権利を求める集会を開催する構想を話し合った。1週間後にこの町の教会で歴史的な集会が実現した。2日間の大会にはおよそ300人が参加し，所信の

宣言には女性68人，男性32人が署名した。スタントン
が起草した所信の宣言は独立宣言をモデルにしたもの
であり，「すべての男と女は平等に創られ，創造主に
よって一定の譲り渡すことのできない権利を与えられ
ている」ことを「自明の真理」であるとしている。ま
た，独立宣言のイギリス国王ジョージ3世による悪政
を列挙する箇所に代わって，人類の歴史における男性
による女性への悪行と抑圧が列挙された。そのような
男性による抑圧のなかには，「譲り渡すことのできな
い参政権を行使することを決して許さなかった」こと
が記されていた。女性の参政権については，所信の宣
言とともに提出された決議案のなかにも記されていた。
しかしこの決議案第9条「神聖なる参政権を確保する
のは我が国の女性の責務である」は大会参加者からも
批判を受けた。スタントンの夫ヘンリーもこれに反対
し，町から出て行ってしまった。

## 南北戦争までの女性運動

　セネカフォールズでの権利大会は世間から厳しい批
判を受けた。署名した100名の男女の多くはのちに署
名を取り下げているが，スタントンは決して取り下げ
なかった。禁酒運動に携わっていたスーザン・B・ア
ンソニーは1851年にセネカフォールズでスタントンと
出会い，2人は生涯を通じた盟友となる。1854年に彼
女らはニューヨーク州議会に提出する参政権と既婚女
性の財産権を求める請願書の署名を集め，スタントン
は州議会において演説をおこない，「すべての人間の
権利は平等で同一である」ことを強調した。
　19世紀半ばから始まった女性運動に参加した女性の
多くは，モットやスタントン，アンソニーらに代表さ
れるように，奴隷制廃止や禁酒といった社会的な活動
の経験者であった。改革運動に女性が多く関わったの
は，「女性は男性に比べて道徳的であり敬虔であるべ
き」という女性観があったからである。そういう意味
では，19世紀の女性の権利運動は，女性の家庭に根ざ

スタントン（左）とアンソニー（1880
年以降）

した徳性を強調する白人中産階級の女性観から生まれ
たものといえる。
　セネカフォールズの大会に著名な奴隷制廃止運動家
のフレデリック・ダグラスが参加し重要な役割を担っ
たことからも明らかなように，南北戦争までの黒人の
運動と女性の運動は連携していた。しかし，南北戦争
終結後に憲法修正第14条，第15条において確立される
のが黒人男性の参政権だけであることが明らかになっ
たとき，2つの運動は離れることになる。そして，女
性参政権運動は白人中産階級女性の運動としての側面
を強めていくのである。　　　　　　　（鈴木周太郎）

▷地下鉄道
奴隷制廃止主義者，クエーカー，北部の自由黒人らによって
組織された，南部奴隷制下の黒人の北部やカナダへの逃亡支
援ネットワーク。
▷フレデリック・ダグラス
1818～1895年。奴隷制下のメリーランド州に生まれ，北部に
逃亡。1845年に最初の自伝を出版し，奴隷制の廃止に尽力した。

(参考文献)

リンダ・K・カーバー他編，有賀夏紀他訳『ウィメンズ・ア
メリカ──資料編』ドメス出版，2000年。

# 1 マニフェスト・デスティニー

## 1 西漸運動とフロンティア・スピリット

　西漸運動とはアメリカ大陸西部への大規模な人口移動とそれに伴う西部への領土拡大運動のことである。フロンティアの定義は様々であるが，ここでは開拓地の最前地域を示す。実際には，都市であれ農村であれアメリカ人の移動率は高く，またその移動の方向も東西を問わないが，植民地時代より19世紀を通して人々の流れはフロンティア・ラインを西に進めていった。アパラチア山脈以西の地域に住む人々の数は1800年の38万7000人から1810年の133万8000人，1820年には241万9000人（国内人口の4分の1）に達した。人口の増加に伴ってインディアナ（1816年），ミシシッピ（1817年），イリノイ（1818年），アラバマ（1819年）など新たな州が次々と作られた。

　北西部には東部からの家族単位の開拓農民が多く，南西部では南部出身者が大規模な綿花栽培を展開し，綿花王国を作り上げていった。いずれにしても，入植者は新たに領土として編入された**公有地**を購入するか，あるいは無償で所有することができたのである。この過程で，西に広がるフロンティアこそが，未知の困難に立ち向かう自主独立の精神，機会の平等，個人主義，そして民主主義を重んじる独自のアイデンティティを作りだす原動力となったとする見方が生まれた。これらのフロンティア・スピリットは今日までアメリカ人の特性として引用されることになる。

　フロンティアは決して孤立した社会ではなかった。交通革命や情報手段の発展によって，他の入植地や大西洋岸の諸都市ともつながっていた。19世紀初頭から半ばにかけては道路，河川，運河，**鉄道**などの交通，運輸手段の建設が進んだ。鉄道沿線に電信線が施設され，工業化による印刷と出版技術の発展とも相まってコミュニケーション革命がおこった。また，フロンティアは先住民社会との接点，あるいはその境界内であったことも重要である。そうした地域ではいわゆる**ミドルグラウンド**と呼ばれる，先住民と入植者が互いの作法を取り入れながら交渉関係にある場が形成されていた。

## 2 マニフェスト・デスティニー （明白な天命）と領土の拡大

　西漸運動と平行して，19世紀前半のアメリカの著しい特色の1つは領土拡大である。1803年にフランスからルイジアナを購入し，1812年戦争後にフロリダ

---

▷**公有地**
北アメリカ大陸に領土を持つヨーロッパ諸国や先住民から獲得した土地は公有地とされた。すでに公有地条例（1785年）や北西部条例（1787年）などによって公有地を購入する制度が整備されていたが，資金力のない多くの開拓農民たちは無断居住者であった。1862年には一定の土地を無償で付与されるホームステッド法が成立し開拓を促進した。

▷**鉄道**
運河建設に代わって，1830年代より鉄道建設が開始され，1853年にはニューヨーク・シカゴ間を結んだ。ミシシッピ以東においては，内陸の町や大西洋岸の都市を縦横に結び付け，1869年にはオマハ・サクラメント間を結んだ大陸横断鉄道が完成した。

▷**ミドルグラウンド**
この概念の生みの親であるリチャード・ホワイトは，17世紀中期〜19世紀初頭の五大湖地域におけるフランス植民地を事例として，入植者と先住民の共存関係を明らかにした。

〔参考文献〕
岡田泰男『フロンティアと開拓者——アメリカ西漸運動の研究』東京大学出版会，1994年。

を獲得した。1840年代，西漸運動が国境を越えてメキシコ領のテキサスに及び，テキサス併合が現実味を帯びると，国内では併合反対派と推進派の議論が高まった。マニフェスト・デスティニーはテキサス併合を肯定的に論じたジョン・オサリヴァンが1845年に雑誌論文の中で用いた言葉である。領土拡大は神によって与えられた明白な天命とするオサリヴァンの主張は当時の膨張主義者たちの気持ちを代弁する。この言葉は一地域，一時代を超えて，その後のオレゴンやメキシコ領の併合，さらには19世紀末の海外進出の際にも用いられた。

1846年にアメリカの連邦軍がテキサスに進軍する様子

出典：アメリカ議会図書館（Library of Congress）。

## ③ テキサスとオレゴン

　テキサスには1820年代から南部のプランターたちが入植を開始していた。中央集権的政策を進めるメキシコに対して，分離独立を求める入植者がテキサス独立戦争をおこし，1836年，テキサス共和国が誕生する。国内には奴隷制をめぐる地域間対立やメキシコとの戦争を懸念した併合反対の意見もあったものの，オレゴン領有をめぐる対英強硬論を唱えたジェームズ・ポークの大統領当選で膨張派の勢いが高まると，連邦議会はテキサス併合条約を締結した。ポーク大統領就任後の1845年7月，テキサス特別憲法会議の決議によって併合が正式に決定され，12月にはテキサス州として合衆国に編入された。

　北に目を向ければ，オレゴンは1812年戦争後に英米の共同統治となっていた地域であった。メキシコ領とロシア領に囲まれた同地は軍事的重要性が高く，1846年4月には，連邦議会が単独所有を決定した。対メキシコ戦争を見据え，イギリスとの国境線問題について早期決着を求めたアメリカは，同年6月，イギリスが提示していた北緯49度線を境界線とするオレゴン協定を締結した。

（野口久美子）

ジョン・ガスト作『アメリカの進歩』（1872年）

注：左中央にはアメリカ先住民，その背後には幌馬車にのった
　　入植者の一団と大陸横断鉄道が描かれている。
出典：オートリー博物館（Wikimedia Commons）。

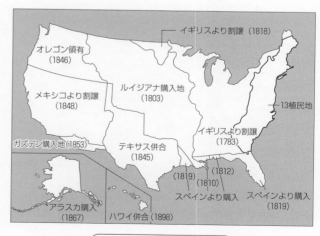

アメリカ合衆国の領土拡張過程

出典：有賀夏紀・油井大三郎編『アメリカの歴史――テーマで読む多文化社会の
　　夢と現実』有斐閣，2003年，24頁。

# 2　アメリカ＝メキシコ戦争

　アメリカ＝メキシコ戦争

　テキサス併合問題をきっかけに合衆国内では領土拡大を求める声がいっそう高まった。アメリカのなかば強引なテキサス共和国の併合の決定に対し，メキシコはただちに国交断絶の措置をとった。1845年12月，アメリカはテキサスの連邦加入を認めるとともに，翌年5月，軍事衝突を口実にメキシコに宣戦布告した。アメリカ＝メキシコ戦争（米墨戦争）である。1848年2月にグアダルーペ・イダルゴ条約が締結された。その結果リオグランデ川以北がテキサス（合衆国）領として認められ，合衆国は現在のカリフォルニア，ネバダ，ユタの各州全域とアリゾナ，ニューメキシコ，コロラド，ワイオミングの各州にまたがる広大な地域をメキシコから獲得し，その領土をついに太平洋にまで広げた。この時確保したサンフランシスコ湾は，後のアジア進出の拠点となった。さらに，1853年には**ガズデン購入地**が加わり，今日のアメリカ本土の領土が完成した。

▷**ガズデン購入地**
国境係争を解決するため現在のアリゾナ州南部からニューメキシコ州にかけての細長い土地を1500万ドルでメキシコから購入した。

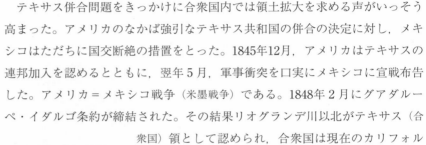

1847年当時のサンフランシスコ湾

出典：James J. Rawls and Walton Bean, *California : An Interpretive History*, 7th edition, McGraw-Hill, 1998, p. 93.

採掘風景を映した銀板写真（1852年）

注：採掘には女性や先住民も加わっていた。
出典：Rawls and Bean, *California : An Interpretive History*, p. 102.

## 2　ゴールドラッシュ

　1848年1月，アメリカの軍事占領下にあったカリフォルニアのサクラメント渓谷で砂金が発見された。このニュースは全米，さらには全世界に広がり，早くも1849年には金を求めて人々が殺到した。ゴールドラッシュの始まりである。これらフォーティーナイナーズの流入で2万人に満たなかったカリフォルニアの人口はその年末には10万人に達した。

　この急激な人口増加によって議論に上ったカリフォルニアの連邦加入は，奴隷制をめぐる地域間対立を引き継いで大きな政治問題となった。北部からの移住者が多かったカリフォルニアが奴隷制をとらない自由州として加入することで，各州から2名ずつ選出される上院での自由州と奴隷州の勢力均衡が崩れることが懸

念され，奴隷制支持者の南部勢力が強硬に反対したのである。1850年9月には，連邦議会で成立した「**1850年の妥協**」によって，カリフォルニアは自由州として連邦加入が認められた。

　カリフォルニア州は気候も温暖であり，元来，北アメリカ大陸でも先住民人口密度の高い地域の1つであった。しかし，この地域は18世紀後半からスペインとメキシコの統治をうけ，先住民はその間に経験した疫病，強制労働，ゴールドラッシュによって人口と生活圏を急激に減少させた。カリフォルニア州第1回州議会では先住民の年季奉公制度を定める法律が制定され，自由州カリフォルニアは多くの先住民を労働力として隷属化していった。

（オマハからサクラメントを結んだ最初の大陸横断鉄道）

出典：Rawls and Bean, *California : An Interpretive History*, p. 220.

## ③ 保留地政策とインディアン戦争

　領土の拡大に伴い，西へ向かう人の流れは先住民の広大な生活圏を横切ることになった。大陸横断鉄道（transcontinental railroad）の完成とゴールドラッシュはその流れを加速させた。19世紀以降，連邦議会は個々の部族と境界線を定める条約を結び，最終的には**保留地**（reservation）と呼ばれる連邦信託地を先住民のために確保する保留地政策をとった。例えば1851年9月17日，ロッキー山脈東部からテキサス州とニューメキシコ州の北の境界線内の広大な地域に居住するいわゆる平原部族と合衆国との間にフォートララミー条約が締結された。この条約によ

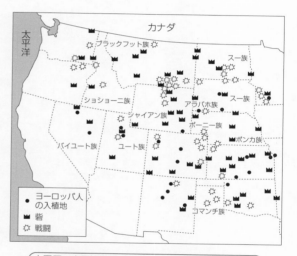

（大平原・高原地帯でインディアン戦争がおこった地域）

出典：クリス・マナブ，増井志津代監訳，角敦子訳『図説アメリカ先住民戦いの歴史』原書房，2010年，154頁。

って先住民はその居住地内に合衆国が道路や軍事砦を作ることを認め，合衆国は先住民に50年間の年金支給，入植者による破壊行為への補償などを約束した。西へ拡大したアメリカの領土に，1850年代以降，先住民のための保留地が相次いで設立された。

　19世紀の保留地政策は，先住民が保留地の境界から出ることを禁止した隔離政策でもある。そのため，19世紀後半にはアメリカ西部一帯で保留地への移住を拒む先住民と合衆国や地元住民との間にインディアン戦争が繰り広げられた。この時代は西部劇で繰り返し表象され，「狂暴」「野蛮」といったステレオタイプ化された先住民像が再生産されていった。

（野口久美子）

▷**1850年の妥協**
Ⅲ章3節を参照。

▷**保留地**
保留地には内務省から監督官が派遣された（監督官制度は1970年代に廃止）。2021年現在，アメリカには326の保留地（アメリカの国土の約2.3％）がある。

（**参考文献**）

冨田虎男『アメリカ・インディアンの歴史』雄山閣，第3版，1997年，初版，1982年。

#  南北の対立

### 1　奴隷制をめぐる南北間の不和

　南北の最大の対立は奴隷制にあった。1803年のルイジアナ購入によりアメリカはミシシッピ川を超えて広大な版図を得たが，新たな土地の人口が増え，**州への昇格**が提案されると，そこに奴隷制を認めるか否かが議論の的となった。1820年には**ミズーリ協定**で奴隷州と自由州を同数に保った。

　1840年代以降，テキサス共和国の併合，アメリカ＝メキシコ戦争によるカリフォルニアとニューメキシコの獲得，イギリスからのオレゴン領有により領土が急膨張すると，自由州と奴隷州の問題が再浮上した。両者の対立を緩和するために，ホイッグ党の重鎮**ヘンリー・クレイ**は折衷案を作成し，ゴールドラッシュに沸いたカリフォルニアを自由州にするかわりに，今後ユタとニューメキシコが州になる際には住民が奴隷制の可否を決定することになった。奴隷制を支持する南部への配慮として**逃亡奴隷法**が強化される一方，北部の主張に沿って首都ワシントン DC での奴隷売買は禁止された。この1850年の妥協はどちらにとっても都合のよい解釈が可能で，問題の先延ばしにすぎなかった。

　南北の対立は1854年のカンザス・ネブラスカ法によりさらに深まった。民主党のスティーヴン・ダグラスによるこの法案は，西部にカンザスとネブラスカの準州を設け，両者が州に昇格する際は，奴隷制の是非は住民主権に委ねるとした。これはミズーリ以北の奴隷制を禁じた1820年の協定の無効化であり，奴隷制反対派には受け入れられなかった。同法の成立以後，カンザスには南北から奴隷制支持者と反対派が集結し，主導権争いが激化した。両者による度重なる武力衝突は「流血のカンザス」と呼ばれた。そのなかで過激な奴隷制廃止論者ジョン・ブラウンが奴隷制支持者5人を殺害する事件も起きた。

　南北の対立により，全国規模の政党は，地域の利益を代弁する政党に移行した。1820年代から続くホイッグ党と民主党の二大政党制は終わり，ホイッグ党にかわって北部の反奴隷制勢力が共和党を結成した。民主党は，奴隷制を強固に支持する南部民主党と，連邦の一体性を重視する北部民主党に分裂した。反奴隷制の自由土地党や移民排斥のネイティヴィズムを掲げる**ノウナッシング党**の第三政党も現れた。

　奴隷制をめぐる対立に解決は見えなかった。1857年の**ドレッド・スコット判決**では，連邦最高裁がミズーリ協定を違憲として無効化した。1859年には，ジ

▷**州への昇格**
アメリカ合衆国憲法第4条は，新しい州の加盟は連邦議会下院の承認によると規定する。新州は既存の州と同等の権利を有する。建国時の13州に始まり，ルイジアナ購入などによる領土の拡大に伴い，続々と新しい州が誕生した。
▷**ミズーリ協定**
II章7節を参照。
▷**ヘンリー・クレイ**
II章4，8，9節を参照。
▷**逃亡奴隷法**
1850年の妥協の一環として作られた逃亡奴隷法では，奴隷所有者側からの一方的な申し立てに基づいて，逃亡奴隷の認定と取り締まりが行われた。逃亡奴隷をかくまった市民には罰金が科され，捕まった奴隷には反証の機会は認められなかった。

▷**ノウナッシング党**
II章5節を参照。
▷**ドレッド・スコット判決**
III章コラム「憲法修正14条」を参照。

ョン・ブラウンが南部の黒人蜂起を呼びかけるためにヴァージニア州のハーパーズ・フェリーの連邦軍武器庫を襲撃するも失敗して処刑された。そして南北の緊張は**1860年の大統領選**により決定的に悪化した。

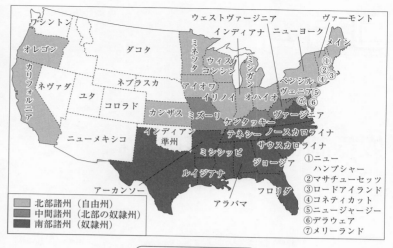

①ニューハンプシャー
②マサチューセッツ
③ロードアイランド
④コネティカット
⑤ニュージャージー
⑥デラウェア
⑦メリーランド

凡例：
北部諸州（自由州）
中間諸州（北部の奴隷州）
南部諸州（奴隷州）

南北戦争時の奴隷制の状況

出典：和田光弘編著『大学で学ぶアメリカ史』ミネルヴァ書房，2014年，121頁を改変。

## ② 南北のイデオロギーの対立

奴隷制は，自由の理念をめぐるイデオロギーの対立でもあった。

南部は，人口の1％以下の大プランターが富と力を独占した。彼らは奴隷を搾取して綿花から莫大な富を得た。また，奴隷とされた黒人たちの存在によって全ての白人が自由になれるとして人種に基づく奴隷を正当化することで，白人の大多数を占めた小農民からも支持を得た。さらに，南部は州の主権を重視し，奴隷制に関する連邦の介入を拒んだ。こうして南部では人種主義，大プランターの少数支配（寡頭制），州権論が結合して奴隷制を支えていた。

一方，北部の**自由労働イデオロギー**は，奴隷制を自由な労働を阻む悪と考え，大プランターを「奴隷主権力」と非難した。彼らは，貧しい開拓民として生まれ，努力と才覚によって成功したリンカンをモデルとした。独立自営の理想においては，西部の土地はそこを開拓した農民たちの手に与えられるべきであり，南部のような土地の寡占は拒否された。北部・西部の反奴隷主権力が集結した共和党の理念は「自由な土地，自由な労働，自由な人」にあった。

## ③ 南北の経済体制の差異

農業社会の南部の経済は，綿花などの商品作物の輸出に依存していた。その富は大プランターが独占し，購買力のある消費者が育たず，市場は小さかった。水運に頼る流通網も貧弱だった。輸出依存の南部経済は，自由貿易を推進した。1830年代以降，関税は段階的に引き下げられ，50年代にはほぼ撤廃された。これは連邦による介入を嫌う州権論の考えにも合致する経済政策だった。

対照的に北部では工業化が進んでいた。工業先進国のイギリスと競争するため，高い保護関税で国内市場を育成しようとした。また，鉄道網の整備による交通革命は東西の物流を活性化し，ミシシッピ川水系を南に下った水運に代わり，北部に一体的な経済圏を作った。産業資本家，賃金労働者，自営農民からなる北部は，市場経済による発展を目指して，奴隷制を退けた。

（丸山雄生）

▷**1860年の大統領選**
Ⅲ章4節を参照。

▷**自由労働イデオロギー**
独立自営，勤勉，節約の理想に基づき，自立した労働者が，自らの意志で働き，その成果を享受することで自らを向上させ，成功を手にすることができるという思想。

**参考文献**

エリック・フォーナー，森本奈理訳『業火の試練——エイブラハム・リンカンとアメリカ奴隷制』白水社，2013年。
映画『若き日のリンカーン』1939年。

# 奴隷制下の様々な抵抗

## 反乱・蜂起／ナット・ターナー

　プランテーションで厳しい監視と統制の下に置かれていた黒人男女は，様々な方法で奴隷制に対する抵抗を試みた。最も明確な抵抗手段である反乱や蜂起は19世紀前半に多発した。大半は事前に察知され鎮圧されたが，1831年ヴァージニア州で起きたナット・ターナー（1800～1831年）の反乱は最大の蜂起の1つである。読み書きを学んで聖書を読み，仲間内で素人牧師を務めていたターナーは，神から黒人を解放に導く使命を与えられたと信じ，武装蜂起を計画した。「預言者」と呼ばれた彼は約70人の仲間を率いて，自らを所有していた一家を含む60人近くの白人を殺害した。ターナーは裁判にかけられ，17人の仲間とともに絞首刑に処された。鎮圧までの2日間に100人以上の黒人が報復として殺されたという。

　ターナーの反乱は南部白人社会を震撼させ，奴隷制再強化の対策がとられた。読み書き教育禁止の徹底はその最たるものだが，これは北部で高まりを見せていた奴隷制廃止運動の情報が奴隷制下の黒人たちに伝わることを，南部白人が恐れたためである。懸念は的外れではなかった。1829年に出版した冊子の中で，ブラック・アボリショニストのデイヴィッド・ウォーカー（1796～1830年）は，奴隷所有者の偽善を断罪し，隷属化された黒人たちに命を賭して武器を手に抑圧者に立ち向かうよう訴えたが，この冊子は刊行直後にヴァージニア州やジョージア州などの南部の黒人コミュニティで，密かに入手されていたのである。

## 日々の抵抗／フレデリック・ダグラス

　フレデリック・ダグラス（1818～1895年）が1845年に出版した最初の自伝には，奴隷制の残酷さと彼自身の日々の抵抗，北部への逃亡の経験が綴られている。ダグラスが奴隷所有者の白人男性の体罰に抵抗し，格闘の末に彼を打ち負かしたという出来事は有名だが，その数日前には，彼はとうもろこし畑に隠れて鞭打ちを逃れていた。また，読み書きを禁じる奴隷所有者の言葉を聞いたダグラスは，学ぶことが自由に向かう道であると確信し，文字の読み方を習得しただけではなく，日曜日に仲間のための勉強会も開いた。読み書きの習得は南部奴隷制社会の外の動向を知るための重要な手段であり，人間性の否定に抗う手段でもあった。

　反乱や蜂起といった強硬手段とは異なるものの，黒人たちは巧妙かつ多様な方法で日常的な抵抗を試みた。プランテーションで厳しい労働のノルマが課せられていた人々は，仮病で農作業を休んだり，愚鈍さを装って意図的に作業効率を落としたりした。農器具を壊し，納屋に放火することもあった。待遇悪化への抗議や家族の売却を阻止するために，農繁期を狙って一時的に姿を隠すこともあった。屋内で召使として働かされていた者たちは，食事に毒を盛ろうとしたり，主人の食料を盗んで家族に分け与えたりした。転売のため奴隷市場に連れ出された黒人男女は，自分たちを購入しようとする白人奴隷所有者たちを注意深く観察した。望ましからぬ売主に転売されそうになると，仮病や病弱を装う，反抗的な態度をとる，料理人や大工としての

熟練技能を控えめに見せる，といった方法で抵抗した。

　こうした日々の抵抗は，奴隷制という人種主義の構造そのものを転覆させようとする運動ではなく，その効果が限定的だったことは否めない。加えて，奴隷所有者の眼には黒人の劣等性を証明するものとして映り，白人の庇護がなければ黒人は生きられないという奴隷制擁護論の正当化につながった側面もある。しかし，奴隷制が自分たちの労働力なしには存在しえないことを熟知していたからこそ，黒人たちは厳格な制度の中で，可能な限りの抵抗を試みていたのである。

## 逃亡／2人のハリエット

　奴隷制下の黒人女性には，黒人男性とは異なる闘いもあった。性的搾取によって望まない妊娠を強いられると，彼女たちは避妊効果のある薬草を使ったり，意図的に流産したりした。それは自らの身体が支配されることへの抵抗のみならず，黒人女性の「産む性」が奴隷制を支える労働力の増産に利用されることへの抵抗でもあった。さらに，稀にではあるが母親による究極の抵抗も見られた。1856年にオハイオ州へ逃亡するも追っ手に包囲されたマーガレット・ガーナー（1834～1858年）は，幼い娘が奴隷制下に連れ戻されるよりも，自ら刺殺することを選んだ。

　性的搾取を拒んだハリエット・ジェイコブズ（1815～1897年）の抵抗にも，母親としての葛藤と闘いが見られる。子供を転売すると脅迫し性的関係を迫る奴隷所有者に対して，ジェイコブズは我が子の安全が保障されるまで，プランテーション内に建つ祖母の小屋の屋根裏に7年間身を隠し続けた。1861年に仮名で出版された彼女の自伝には，性的搾取に苦しみ始める少女時代から，屋根裏の壁に開けた小さな穴から我が子の成長を見守る日々，北部へ逃亡し母子の再会を果たすまでの，奴隷制下の黒人女性の苦難が描かれている。

　ジェイコブズのように，南部の奴隷州から北部の自由州へ逃亡するという手段も，奴隷制下の抵抗の1つ

ハリエット・タブマン（1868～1869年）

出典：National Museum of African American History and Culture.

だった。南北戦争までに13万人以上が南部を脱出したと見積もられているが，このような逃亡を支援したのが「地下鉄道」と呼ばれる組織的な運動だった。この運動は1820年代ごろから境界州のオハイオ州で始まり，南北戦争まで活発化した。逃亡する黒人をかくまう家屋や道案内人などが「駅」や「車掌」として準備され，多数の活動家が南部の黒人救出に助力した。

　地下鉄道の伝説的な車掌として知られるのが，1849年に自らも北部へ逃亡したハリエット・タブマン（1822年ごろ～1913年）である。彼女は1850年に家族の逃亡を手助けしたのを機に，その後10回以上も危険を冒して南部各地に戻り，約70人の黒人を奴隷州から救出したと言われている。「モーセ」と呼ばれたタブマンの勇敢な行動から，自由を希求した無数の黒人男女の姿が浮かび上がってくる。

　　　　　　　　　　　　　　　　　　（坂下史子）

参考文献

John Hope Franklin & Evelyn Brooks Higginbotham, *From Slavery to Freedom : A History of African Americans, 9th edition,* Vol. I, McGraw-Hill, 2011.
上杉忍『アメリカ黒人の歴史——奴隷貿易からオバマ大統領まで』中公新書，2013年。

# 4 南北戦争

## ① 戦争の経過

　奴隷制をめぐる南北の分断は，1860年の大統領選で決定的になった。奴隷制の拡大に反対する共和党の**エイブラハム・リンカン**が，南北に分裂した民主党のスティーヴン・ダグラスらを破って当選すると，サウスカロライナを最強硬派とする南部7州は奴隷制を維持するために連邦から脱退した。さらにヴァージニアなど4州が加わり，1861年に**アメリカ連合国**（Confederate States of America，南部連合）が結成された。ただし，ミズーリやケンタッキーのような境界州の中には，奴隷州でありながら連邦にとどまった州も存在した。こうしてセクション間の対立は連邦の分裂にまで発展した。1861年4月，サウスカロライナ州にあった連邦（北軍）のサムター要塞が攻撃されて，内戦が始まった。

　リンカンにとって戦争の目的は連邦の再統一にあり，奴隷制の廃止ではなかったが，当初は短期間で終わると考えられていた内戦が長期化し，ヨーロッパも絡む国際戦争の一面を帯びると，奴隷制の廃止こそが戦争の行方を左右する一大問題になった。

　南北間には大きな国力の差があった。人口は北部の2200万人に対し，南部は900万人であり，その3分の1は奴隷だった。工業生産高では北部は南部の10倍に達していた。このため北軍の有利が予想されたが，1861年7月のブルランの戦いで連邦軍が敗走すると，戦争は膠着化した。北軍は兵力を増強しながら，南部大西洋岸を海上封鎖するとともにミシシッピ川の支配権を得て，消耗戦に持ち込んだ。1862年に南軍の指揮官ロバート・E・リーが首都リッチモンドの攻防戦に勝利すると，南部連合は戦争の帰趨を決すべく，北部への侵攻を試みたが，1862年9月のアンティータムの戦いに破れ，その目論見は潰えた。この勝利で反攻の糸口をつかんだリンカンは，奴隷解放予備宣言を発して，奴隷制廃止を戦争の大義とした。

　これ以降，戦局は北軍に傾いた。1862年には西部開拓を推進するため，入植者に土地を無償で供与する**ホームステッド法**や大陸横断鉄道法を定めて，西部からの支持を一層強固なものにした。1863年になると**奴隷解放宣言**が発効した。同年7月には南北戦争中最大の激戦となったゲティスバーグの戦いがあり，大きな犠牲を払いつつも北軍が勝利した。この戦場跡には国立戦没者墓地が作られ，リンカンによる「人民の，人民による，人民のための政府」という有名な

----

▷**エイブラハム・リンカン**
1809～1865年。第16代大統領（1861～1865年）。イリノイ州出身。1854年に誕生した共和党初の大統領で，「奴隷解放の父」と呼ばれた。南北戦争終了からわずか5日後に暗殺された。

▷**アメリカ連合国（南部連合）**
サウスカロライナ，アラバマ，ジョージア，ルイジアナ，ミシシッピ，フロリダ，テキサス，ヴァージニア，アーカンソー，テネシー，ノースカロライナの11州からなる。大統領はジェファソン・デイヴィス。首都は当初はアラバマ州モントゴメリーに，後にヴァージニア州リッチモンドに置かれた。

▷**ホームステッド法**
西部開拓民に公有地を供与すること定めた法律。公有地に5年間定住して，開発した人には，160エーカーの土地が無償で与えられた。

▷**奴隷解放宣言**
Ⅲ章5節を参照。

演説が行われた。また，同じく1863年7月のヴィックスバーグの戦いに勝った北軍のシャーマン将軍は南部連合の奥深くまで侵入し，農場，生産拠点，鉄道などの社会インフラを破壊しながら進軍すると，1864年9月には南部最大の都市だったジョージア州アトランタを占領した。戦争の大勢は決し，最終的には1865年4月にアポマトックスでリーが北軍の指揮官ユリシーズ・グラントに降伏して，4年にわたる南北戦争は北軍の勝利に終わった。しかし，その直後にリンカンは南部白人に暗殺され，内戦後のアメリカは指導者を失うことになった。

アンティータムの戦場に残された南軍兵士の死体

出典：Alexander Gardner, "Antietam, Md. Bodies of Confederate dead gathered for burial," アメリカ議会図書館（Library of Congress）。

## ❷ 総力戦と連邦の変質

　南北戦争は**総力戦**と呼ばれる近代の大規模戦争のさきがけだった。長期間続き，深刻な犠牲を強いた巨大な戦争は，アメリカに大きな影響を与えた。なかでも最大の変化は連邦政府の役割と権限の拡大にあった。

　開戦時に連邦には2万人の兵士しかいなかった。アメリカでは独立戦争以来の伝統から，巨大な常備軍は市民の自由を脅かすものとして警戒され，それを補うものとして武装した民兵が想定されていた。戦争の長期化により兵力不足が深刻化したため，1863年3月の連邦徴兵法により成人男性の強制的な徴兵が実行に移された。徴兵のためには，人口全体を把握し，兵士を集め，訓練するという膨大な作業を効率的に実施する官僚組織と，人を無理にでも動かす実体的な力を必要とする。それは国民の身体や生命を支配して，国家のために作り替える監獄的な権力の誕生を意味した。

　連邦政府の巨大化は徴兵だけにとどまらない。戦争中に次々に成立した関税法，法貨法，国立銀行法は，連邦の徴税権を強化するとともに，それまで州ごとに独自に行われていた貨幣の発行を連邦に集中させ，中央銀行を通じて通貨を一元的に管理する体制を整えた。西部開発を推進したホームステッド法，大陸横断鉄道法，**モリル土地供与法**も同様であり，民間資本や個人ではなく連邦が国土開発の中心的な主体を占めることになった。南北戦争は，人々を動員し，未曾有の規模の戦いを続け，土地や人を支配することが可能な圧倒的な権力として，アメリカ史上初めて中央集権化された強大な国家を生んだ。「連邦を救う」ための戦いだった南北戦争により，アメリカは戦前よりもずっと一元化され，巨大化した近代的な国家として再生し，州権に対する連邦の優越が確立したのである。

（丸山雄生）

▷**総力戦**
長期化・激化した戦争は，兵士に巨大な犠牲を生むばかりでなく，市民や日常生活にまで被害を及ぼした。人，物資，技術，金など社会のあらゆる資源が戦争の遂行と勝利のために動員された。

▷**モリル土地供与法**
1862年制定。農業学校や工業学校の建設のために，連邦の土地を州に供与した。結果，州立大学による実務教育が拡大した。

【参考文献】
長田豊臣『南北戦争と国家』東京大学出版会，1992年。
辻内鏡人『アメリカの奴隷制と自由主義』東京大学出版会，1997年。

## 5　奴隷解放宣言

 **転機としての奴隷解放宣言**

▷リンカン
Ⅲ章4節を参照。

　1862年9月22日，**リンカン**大統領は連邦軍最高司令官として奴隷解放予備宣言を公布した。この宣言は，翌年1月1日の時点で反乱状態にある州や地域で隷属状態に置かれた人々をすべて解放し，永遠に自由の身とすることを予告したものである。他方，境界州の奴隷所有者たちへの配慮として，連邦軍がすでに支配下に置いた地域や連邦にとどまった境界州の約100万人は，奴隷解放の対象外に置かれていた。したがって，同宣言の奴隷解放は部分的なものでもあった。

　リンカンにとって，南北戦争の目的はあくまで連邦の維持であり，奴隷解放ではなかった。彼は大統領就任演説でも南部の奴隷制に介入しないことを明言していた。また，戦前から反黒人感情が根強かった北部で，民主党が戦時中に奴隷解放による北部への黒人の大量流入の危機感をあおり，共和党を攻撃していたことや，奴隷という私有財産の没収が憲法で保障された財産権の侵害となりうることから，宣言の発令を躊躇していた。しかしながら，奴隷制を取り巻く情勢は変化しており，もはや奴隷解放は連邦軍にとって戦局を好転させる最大の戦略となっていた。リンカンは，奴隷解放が軍事的に必要な手段であると訴え関連法案を提出した共和党急進派連邦議員の後押しによって，ついに予備宣言を発するに至るのである。

▷黒人部隊
1863年以降，奴隷制廃止論者や自由黒人の積極的な志願により結成。ただし黒人部隊においても，指揮は白人将校が取ったほか，給与や任務にも差別があった。映画『グローリー』（1989年）が描いたマサチューセッツ州第54連隊がよく知られる。

　予備宣言が定めた期日までに南軍が降伏しなかったため，1863年1月1日には奴隷解放宣言（Emancipation Proclamation）が布告され，黒人たちは歓喜とともにこれを受け止めた。同宣言には奴隷解放だけではなく，黒人を北部連邦軍に受け入れることも明記されており，5月には陸軍省が設置した有色軍局によって，**黒人部隊**への参加が呼びかけられた。こうして終戦までの2年間に，およそ175の黒人部隊に約20万人の解放黒人や自由黒人が所属し，その数は連邦軍兵士全体の約1割を占めた。これらの黒人部隊には，先住民やアジア系，太平洋諸島系の人々も含まれ，料理人や看護婦，洗濯婦として黒人女性

「1863年1月の黒人の解放——過去と未来」『ハーパーズ・ウィークリー』（1863年1月24日）

出典：Wikimedia Commons.

が同行することもあった。

　先述したように、奴隷解放宣言は完全な奴隷解放を実現するものではなかったけれども、南北戦争の目的が連邦維持から奴隷解放へと転換したことの歴史的意義は大きかった。同宣言により、解放された黒人は戦力として北部連邦軍の勝利に貢献しただけではなく、南部経済に致命的な打撃を与えた。奴隷制という南部社会の基盤は揺るぎ、後述する外交的側面からも、連邦の維持という北部の目的は達成されたのである。

## ❷　国際戦争としての南北戦争

　リンカン大統領にとって、奴隷解放宣言のもう1つの意図は、イギリスやフランスなどヨーロッパ諸国が南北戦争というアメリカの内戦に干渉するのを阻止することにあった。ヨーロッパ諸国が南部の**アメリカ連合国**を反乱諸州とはみなさず、合衆国の交戦国と認めてしまうと、海外からの軍事・財政的援助が可能となり、独立への道が開かれてしまうことを危惧していたのである。開戦後、イギリスとフランスは中立宣言を出したが、それは南北の双方をそれぞれ交戦国と認めたことを意味しており、南部の独立をほとんど承認したのも同然だった。

　事実、南部諸州が連邦を離脱しアメリカ連合国の樹立をなしえたのは、イギリスやフランスをはじめとするヨーロッパ諸国による南部独立の承認と支援を期待してのことだった。南部の奴隷制プランテーションで産出された綿花は、綿工業で栄えるこれらの国々にとって必要不可欠な原料だったことから、南部は綿花を外交の切り札に、海外の支援を取り付けようとした。連邦離脱の判断は、こうした諸外国との強い経済的な結びつきに裏打ちされたものでもあった。このため、北部連邦軍は開戦早々に南部の主要な港を封鎖し、南部とヨーロッパ諸国との物流ルートを遮断した。綿花の輸出は打撃を受け、南部経済の混乱をもたらした。

　イギリス政府は南部諸州に親和的な姿勢を示してはきたが、独立承認に対しては態度を保留していた。イギリスの綿花の供給元は、開戦の時点でアメリカ南部からインドやエジプトへと移行しつつあった。北部にも投資し、北部の農産物も輸入していたイギリスは、南部諸州が期待するほどの経済的なつながりを感じてはいなかった。また、イギリスはすでに植民地奴隷制を廃止していたので、奴隷制擁護のために戦っていた南部を支持することには世論の反発が予想された。フランスもまた、ナポレオン3世下でメキシコに侵入し樹立した傀儡政権に対してアメリカ連合国から独立の承認を求められるも、最終的な判断には至らなかった。奴隷解放宣言は北部の思惑通り、外国勢力の内政干渉を阻止したのである。

（坂下史子）

▷**アメリカ連合国**
Ⅲ章4節を参照。

**参考文献**

貴堂嘉之『南北戦争の時代——19世紀』岩波新書、2019年。

紀平英作編『アメリカ史上』山川出版社、2019年。

# 6 南北戦争と市民の生活

## 1 戦争の傷

　南北戦争という総力戦は，双方に激烈な被害を出した。動員された兵士は，北軍が約200万人，南軍が約80万人にのぼった。戦死者は，北軍が36万人，南軍が26万人。負傷者は，北軍が27万人，南軍が26万人。死傷者の総計は110万人を超えた。これは独立戦争以来現代までのアメリカの戦争で最大の数である。

　死傷者の多さは兵器の進化による。スプリングフィールド造兵廠などで量産された長射程で命中精度が高いライフル銃は，旧式のマスケット銃に比べて高い殺傷力を誇った。連射式のガトリング銃も実用化された。最新兵器を前にして，歩兵が陣形を組んで行進する前近代的な戦術は，多くの犠牲者を出した。

　戦争の長期化も兵士の健康を蝕んだ。長い行軍，塹壕戦，物資不足，不衛生により兵士たちは次々に病に倒れ，戦闘での死者よりも多くの病死者を出した。医療体制も未熟で，兵士たちは十分な手当を受けられなかった。その結果，戦争が終わっても多くの傷やトラウマを抱えた元兵士が残った。

## 2 北部の民衆

　総力戦とは，国のあらゆる資源を戦争のために集中させる戦いである。女性も動員され，労働力不足を補い，物資生産に従事した。一方，旧弊なジェンダー役割も健在で，負傷者の看護も女性の仕事だった。女性的とされた領域のなかにはかわいそうな人たちに共感するセンチメンタリズムがあり，それは『アンクル・トムの小屋』に代表されるように，奴隷制廃止運動の原動力の一つになった。

　北部の黒人も戦争に貢献した。連邦軍は当初，黒人兵を拒んだが，深刻な兵力不足から方針を転換した。黒人志願兵にとって，南北戦争は解放のための戦いだった。連邦の陸海軍に従軍した黒人兵は20万人以上にのぼった。これは北軍兵士の1割を占め，全黒人成人男性の20％にあたる。彼らは白人とは別個の**黒人部隊**に編成され，人種の格差は厳然と存在したものの，黒人の従軍および各地での奮戦は戦後の黒人の地位向上につながった。

　南北戦争のさなかには，歴史家ハワード・ジンの言葉を借りれば「もうひとつの内戦」と言うべき事態が起きていた。富裕層と貧困

▷『アンクル・トムの小屋』
ハリエット・ビーチャー・ストウによる1852年出版の小説。アメリカのみならずイギリスでも大ベストセラーになった。キリスト教道徳に基づき，奴隷制廃止運動を勢いづかせた一方，従順で忠実なトム老人のような黒人のステレオタイプを定着させた。

▷黒人部隊
Ⅲ章5節を参照。

> トム老人とエヴァ（1899年頃，『アンクル・トムの小屋』の挿絵より）

出典：アメリカ議会図書館（Library of Congress）。

層の間の緊張は戦争によりさらに高まった。北部は
けっして反奴隷制で結束していたわけではない。旧
北部民主党勢力を中心に，黒人への敵意は強く残っ
ていた。徴兵制は，奴隷制廃止のために戦うことへ
の反発を生んだ。加えて，富裕層が身代わりや免除
金で徴兵を回避したことも怨嗟をかきたてた。黒人
差別と反エリート感情が合わさり，ニューヨーク市
などで**徴兵暴動**（Draft Riots）が起きた。

自由を求めて南部を逃れる黒人たち（Theodor Kauf-
mann, "On to Liberty", 1867）

出典：メトロポリタン美術館（Wikimedia Commons）。

　戦争は北部に好景気をもたらした。北部のほとん
どは戦場にならず，破壊を免れた。軍需により生産
は高稼働を続けた。連邦政府はグリーンバックと呼
ばれた不換紙幣を大量発行して戦時経済を支えたが，
それは資本家や企業には大きな利益をもたらした一方，インフレにより人々に
打撃を与えた。リンカンが「人民のための政府」を打ち出す背後では，大陸横
断鉄道法が鉄道資本を援助し，ホームステッド法は投機的な土地の買い占めを
許し，高関税政策は企業の利益を保護した。南北戦争が終結したとしても，資
本と労働者が対立する「もう一つの内戦」は激しさを増す一方だった。

## ③ 南部の民衆

　北部に比べて人口や経済規模で劣る南部にとって，長期の総力戦はさらに悲
惨な経験だった。戦争遂行のために統制経済が強化され，物資の徴発や徴税強
化が行われたが，窮乏にあえぐ民衆から強い反発を招いた。20人以上の奴隷を
所有する特権的な大プランターは兵役を免除されるなどの格差は社会不安を招
き，1863年春には南部各州で下層白人による暴動が起きた。通貨の乱発行によ
るインフレは数千％に達して，民衆の暮らしを圧迫した。戦局が悪化するにつ
れて，人々は戦意を喪失し，南部には厭戦気分が広まった。徴兵忌避や部隊か
らの逃亡が続出し，サボタージュは日常化した。

　南部奴隷制下の黒人にとって戦争は革命的な経験だった。彼らはプランテー
ションから続々と逃亡した。奴隷制を維持する境界州に配慮する北軍が逃亡奴
隷を「戦利品」とみなしたように，黒人の人格が認められたわけではないとし
ても，それは奴隷制の崩壊と南部社会の瓦解を意味した。戦争末期には，南部
奴隷人口の3分の1にあたる100万人が北軍の保護下に入った。

　戦時統制は南部にも中央集権的な権力を成立させた。徴兵権は州から南部連
合に移行し，鉄道や船舶は国家の管理下に入った。政府組織は肥大化し，首都
リッチモンドを筆頭に都市への人口集中が進んだ。海上封鎖による貿易停止は
工業製品の自給を促し，農業社会だった南部経済の近代化につながった。

（丸山雄生）

▷**徴兵暴動**
1863年7月にニューヨーク
市などで起きた大規模な暴
動。アイルランド系移民を
中心とする都市部の白人下
層労働者が，黒人を攻撃，
リンチにかけたほか，徴兵
事務所や富裕層や奴隷制廃
止論者の邸宅を襲撃して燃
やすなどした。

**参考文献**
ドルー・ギルピン・ファウ
スト，黒沢眞里子訳『戦死
とアメリカ——南北戦争62
万人の死の意味』彩流社，
2010年。
ルイ・メナンド，野口良
平・那須耕介・石井素子訳
『メタフィジカル・クラブ
——米国100年の精神史』
みすず書房，2011年。
映画『ギャング・オブ・ニ
ューヨーク』（2002年）。

# 7 再　建

▷共和党急進派

南北戦争以前は奴隷制に反対し，再建期には投票権を含む黒人の権利獲得のため闘った共和党連邦議会議員。連邦政府の権力を用いた公民権の保障や，賃金労働を中心とする北部の資本主義モデルに合わせた南部の社会改革を目指した。

▷暗殺

1865年のリンカンから1963年のケネディまで４人のアメリカ大統領が銃により殺されている。ガーフィールドは1881年，希望する公職を得られなかった人物に撃たれて命を落とし，マッキンリーは1901年，無政府主義者の凶弾に倒れた。

▷ブラック・コード（黒人取締法）

Ⅲ章８節を参照。

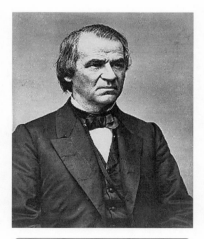

アンドリュー・ジョンソン（1855〜1865年頃）

出典：アメリカ議会図書館（Library of Congress）。

## 1 戦時下の再建政策

　南北戦争中から戦後にかけ，連邦から離脱した南部諸州を復帰させるための改革が行われたが，この時代を「再建（Reconstruction）」時代（1863〜1877年）と呼ぶ。

　再建における最重要課題は，南部諸州に奴隷制廃止を認めさせることであった。1863年12月に発表されたリンカンの「10％プラン」は，奴隷制廃止を支持し，連邦への忠誠を誓う有権者が全体の10％を超える州には，新たな政府の樹立を許可するというものであった。この政策は同年１月の奴隷解放宣言に実効性を与え南部の戦意を削ぐことを目的としたが，黒人に白人と平等の権利を与えるといった抜本的な改革は見送られた。

　戦争の早期終結を目指す大統領と黒人の権利平等実現を目標とする**共和党急進派**議員は政見を異にしたが，両者は奴隷制の廃止を規定した憲法修正13条の制定に向けて協力した。同修正案は1865年１月に連邦議会を通過し，同年12月には発効に必要な４分の３の州で批准され成立した。

　しかし，リンカンは同年４月，南部に同情する俳優によって**暗殺**されていた。戦後の再建政策は後を継いだアンドリュー・ジョンソンに託された。

## 2 戦後の再建政策

　副大統領から大統領に昇格したジョンソンの政策は南部に宥和的であった。

　大統領と連邦議会の対立が鮮明になったのは，解放民局の延長に関する法案および黒人の公民権を保障する法案にジョンソンが拒否権を行使したときである。後者は南部諸州で黒人の権利を侵害する**ブラック・コード（黒人取締法）**が制定されたことを受けて提案されたが，大統領は黒人が公民権に値しないと考えた。この出来事は大統領に協力的であった共和党穏健派を遠ざける結果を招き，結局再可決によって両法は1866年に成立した。

　ジョンソンの硬直した姿勢は，共和党急進派が優勢に立つ事態をもたらした。大統領が介入できないよう憲法で解放民の権利を守るために提案されたのが修正14条であり，法案は1866年に議会を通過

した。同条項は合衆国市民の特権や免責を州が制限することを禁じるものだった。

　修正14条の批准はテネシーを除く南部諸州で難航した。そこで急進派は，一連の再建法（1866〜1867年）を成立させ，南部10州を5つの軍管区に分けて連邦軍の支配下に置くとともに，旧南部指導者を除外した憲法制定会議で新しい州憲法を定めること，修正14条を批准することを条件に，これらの州で選出された議員の連邦議会復帰を認めた。再建法の下，一部の南部の憲法制定会議では黒人の代議員が活躍した。議会の強硬な手段は効果を生み，新しい州憲法が次々と制定され，修正14条も1868年7月，発効に必要な4分の3の州で批准され成立した。なお，修正14条の批准によって上述の南部10州のうち7州は1868年に，残りの州も1870年までに連邦に復帰した。

　議会と対立を続けたジョンソンは1868年**弾劾**（impeachment）裁判にかけられる。これは再建政策をめぐる信任投票の意味合いが強かった。下院で大統領弾劾が決議され，上院で裁判が行われたが，有罪判決には至らなかった。

　1868年の大統領選挙では連邦軍の将軍だったユリシーズ・グラントが共和党大統領として当選したが，政権転換期に急進派は人種による投票権の制限を禁止するための憲法修正15条を提案した。「人種，肌の色，以前の隷属状態」によって市民の投票権を合衆国や州が侵害することを防ぎ，この規定を施行するための権限を連邦議会に付与した同条項は，1869年3月に議会を通過し，翌年3月に4分の3の州の批准を完了して成立した。

## ③　再建の終焉

　再建時代には解放民の権利擁護をめぐる政治的な駆け引きが繰り返されるなかで，統一の法と中央政府を軸とする近代アメリカ国家が形作られていったが，黒人の権利が守られない状況が続いた。再建政策に反発して結成された白人至上主義の秘密結社**クー・クラックス・クラン**（KKK）は，黒人や南部の共和党員を標的にテロ行為を働いた。また，**識字**テストや投票税など解放民に不利な条件を課した州法の成立は，黒人の投票権行使を妨げた。

　南部の執拗な抵抗は北部の熱意を次第に削いでいった。1870年代半ばまでに南部諸州で保守的な民主党政権が続々と誕生する。グラントは1875年にルイジアナ州議会で起きた政治騒動を収めるため連邦軍を派遣したことで非難を浴び，再建政策の実行に弱腰になった。再建に止めを刺したのは1876年の大統領選挙である。選挙人獲得数において共和党候補が民主党候補をわずか1名上回るのみという投票結果が紛糾を招き，混乱収束のために両党は取引を行って，共和党候補の当選と引き換えに同党は再建を終了させるという妥協が成立した。こうして翌年春には南部から最後の連邦軍が撤退し，再建は終わりを迎えた。

（今野裕子）

▷**弾劾**
大統領や行政府高官，連邦裁判所判事の罷免を可能にする仕組み。連邦議会下院出席議員の過半数が同意すれば上院で裁判が行われ，上院出席議員3分の2の票が集まれば有罪となる。歴史上弾劾訴追を受けた大統領はジョンソン，クリントン，トランプの3名だが，いずれも無罪となった。

▷**クー・クラックス・クラン（KKK）**
Ⅴ章8節を参照。
▷**識字**
文字の読み書き能力のこと。1860年当時，南部の黒人成人人口の9割以上は読み書きができなかった。これは南北戦争前，テネシーを除くすべての南部の州において奴隷に教育を施すことが禁じられていたためである。

（参考文献）
貴堂嘉之『南北戦争の時代——19世紀』岩波書店，2019年。

**ブラック・コード**

### 1　再建政治の始まり

　1861年4月12日に始まり，1865年4月9日に終結する南北戦争は，アメリカの戦争史のなかで最多の約60万以上の戦死者を出した。このように南北戦争の人的損失の規模が未曾有のものであったならば，国内，わけても南部が戦地となったことで物的損失も壮絶なものであった。

　南部の物的損失という場合，奴隷主にとっては，アフリカ系の奴隷という財産が含まれる。南北戦争後，約400万人の奴隷が解放された。これまで役畜と同じ動産とされていた奴隷は，1868年の憲法修正14条の制定で，権利の主体になった。しかし，南部の再建の歴史は，抑圧されていた民が権利を獲得していくという単純な物語に収まり得るものではなかった。その歴史は，奴隷制が法的には消えても，奴隷制のもとでの人種関係は温存させようとする勢力との激しい対立のもとで進行していくことになったのだ。

　南北戦争をアメリカ独立革命以来の巨大な社会変革と捉え，そこに奴隷解放という要素を入れるならば，「再建の時代」の始まりは，南北戦争の終結ではなく，リンカン大統領が発布した奴隷解放宣言に求められる。この社会変革の中心には**解放民**たちの自発的な動きもあった。しかし，北軍に支えられた解放民たちの動きは白人至上主義者たちの抵抗をさらに激しいものにし，南部の再建政治は，人種間対立の怨嗟のなかで進んでいったのである。

　この再建の時代の連邦政治をリードすることになったのは，リンカン暗殺後に大統領に昇格したアンドリュー・ジョンソンである。南部テネシー州出身のジョンソンは，奴隷制をめぐる議論で対立していた南北の宥和を図るためにリンカンが副大統領に指名した人物だった。彼の再建政治は旧南部指導層への宥和的態度に特徴づけされる。叛乱を先導した旧南部支配階層に特赦を与え，奴隷を除くすべての財産権の保障を約束したのである。

### 2　ブラック・コードと議会による再建

　この時期の南部諸州で制定されたのがブラック・コード（黒人取締法）である。同法は，雇用されていない黒人や定住していない黒人を「浮浪罪」に問うことを可能にした。黒人が白人を裁判所に訴えることは制限され，白人の反対証人として法廷に立つことや陪審員になる権利も否定された。また黒人の土地

▷**解放民**
当時は freedmen と呼ばれていたが，現在では freedpeople と表記するのが一般的である。なお，奴隷（slaves）に関しても，現在では，史実に即して「奴隷化された人々（enslaved people）」と記すことが広まっている。

所有・賃貸も禁止・制限した。このように，ブラック・コードとは，奴隷制の
もとでの関係を「契約」のもとで編み変えることを通じて，解放民から再び
「自由」を奪い，奴隷と同じ隷属状況に置くことを目的とする一連の法の体系
のことを言う。

　この旧奴隷州の動きが，連邦議会の共和党を刺激した。上院のチャールズ・
サムナー，下院のサディアス・スティーヴンズらに率いられた共和党急進派は，
1866年，契約や裁判に関わる権利を州政府が奪うことを禁じ，黒人に市民権を
保障する公民権法案を議会に上程した。さらに，同年秋に行われた中間選挙で，
大統領の再建政策に反対していた共和党候補が躍進すると，新たに召集された
議会は再建法を制定し，南部叛乱州を連邦の軍政下に置いて議会による再建が
スタートした。

## ③ ブラック・コミュニティの誕生

　この急進的な再建政策のもと，旧南部から16名の黒人連邦議会議員（下院14
名，上院2名），1名の州知事（ルイジアナ州）が誕生，州議会議員となった黒人
の数は700名にのぼり，共和党主導の州政府のもと，数々の民主的実験が行わ
れていった。南部社会が革命的とも呼べる政治変化にある一方で，解放民局は，
奴隷身分から解放された人々の教育，医療，福祉，住居，法律支援など，多種
多様な要望に応える役割を果たした。戦争終結直前の3月3日に設立され，当
初の開設期間は1年間であったが，1872年まで活動を続けた。だが，莫大な任
務に比してその人員や予算は常に不足し，解放民の要望や権利侵害という深刻
な問題に十分に対処できていたとは言い難い。

　このような社会の激変のなかでも，アフリカ系アメリカ人たちは独自の生活
空間を主体的につくりあげていった。自由が到来すると，彼ら彼女らは，まず
奴隷制の時代に引き裂かれていた家族を探し求めた。また奴隷制の時代には白
人の監督下で行うことが常であった宗教儀礼も，独自の会衆組織を作ることを
選択し，独立した「黒人教会」が誕生した。

　そのような黒人たちのささやかな望みを縮約する言葉に「40エーカーの土地
と一頭のラバ」というものがある。これは北軍の暫定的軍事命令である**特別野
戦命令14号**での施策に起源をもつものであるが，大統領もまた議会多数派も土
地の分配には否定的であり，政府の政策として実現されることはなかった。

　自由を欲する黒人たちと安価な労働力を欲する白人地主のあいだの一種の妥
協としてできあがった仕組みが**シェアクロッピング制度**である。この制度のも
とでは農民に作物選択の自由はほとんどなく，やがて解放民たちは多くの負債
を抱えて，借地に縛りつけられていくことになった。そして，**1877年の妥協**で，
北軍が南部から撤退すると，黒人の地位はさらに劣悪なものとなっていった。

（藤永康政）

▷**旧奴隷州の動き**
1866年以後は，KKKに代表される白人のテロ組織の活動も活発になり，グラント大統領は連邦軍を投じてKKKの弾圧・摘発を行うも，その後も南部での政治テロはあとを立たなかった。

▷**特別野戦命令14号**
戦争終結直前の1865年1月16日にシャーマン将軍が発した軍令。フロリダ州，ジョージア州，サウスカロライナ州の大西洋岸の土地を40エーカーの区画にわけて旧奴隷に分配するというもの。

▷**シェアクロッピング制度**
土地の賃料と貸付品（農具，役畜，種など）の代金を，収穫した現物で地主に支払う制度。

▷**1877年の妥協**
激戦となった1877年の大統領選挙の際に得票の確定が論争となり，共和党候補ヘイズの陣営が，南部駐留軍の撤退と南部の人種政策に関する不干渉を申し入れ，選挙の勝者となった。なお，明言された密約の存在を否定する説もある。

(参考文献)
貴堂嘉之『南北戦争の時代──19世紀』岩波書店，2019年。
上杉忍『アメリカ黒人の歴史──奴隷貿易からオバマ大統領まで』中央公論新社，2013年。

# 憲法修正14条

## 再建期の修正条項

　アメリカ史上重要な改革のいくつかは，合衆国憲法への修正条項の追加によって達成されてきた。

　再建時代に成立した条項は，修正13条（1865年），14条（1868年），15条（1870年）である。奴隷制の廃止を謳った修正13条は，南北戦争前であったならば南部には受け入れられない内容であったが，連邦復帰を果たすため，南部の各州議会は同条項を批准した。修正15条は「人種，肌の色，以前の隷属状態」による投票権の侵害を禁止する条項であり，さらに財産や読み書き能力による投票権の制限を禁ずる案も議論されたが，反移民感情の強い州もあったため却下され，人種による権利侵害の禁止に留まった。

　本コラムではのちのマイノリティ権利保護に大きな役目を果たすことになる，修正14条について解説する。全5節から成るが，1節は黒人の市民権の保障，2節は黒人への投票権付与をそれぞれ目的とする条項であった。3節は旧南部指導者層に国政選挙での投票や公職に就くことを禁じ，4節は合衆国の戦時公債の保証および南部の負債無効化を定めた。そして5節では，「適切な立法」によってこれらの規定を施行する権限を連邦議会に与えている。

　以下，特に後世の法形成に大きな影響を与えた1節と，人種やジェンダー間の平等に関し限界を露呈した2節について詳しく見てゆこう。

## 合衆国市民とは誰か

　1節は黒人の市民権を守るため制定された1866年公民権法（Civil Rights Act）を恒久化するため，憲法に付け加えられた。まず，合衆国市民とは誰かという定義が示されている。曰く「合衆国に生れるか合衆国に帰化し，その管轄権に服するすべての人々は，合衆国市民または居住する州の市民である」。外国から移民してきて帰化した人を除くと，市民権付与の基準は合衆国領土内での出生が原則となっており，このような**出生地主義**はイギリス慣習法の伝統を引き継いでいる。南北戦争前のドレッド・スコット判決（1857年）では，自由州での居住を根拠に奴隷身分のスコットが自らの自由を訴えるものの連邦最高裁判所によって却下され，さらには自由身分の黒人までもが市民ではないとの判断が下された。修正14条で出生地主義が明文化されたことにより，黒人には白人と同等の市民権が保障されたことになる。

　一方，せっかく憲法で市民権を定義しても，州権が連邦政府の権限に優越すると考える南部人が州法によって黒人の市民権を侵害する恐れがある。そこで1節はさらに，州が①「合衆国市民の特権や免責を制限する法律を作るか施行する」こと，②「法の適正な手続きなしに人の生命，自由，財産を奪う」こと，③「その管轄権に服する人に法の平等な保護を与えない」こと，を禁じている。これらの規定は州に対する連邦の優位性を明確に宣言するものであった。なお，上記②と③では「市民」が明言されておらず，例外もあるが

これまで外国人にも適用されてきた。

19世紀前半には州の市民権に依拠する曖昧なものでしかなかった合衆国市民権は，修正14条の成立によって大きくその位置づけを変えたのである。

## 連邦下院議員定数と投票権

2節は下院議員定数を扱う条文と，投票権の侵害を禁止する条文から成る。各州を代表する連邦下院議員定数は州人口によって決まるが，改正前の憲法1条2節によると自由人を1人，奴隷を5分の3人と数えていた。奴隷州では，奴隷を人ではない動産として扱いながら議員定数を稼ぐための頭数としては算入したのだが，奴隷制廃止により納税義務のないインディアンを除くすべての人々を1人として数えることとなった。これにより南部諸州の下院議員定数の増加と，それに伴う大統領**選挙人団**の人数割当の増加が見込まれたが，もし投票するのが従来通り白人ばかりであった場合，彼らは必然的に民主党に票を投じるであろう。当時連邦議会を中心に再建政策の策定にあたっていた共和党は，奴隷を解放したリンカンの政党として黒人の支持を集めていたため，1人でも多くの南部黒人に投票権を行使してもらう必要があった。

上記のような必要から生まれたのが投票権の侵害を防ぐための条文であり，投票を妨害された人数に応じて議員定数を減らす罰則が盛り込まれた。しかし，本条項はあくまでも想定される権利の侵害に罰を与えるという消極的な黒人参政権の擁護であり，連邦政府が投票権を保障するため介入するといった積極的な措置を促すものではなかった。投票に関する決め事はあくまでも州に託されており，人種による投票権侵害の禁止は修正15条成立を待たなければならない。

この条文はまた，女性の政治参加を不可能にするものでもあった。投票権が21歳以上の男性に限定されたため，人種に関わらずすべての女性が投票権を行使できないことになったのである。再建時代に改革が優先

ドレッド・スコット（1887年，『センチュリー』誌掲載）

出所：アメリカ議会図書館（Library of Congress）。

されたのは人種についてであり，ジェンダーではなかった。南北戦争前の女性運動はアボリショニズムと密接に関わってきたが，これ以降，女性運動は黒人の権利擁護運動とは袂を分かつことになる。女性参政権が全国的に認められたのは1920年，修正19条の成立によってであった。

（今野裕子）

**▷出生地主義**
ある国の領土内における出生を根拠に国籍（および市民権）を付与する仕組み。イギリス，カナダなど多くの移民を擁する多民族国家で採用される。対する原則には親の国籍を子が継承する血統主義があり，日本ではこちらが採用されている。

**▷選挙人団**
大統領選挙では有権者の一般投票結果をもとに，各州の選挙人団が候補者に票を投じる。選挙人の数は州人口に比例して決まる。ある州の一般投票で勝った候補はその州の選挙人すべての票を獲得し，全体で過半数の票を得ると当選する。

(参考文献)
阿川尚之『憲法改正とは何か──アメリカ改憲史から考える』新潮社，2016年。

# 「金ぴか時代」

## 1　政治腐敗と格差の拡大

　再建期が終わる1870年代末から19世紀の終わりまでを「**金ぴか時代**（Gilded Age）」と呼ぶ。金ぴか時代は経済発展と大企業の台頭が拝金主義と汚職を呼び，メッキされたかのように見た目は輝いていたが，内実は腐敗していた皮相な時代だとされる。一例として，ユニオン・パシフィック鉄道の幹部が大陸横断鉄道の建設費用を大きく水増し，私腹を肥やすとともにワシントンの政治家への賄賂に使ったクレディ・モビリエール事件が挙げられる。

　政治的には低調な時代だった。南北戦争を通じて強化された連邦政府は再建にも積極的に取り組んだが，**1877年の妥協**により急進主義的な再建が挫折すると，金ぴか時代の政治は南部の民主党と北部の共和党の間で硬直した消極的な役割に終始するようになった。民主党は戦前の南部の「失われた大義」に共感する白人のほか，北部都市部のカトリック系の移民からも支持を得た。その政策は依然として人種主義，個人の自由の尊重と政府機能の制限，低関税だった。民主党からは1885年と1893年にグローヴァー・クリーヴランドが大統領に当選したが，それ以外は長らく共和党が政権を担った。「GOP（Grand Old Party）」と呼ばれるようになった共和党は，設立当初の自由労働イデオロギーと反奴隷制の政党から，実業家が主導するブルジョワ政党へと変質した。その政策は，禁酒や安息日遵守などプロテスタント道徳に根ざし，外国人排斥や高関税による国内経済の保護を主張した。南北戦争の英雄だったユリシーズ・グラント以降，ヘイズ，ガーフィールド，アーサー，ハリソンと続いた共和党の大統領の力は弱く，政党と議会が政治を主導した。

　金ぴか時代はアメリカ経済の大成長期だった。南北戦争終結により統一された巨大な国内市場を基盤として，工業生産が伸張を続けるとともに，西部開発と機械化により農業生産も急拡大した。1890年にはイギリスを抜いて世界一の工業国になり，19世紀末の30年間に農業生産高は25倍増加した。このように工業だけに偏ることなく，農業も飛躍的に発展したことが，この時期のアメリカ経済の特徴とされる。

　この成長はアメリカ社会を大きく変えた。独立以来の名家のエリートにかわり新しい資本家が登場した。西部開発で公有地を優先的に払い下げられた鉄道会社を中心に，大資本は経済発展の恩恵を十二分に得た。富の集中は**トラスト**

▷金ぴか時代
マーク・トウェインとチャールズ・ダドリー・ウォーナーによる同名の小説（1873年刊）に由来する。地方色のユーモア作家だったトウェインが現代社会を鋭く風刺する作風に変わる転機になった。「金メッキ時代」とも訳される。
▷1877年の妥協
Ⅲ章8節を参照。

▷トラスト
Ⅳ章2節を参照。
▷女性キリスト教禁酒同盟（WCTU）
1874年に西部で結成後，ウィラードが会長を務めた1880～1890年代にかけて全国規模に発展，女性の道徳的役割を重視して禁酒や社会改革を提唱したほか，女性参政権や労働運動につい

と呼ばれた独占資本を生んだ。一方，労働者階級においては，19世紀前半の旧移民にかわり東南欧からの新移民が大量にやってきた。宗教，言語，民族的に異質で，非熟練労働者であった彼らは，都市に集住して安価な労働に従事した。作家ホレイショ・アルジャーが「ボロ着から金持ちへ（rags to riches）」の夢を語り，移民から鉄鋼王になったカーネギーの立身出世がもてはやされる反面，持つものと持たざるものの格差は広がった。1893年には1割の富裕層が国内総資産の7割を所有すると言われた貧富の差の拡大は，階級対立を激化させた。

## ❷ 改革運動

金ぴか時代の腐敗や不公正に対抗する改革運動も行われた。ヘンリー・ジョージはその著書『進歩と貧困』（1879年）で，不平等の根源は土地の私有と寡占にあるとして，土地のみに課税する単一税制を提唱して人気を得た。**女性キリスト教禁酒同盟（WCTU）**はフランシス・ウィラードの強い指導力の下，社会問題の改善とモラルの回復に取り組んだ。

改革運動の成果の一つは，公務員改革だった。都市部では南北戦争以前からマシーンと呼ばれた集票組織が政治を牛耳っていた。ボス政治家はマシーンを使って，便宜と保護と引き換えに，都市住民を動員した。その結果，選挙は派手なパレードなどのお祭り的な娯楽としての機能を持ち，投票率は80％以上に及んだ。ボスとマシーンの代表例として，ニューヨーク市のウィリアム・ツイードとタマニー・ホールが挙げられる。不正に満ちたボス政治の中でも，支持者に公職を分け与える**猟官制**の仕組みはとくに問題視された。**マグワンプ**と呼ばれた共和党員はボスによる利益誘導に反対し，全国公務員制度改革連盟を結成した。官職をもらえなかった男によりガーフィールド大統領が暗殺された事件も追い風になり，1883年にはペンドルトン法が成立して，連邦公務員の任用に試験が導入された。以降，官僚は徐々に高度な知識を持つテクノクラートとなり専門家の時代へと移行するとともに，マシーンに代わって企業献金に頼るようになった政党はビジネス寄りの姿勢を強めた。

経済活動の規制もわずかだが始まった。農家の共済事業から始まった**グレンジャー運動**は，独占により暴利をむさぼる鉄道会社や倉庫業者に対抗して，料金を規制する州法を制定した。こうしたグレンジャー立法は，私有財産の侵害をめぐって裁判で争われたほか，州をまたぐ経済活動の規制には州法では限界があった。そのため1887年の州際通商法では連邦の機関として州際通商委員会（ICC）が設置された。また，1890年には**シャーマン反トラスト法**が制定された。これらは実質的な効果を発揮するまでには至らなかったが，連邦政府の役割を拡大し，利益配分だけでなく経済行為の規制に踏み込むことで，その後の革新主義による社会改革への道を開いた。

（丸山雄生）

グレンジャー運動のポスター（1873年頃）

出典：アメリカ議会図書館（Library of Congress），"Gift for the grangers".

ても積極的に活動した。

▷**猟官制**
Ⅱ章9節を参照。

▷**マグワンプ**
「Mugwumps」は先住民のアルゴンキン語で族長を指す言葉。東部のエリート出身の保守的な改革主義者を指す。ノーブルな義務としての政治を理想として，職業政治家に対抗した。

▷**グレンジャー運動**
1870年代から中西部の農民に広まった農民共済組合の支部をグレンジ，支部員をグレンジャーと呼んだ。農民の社交活動や互助事業から始まり，政治活動へと発展した。

▷**シャーマン反トラスト法**
Ⅳ章2節を参照。

**参考文献**

M・トウェイン，C・D・ウォーナー，柿沼孝子訳『金メッキ時代』彩流社，2001年。
ハーバート・G・ガットマン，大下尚一他訳『金ぴか時代のアメリカ』平凡社，1986年。
映画『天国の門』（1980年）。

# ② 工業化と労働者の運動

## ① 大企業の時代

　アメリカの金ぴか時代は，技術革新をいち早く取り入れた会社が買収やトラスト結成によって巨大化した，大企業の時代でもあった。初期の代表例は鉄道会社である。1869年の**大陸横断鉄道**開通によりアメリカは東西南北をつなぐ大量輸送体制を完成させた。多額の費用を要する鉄道の建設や維持は株式の発行によって賄われ，投資家は支線の買収と幹線の経営によって鉄道会社の統合を実現した。1900年までに全米の鉄道のほぼ全線がたった7つの企業によって所有または経営されていた。鉄道は何万人もの従業員を抱える巨大産業へと成長し，関連産業の発展にも貢献した。レール需要の高まりは製鉄業の，車両製造の必要性は機械工業の成長を促した。さらに線路に沿って柱を立てケーブルを取り付ける形で**モールス信号**が実用化されるなど，通信手段の発展にも貢献した。

　この時代には他にも大企業を創始し，巨万の富を築いて「泥棒貴族」と揶揄されながらも，ホレイショ・アルジャーの小説『ボロ着のディック』（1867年）に象徴されるような「ボロ着から金持ちへ」の夢を実現した実業家たちがいた。スコットランドからの移民アンドリュー・カーネギーは貧民から身を起こし，鉄道会社で働きながら鉄鋼業の可能性にいち早く目をつけて会社を興し，同業他社を買収することで会社を大きくした。1900年までにカーネギー鉄鋼会社1社のみでイギリスの全工場を合わせたよりも多くの鉄鋼を製造できるまでになった。ジョン・ロックフェラーも出自は貧しかったが，1859年に石油が発見されるとすぐに石油精製業に参入し，中小企業の買収によって会社を大きくした。1879年にはロックフェラーの会社だけで全米の精油の90％を手掛けるまでになる。その後もトラストの結成などによって経営を一本化したロックフェラーは，ほとんどの石油パイプラインを傘下に収めた。

　大企業の経営者は巨万の富を手にする一方で，大衆の反感を買う存在でもあった。強引な買収や市場の独占は批判を呼び，1890年の**シャーマン反トラスト法**（Sherman Antitrust Act）成立を促した。ロックフェラーのスタンダード・オイル社も複数の企業に分割されている。また，労働者の権利を蹂躙する企業もあり，カーネギー鉄鋼会社の工場で起こったホームステッド争議（1892年）では，会社側が探偵社の私兵やペンシルヴェニア州兵を差し向けて労働者を排

除し，銃撃戦によって死者も出た。

## ② 労働者の運動

　19世紀後半の技術革新は大量生産のための機械化を促した。南北戦争前には「アメリカ的製造方式」という互換可能な部品の組み立てによる量産体制が採り入れられていたが，戦後の機械化によって労働者はますます生産者や職人としての自主性を奪われ，単純労働を請け負うようになった。さらに**科学的管理法**（scientific management）の採用によって勤務時間や作業量も厳しく管理されるようになる。

　労働者の福祉や権利に対する意識の高まりは，労働運動の発展を促した。南北戦争後の労働運動は，共和党が奴隷労働に対置して唱道した自由労働イデオロギーに立脚し，労働者の自立を促すところから始まった。1869年に秘密結社として出発した労働騎士団（Knights of Labor）は労働の神聖性を訴え，1881年に公開組織になると，職種や人種，性別を区別しない平等な組織化を実践し，1886年には会員数73万人を数えた。しかし平等方針は早々に破綻した。労働騎士団の敵は額に汗して働かない非生産者であり，西部鉱山地区で資本家の手先と見做された中国人労働者は排斥対象となった。さらに1886年の**ヘイマーケット事件**によって労働運動に対する風当たりが強くなると，労働騎士団は弱体化し1890年代には消滅した。

　替わって勢力を拡大したのがアメリカ労働総同盟（AFL）である。職能別組合の連合体である同組織は，ロンドン出身のユダヤ系移民サミュエル・ゴンパーズによって1886年に結成された。労働騎士団は産業資本主義の解体を想定していたが，AFLは初めから賃金労働を受け入れた上で熟練労働者の組織化を図った。初代会長も務めたゴンパーズは現実路線を重視し，賃上げや労働時間短縮など，労働条件の改善を労使交渉とストライキによって勝ち取ることを目標とした。AFLは1901年には100万人以上の会員を抱える巨大組織となった。一方で人種を超えた団結や，新移民がその多くを占めた非熟練労働者の組織化には否定的であった。事実ゴンパーズは新移民に強い偏見を持ち，移民への識字テストの実施を支持し，アジア系移民を排斥する運動も起こしている。

　この時代の労働運動は共通の目標に依る階級闘争を目指しながらも，人種やエスニシティによって分断されており，それはゴンパーズの反移民的な言動のみならず，労働騎士団の会長を務めたテレンス・パウダリーがのちに移民帰化局長として移民規制に実務面で関わったことにも象徴的に表れている。人種やエスニシティを超えた非熟練労働者の組織化は1905年結成の**世界産業労働者同盟**（IWW）誕生まで待たなければならなかった。

（今野裕子）

（サミュエル・ゴンパーズ （1920年頃）

出典：アメリカ議会図書館（Library of Congress）。

定して1日の作業量を割り出し，目標を達成できた労働者に高賃金を支払うことを提言した。今日の経営工学にも影響を与えている。

▷**ヘイマーケット事件**
警官による労働者殺害への抗議集会が1886年5月，シカゴのヘイマーケットで開かれた。集会後に爆弾が投げ込まれると警官が銃を発射し，死者，負傷者が出た。8名の無政府主義者が逮捕され，4名が死刑になり，1名は自殺した。

▷**世界産業労働者同盟（IWW）**
西部鉱夫連盟が結成に関わった労働組合。人種や性別，職能などの違いを超えた労働者の組織化や，直接行動主義を特徴とした。第1次世界大戦時に政府の弾圧を受け，組織の縮小を余儀なくされた。

（参考文献）

野村達朗「労働者の大同団結——アメリカ労働総同盟」綾部恒雄編『クラブが創った国アメリカ』山川出版社，2005年。

# 3 都市の発展

## 1 都市化

　19世紀後半から20世紀初めにかけ，アメリカ各地で都市化が進行した。ニューヨークやフィラデルフィアなどの商業都市は，工業化に伴って国内外からの人口をひきつけ，また周辺区域を併合することでさらなる大都市へと成長を遂げた。住民2500人以上の都市に住む人口の総人口に占める割合は1870年には26％ほどであったが，その後の30年間で40％にまで上昇した。

　大量生産を基盤とする工業化を後押ししたのが19世紀前半以降の交通革命であり，石炭や原材料を集め遠隔地の市場に製品を流通させるのに効率のよい運河や鉄道の結節点が工場の立地として選ばれた。南北戦争後になると大都市は特定の産業とともに発展を遂げ，ニューヨークは衣料品製造業，シカゴは食肉加工業，ピッツバーグは製鋼業，ロサンゼルスは石油精製業というように，それぞれ強みとなる地場産業を成長させることによって繁栄した。

　1880年代後半より導入された**路面電車**は，大都市にさらなる賑わいをもたらした。南北戦争以前から都心部のビジネス街と勤め人の住む郊外居住地域の分化は進んでいたが，19世紀末までに運賃の安い路面電車が各地で採用されると，買い物客はより一層気楽に郊外から町の中心へ繰り出せるようになった。都心部への経済活動の集中は，同時期に建設の進んだ鉄骨フレームの高層ビルに象徴されるが，摩天楼と呼ばれるこれらビルでの活動が可能になったのは，電話（1876年）や白熱電球（1879年）の発明や，電動エレベーターの実用化（1889年）といった技術の進歩によるところが大きい。

　路面電車はまた，人々にとって**デパート**での買い物を魅力的な選択肢とした。ワナメーカー社（フィラデルフィア）やギンベル兄弟社（ニューヨーク）などによる大型デパートの多くは，電車の乗り継ぎ地点に店舗を構えることで郊外からの買い物客を効率よく呼び込んだ。巧みな広告戦略によって顧客を惹きつけたデパートは，ガラスや照明を工夫して高級感を出し，消費活動を日常の必需品の購入を超えたぜいたくで文化的な営みへと昇華させたのである。

　このようにアメリカの都市化の背景には，19世紀後半以降の画期的な技術革新があった。

▷**路面電車**
電動の路面電車（streetcar または trolley）は，鉄道馬車に替わる市街交通手段として，1880年にトマス・エジソンが試験走行に着手したが，失敗した。1880年代後半，フランク・スプレーグがヴァージニア州リッチモンドで実用化に成功した。

▷**デパート**
1つの会社が多様な商品を扱う複数の部門を束ねる形態の小売業で，1860年代から80年代にかけて欧米に出現した。デパートの起源には諸説あるが，パリのボン・マルシェ百貨店（1852年）であるとする説がよく知られる。

ニューヨークにあったワナメーカー社のデパート（1903年頃）

出典：アメリカ議会図書館（Library of Congress）。

## ② 「新移民」

　都市化はまた，大規模な人口流入の結果でもあった。南北戦争後の北部では発達した産業が労働需要を生み出した。技術革新によって製造業が大きく伸び，1890年頃までにアメリカは世界一の工業国となった。鉄道網の完備とホームステッド法により南北戦争後も西漸運動は衰えを知らず，白人入植者の農地獲得による耕地面積の増大は続いたが，1880年代には非農業部門の労働人口が農業従事者数を上回り，製造業による所得が農業所得を超える事態となっていた。これら製造業の発達に労働力の面で多大な貢献をしたのが，19世紀後半以降アメリカへ入国した移民たちであった。

　「移民国家」という印象の強いアメリカだが，移民統計がとられ始めた1820年にはわずか8385人が入国しているに過ぎず，1830年代でも毎年6～7万人台で人数が推移し，歴史的には必ずしも大量の移民を受け入れてきたわけではない。しかし，アイルランドのジャガイモ飢饉（1845～1849年）やドイツの三月革命（1848年）と急速な工業化に伴う下層民の貧窮といった政治経済的な混乱が引き金となり，1840年代後半から50年代前半にかけこれらの地域からの渡航者数が急増した。南北戦争前までに延べ500万人の移民が入国し，なかにはカリフォルニアのゴールドラッシュ（1849年）を契機に一攫千金を夢見て太平洋を渡った中国人移民も含まれていたが，この時代の移民の出身地は主に北・西ヨーロッパであった。

　これに対し，1880年代以降にアメリカへ渡ってきた移民は，その多くがイタリア，ロシア，ポーランド，ブルガリアなど南・東ヨーロッパ出身であった。1890年代後半になると，これら地域からの入国者数が北・西ヨーロッパからの入国者数を凌ぐようになる。同じヨーロッパ系の移民でありながら，カトリックやユダヤ教，ロシア正教など従来アメリカで主流とされたプロテスタント系のキリスト教を信仰せず，異なった言語や習俗を持つこれら移民は，**太平洋における蒸気船の定期往復**によって大量渡航が可能となった中国や日本からの移民や，20世紀初めのメキシコ革命（Mexican Revolution, 1910～1920年）後に数を増やすメキシコ人移民などと合わせ，まとめて「新移民」と呼ばれる。

　新移民は工業化に伴って需要の拡大した非熟練労働力を提供する貴重な働き手となったが，文化の違いからホスト社会との軋轢も生み出した。望ましくない移民の入国や定住を拒否する役割を担ったのは南北戦争前には州政府であったが，1880年代には連邦政府が国としての移民政策を策定し，統一的な入国管理を行うようになった。1882年には中国からの労働者の入国を規制し，中国人には市民権を付与しないとした**中国人移民排斥法（排華移民法）**や，入国税の支払いおよび「犯罪人，精神異常者，心神喪失者，**公共の負担なしには自活できない者**」の上陸拒否を規定した移民法が連邦レベルで制定された。　（今野裕子）

▷**太平洋における蒸気船の定期往復**
太平洋郵便汽船会社のサンフランシスコ-香港便は1867年に，日本郵船会社の横浜-シアトル便は1896年に，東洋汽船会社の横浜-サンフランシスコ便は1898年に運航を開始した。これら太平洋航路の経由地にはハワイが含まれた。

▷**中国人移民排斥法（排華移民法）**
原語では Chinese Exclusion Act. 中国人労働者の新規入国を禁じた国内法だが，商人や学生は免除されており，また在米中国人の子であれば入国できたため，身分を偽って移民する「紙息子」の増加を招いた。1882年に最初の法が制定され，1943年まで有効であった。

▷**公共の負担なしには自活できない者**
貧困者の入国を阻むための規定。入国を拒否された移民の帰りの船賃は船会社の負担となるため，乗船前の船会社によるチェックを促すことが期待された。1891年移民法では「公的負担になる可能性のある者」という文言が使われた。

**参考文献**
明石紀雄・飯野正子『エスニック・アメリカ──多文化社会における共生の模索』第3版，有斐閣，2011年。

# 入国管理と移民

## パスポートと中国人排斥

　海外旅行には欠かせないパスポートの起源を辿ると，国境をまたぐ人の移動の管理が厳格に行われるようになったのは，近代国家形成後であることがわかる。フランス革命（1789年）後，同国では国外に逃げた亡命者が外国と結託することを防ぐためフランス人の出国を規制すべきであるという意見と，移動の自由も含め革命によって得られた自由を制限すべきではないという意見が対立した。その後19世紀を通じて，ヨーロッパ各国は人々の移動に対し自由主義的な態度を保持しつつも，国民とそれ以外の人々を見分ける必要から身分証明書としてのパスポートの制度を強化していった。

　アメリカでは1856年の連邦法により，国務長官が合衆国市民に対してパスポートを発行する権限を持つことが定められた。それ以前は「国民」の身分を証明するパスポートを州や地方自治体が発行していたが，再建時代の中央政府権限拡大を見越したかのように，自国民の出入国管理も国家に委ねられることになった。しかし，実際には第1次世界大戦後まで合衆国市民はパスポートを携行せず海外旅行をすることができた。

　一方19世紀後半以降の「新移民」流入に伴い，今度は国家が外部からアメリカに入ってくる人々の規制を行う必要が生じた。最も早く排除の対象となったのが，大陸横断鉄道の建設や西部鉱山地区および都市での雑業に従事した中国人労働者である。アメリカは中国人移民を規制する実務上の必要から文書による身元確認の仕組みを作り上げたが，これがほぼパスポート・シ

ステムと同様の機能を果たした。

　中国人労働者の新規入国を禁ずる中国人移民排斥法の制定は1882年だが，それ以前から移民規制のための法制化が進んでいた。中国人労働者を奴隷にも比する不自由労働者「苦力（クーリー）」と見做す論調があり，1862年にはアメリカ人が外国に苦力を斡旋することを禁じた苦力貿易禁止法が成立した。中国人移民排斥法が議論の俎上に上った時，法案支持者のカリフォルニア州選出議員は再び苦力と中国人移民を結び付け，排斥の必要性を説いた。米中は1868年のバーリンゲイム条約によって双方の人の自由な移動を保障していたが，1880年，中国人移民のアメリカ入国規制と両国の商業関係維持を盛り込んだエンジェル条約で上書きした。

　1882年に成立した中国人移民排斥法は後続法によって延長されながら1943年まで効力を発揮したが，法の適用外となる人々もいた。まず在米中国人がアメリカを離れ，再入国することは許されていた。ただしアメリカを離れる前に再入国の権利を保障する「帰還証明書」を身分証明書として発行してもらう必要があった。また，商人，教師，学生，旅行者，およびその妻子も免除対象となったが，中国政府発行の「広東証明書（別名「第六項証明書」）」を携行することが求められた。このように書面での身元確認を通じ入国許可が決定されるという点において，中国人移民排斥法の運用は現代のパスポート・システムに通じるものであった。

## エリス島とエンジェル島

　上述のように中国人移民はヨーロッパからの移民よりいち早く苛烈な規制の対象となったため，入国時の経験も大きく異なっていた。ニューヨークの港に着くヨーロッパ系移民も審査を経なければ上陸できなかったが，サンフランシスコの港に着いた排斥法適用外の中国人移民は一際厳しく身元をチェックされた。東の玄関口エリス島が，苦労はあれど成功を収めることになる移民の歴史のポジティブな側面を象徴するならば，西の玄関口エンジェル島は，規制の対象として疑いの目を向けられてきた移民の歴史のネガティブな側面を後世に伝えていると言えるだろう。

　エリス島の移民局は1892年にオープンした。島に拘留されて審査の対象となるのは三等船室の客のみであり，身体検査もここで行われた。列に並んだ移民の様子を医務官が観察し，心身いずれかに問題のある者は上着にチョークで印をつけ，さらに検査を行うため別室に移動させた。1917年の記録には，移民がエリス島に滞在する平均時間は2〜3時間とある。ただし，「異常」が見つかれば，さらに数日間拘留された。実際には，検査の結果強制送還されるのは上陸者の1％以下であった。1924年以降は医学的理由による強制送還の判断は船上で行われるようになった。1924年にはまた国別割当を定めた移民法が制定され，移民局でのパスポート審査のほかに，出発地のアメリカ領事館官吏による査証の発行が必要になった。1954年にその使命を終えるまでに1200万人以上の移民がエリス島を通過した。

　一方，1910〜1940年に移民局が置かれたエンジェル島では，主に中国人移民が身分確認のため拘束された。記録が消失したため正確な数字は不明だが，この間およそ30万人がエンジェル島で入国審査を受けたと推測される。エリス島同様すべての到着者が拘留されたわけではなかったが，7割がエンジェル島を通過したと

エンジェル島での身体検査のようす（1923年）

出典：国立公文書館（NARA）。

考えられる。うち3分の1が中国人，3割弱が日本人移民であるとされ，後者は写真を交わすことで見合いをし，日本人移民男性と結婚するため渡米した写真花嫁であったと推測される。また，迫害や革命を逃れてきたロシア人，メキシコ人，ユダヤ人，朝鮮人なども含めると，全部で80カ国以上から移民がやってきた。中国人移民は特に厳しい尋問の対象となり，拘留期間は数週間に及ぶこともあった。収容施設は人種によって分けられ，中国人は劣った宿舎をあてがわれた。中国人移民は移民検査官によって動物園の檻のような部屋に犯罪者のごとく閉じ込められ，強制送還の可能性に怯えながら決定が下されるのを待ったのである。

　対外的にも内向きにも「移民の国」としてのアイデンティティを強く打ち出すアメリカだが，エリス島の語る移民物語だけがその歴史ではない。2つの島の移民管理を比較することで，新たなアメリカ像に出会うことができるだろう。

（今野裕子）

参考文献

貴堂嘉之『アメリカ合衆国と中国人移民──歴史のなかの「移民国家」アメリカ』名古屋大学出版会，2012年。
ジョン・トーピー，藤川隆男監訳『パスポートの発明──監視・シティズンシップ・国家』法政大学出版局，2008年。

# 4 ポピュリズム

## 1 ポピュリズムとは何か

ポピュリズムは狭義には1880〜1890年代の農民運動，とくに人民党の躍進と敗北を意味するが，より広い文脈を指すこともある。歴史家リチャード・ホフスタッターによれば，ポピュリズムとは**アンドリュー・ジャクソン**大統領以来連綿と続く「人々の衝動」である。それは一方で無知な大衆がデマゴーグに煽られる危険を持ち，他方では人民主権に基づくアメリカ社会の健全な平等性を表す。ポピュリズムの源流とされるキリスト教の**信仰復興運動**に見られた反知性主義は，神の前での平等の実現だった。金ぴか時代に批判された**猟官制**は，元々はジャクソニアン・デモクラシー期に権力の寡占を防ぐための装置として始まった。19世紀末のポピュリズムもまた一筋縄ではなく，人民による政府への積極的かつ具体的な経済改革の要求であると同時に，失われた農本主義を取り戻そうとする反動的なノスタルジアだった。

## 2 農民運動の展開

南北戦争後の西部開発，耕作地の増大，機械化の進展は農業革命をもたらした。急拡大した農業は全国的な資本主義市場経済に組み込まれた。農民は生産のための費用を賄うために銀行融資を受けたが，供給が需要を上回っていたため農作物価格は下落が続き，逆に経済発展で利子は上昇した。独占的な鉄道会社による横暴な運賃設定も負担だった。結果，負債に耐えられず土地を手放す小作農が増加するなか，各種の農民運動が組織された。

1870年代には**グレンジャー運動**に続いてグリーンバック党が現れた。その最大の焦点は通貨政策だった。農産物価格の下落に苦しむ人々は，南北戦争中に発行されたグリーンバック（金と交換できない臨時の法定貨幣）の継続や**フリーシルバー**によるインフレで物価を上昇させることを求めた。しかし，共和党は物価の安定を優先し，グリーンバックを回収し，1873年には銀貨の鋳造を停止した。政府が一定量の銀を購入する法が成立したが，その効果は限定的だった。

1880年代以降は農民同盟（Farmers' Alliance）が台頭し，南部に300万人（うち黒人が100万人），北部に200万人の会員を擁した。彼らは一括購入・出荷などの共同事業を行い，鉄道運賃の規制，土地投機への重税，農産物を担保として連邦政府が農民に融資する農業公庫の設立を提案した。しかし，二大政党はそ

▷アンドリュー・ジャクソン
Ⅱ章9節を参照。

▷信仰復興運動
Ⅱ章6節を参照。
▷猟官制
Ⅱ章9節を参照。

▷グレンジャー運動
Ⅳ章1節を参照。
▷フリーシルバー
西部で豊富に産出する銀を用いて銀貨を上限なく発行し，金本位でなく金銀複本位制を採用する経済政策。インフレを期待するとともに，連邦政府が通貨管理に積極的に関与することを要求した。
▷人民党
農民同盟，労働騎士団など農民や労働者組織が参集して，1892年7月4日にネブラスカ州オマハで結成。結党宣言にあたるオマハ綱領は，「数百万の人民の労働の果実が，恥知らずにも少数の人々の巨大な富のため盗まれている」と階級分化の危機を訴えた。

れらの要求を拒否して，資本家に有利な自由放任主義政策を続けた。

### 3 人民党と1896年の大統領選

　農民同盟は各州議会で勢力を伸ばし，州知事も輩出した。1890年の中間選挙では連邦議会にも多数の議席を獲得した。既存政党に見切りをつけた農民同盟は1892年に全国組織として**人民党**（People's Party/Populist Party）を結成した。人民党は，フリーシルバーや農業公庫に加えて，鉄道の公営化，累進課税の導入といった急進的な政策を唱えた。92年の大統領選挙で人民党のジェームズ・ウィーヴァーは敗北するも100万票（総投票数の8％超）を獲得する健闘を見せた。

　1893年にアメリカは大不況に襲われた。過剰投資による破綻が企業や銀行の連鎖倒産を呼び，失業者は250〜300万人（全労働人口の20%）にのぼったが，クリーヴランド政権は困窮者には無関心だった。公共事業による雇用創出と法定貨幣による給与支払いを求めて，コクシーの軍隊と呼ばれた行進がオハイオ州から首都ワシントンDCまで行われたが，警察によって逮捕・解散させられる結末に終わった。

　不況下の1896年の大統領選で人民党はフリーシルバーを掲げて二大政党に挑んだ。しかし，民主党が分裂して，フリーシルバーを支持する**ウィリアム・ジェニングズ・ブライアン**を候補に選んだため，人民党の戦略は狂った。共和党と民主党のフリーシルバー派を取り込む目論見が崩れた人民党は，ブライアンに相乗りして勝利を目指しつつ，副大統領には独自候補を立てて影響力を維持しようとする困難な立場を余儀なくされた。一方，共和党のウィリアム・マッキンリーとその選挙参謀マーカス・ハナは，金本位制堅持，保護関税，反移民，反労働運動の保守的な政策を打ち出し，人民党を恐れる資本家からの巨額の献金を選挙運動に投入した。結果，マッキンリーは圧勝し，人民党は消滅，民主党に対する共和党の優位は大恐慌まで続くことになる。

　ポピュリズムとブライアンの敗北は，北部と南部，都市労働者と農民，黒人と白人など複数の対立軸を乗り越えられなかった人民党の限界だった。**AFL**のサミュエル・ゴンパーズは，人民党は独立自営の理想にこだわるプチブル政党と見なして共闘を拒んだ。その観点からすると，ブライアンは自由労働イデオロギーと共和国の理想の最後の擁護者であり，かつすでに時代の大勢を占めている小作農や賃金労働の現実を認識できない後ろ向きの候補者だった。また人種差別も連帯を阻んだ。黒人農民と白人農民の共闘を恐れた南部の指導者層は，黒人の排除を進め，投票妨害，ジム・クロウ法，リンチなどの人種差別と暴力により，白人のセンチメントを満たし，異人種間の連帯を不可能にした。アメリカにおいては階級よりも人種の利害が上回ったのである。

（丸山雄生）

ウィリアム・ジェニングズ・ブライアン（1896年の民主党党大会で大統領候補に選ばれた）

出典：アメリカ議会図書館（Library of Congress）。

▷**ウィリアム・ジェニングズ・ブライアン**
1860〜1925年。ネブラスカ州出身の政治家。連邦下院議員，国務長官を務めたほか，1890年代から1900年代にかけて民主党の大統領候補に3度選ばれた。金本位制を攻撃した「金の十字架演説」など雄弁家として知られる。厳格なプロテスタントであり，進化論に反対した。
▷ **AFL**
IV章2節を参照。

【参考文献】
R・ホーフスタッター，清水知久ほか共訳『改革の時代──農民神話からニューディールへ』みすず書房，1988年。
森本あんり『反知性主義──アメリカが生んだ「熱病」の正体』新潮選書，2015年。
ウィラ・キャザー，佐藤宏子訳『マイ・アントニーア』みすず書房，2017年。
映画『スミス都に行く』（1939年）。

# 5　分離すれども平等

## ① 人種隔離制度の確立

　再建期後，南部では奴隷制に代わる人種主義の仕組みが登場した。当初は慣行として広がっていた**ジム・クロウ**（Jim Crow）と呼ばれる人種隔離制度は，再建期後の1880年代末ごろから州法や条例で法制化され，公共交通機関から学校，教会，ホテル，レストラン，遊興施設，トイレ，水飲み場，墓地に至るまで人種別に分け，日常のあらゆる側面で黒人の生活を厳しく制限した。連邦最高裁は，1896年の**プレッシー対ファーガソン裁判**の判決において，施設が分けられても等しく施設が提供されるのであれば問題ないとする「分離すれども平等（Separate but equal）」の原則を打ち立て，州政府による人種隔離は違憲ではないと結論づけた。こうして，南部における人種隔離は，1954年に**ブラウン判決**が出されるまでの60年近くにわたり，最高裁によるお墨付きを与えられたのである。

▷**ジム・クロウ**
1830年代に人気となった，田舎者の黒人男性を戯画化したミンストレルショーの定番キャラクター。のちに人種隔離を指す言葉として使用された。

▷**プレッシー対ファーガソン裁判**
クレオールの自由民であったホーマー・プレッシーが，ルイジアナ州内の鉄道の白人車両に乗ったことで逮捕された事件の裁判。彼は8分の1黒人の血を引いていた。裁判では，憲法修正14条が保障する「法の下の平等」が争点となった。

▷**ブラウン判決**
Ⅶ章4節を参照。

▷**憲法修正15条**
Ⅲ章7節を参照。

黒人に投票資格を伝える南部白人の無教養を描いた『ハーパーズ・ウィークリー』の風刺画（1879年1月18日）

出典：アメリカ議会図書館（Library of Congress）。

　さらにこの頃，**憲法修正15条**が保障した黒人の投票権を剥奪する動きも南部全域で広がった。有権者登録の際に投票税や識字テストなどが課され，奴隷解放から日が浅く，十分な経済力や教育を身につけていなかった黒人の有権者登録を困難にした。他方，これらの規定が白人の有権者登録を妨害することがないように，先祖に投票資格があれば本人も投票できる「祖父条項」と呼ばれる免除規定が設けられた。こうして貧しい白人は救済され，実質的に黒人の参政権のみが剥奪された。さらに識字テストは1920年代までに北東部や西部にも拡大し，新移民などの労働者層の投票も制限した。

　南部で徹底した両人種の隔離や黒人に対する差別が確立したことの背景には，白人の農民運動から生まれた**人民党**が，

▷**人民党**
Ⅳ章4節を参照。

黒人小作人に人種を超えた共闘を呼びかけたことがある。人民党の政治戦略に南部の白人指導者層は衝撃を受け，制度的人種主義で白人優位を維持・強化し，その仕組みの中に白人農民を取り込むことで，黒人との階級的連帯を断ち切ろうとしたのである。

## ❷　社会儀礼としてのリンチ

　階級格差を覆い隠し，白人（男性）としての一体感を強化することに一役買ったのが，**リンチ（私刑）** と呼ばれる人種暴力であった。

ワシントン（1895年）

出典：アメリカ議会図書館（Library of Congress）。

デュボイス（1907年）

出典：National Portrait Gallery.

リンチはもともと西部の自警団による「フロンティアの正義」として機能していた。しかし19世紀末以降，主に南部の白人が黒人を標的とする人種暴力となり，ピークの1880年代から1920年代に起きた約5000件のリンチのうち，犠牲者の４分の３を南部の黒人男性が占めた。白人男性は，白人女性を陵辱し（ようとし）た「黒人レイプ犯」の処罰という名目で容疑者を連行し，衆人環視の中で長時間にわたる拷問を加えた上で絞首刑に処した。たとえば1892年にテネシー州メンフィスで黒人男性３人がリンチされた事件を報じた地元紙は，「もっとも迅速で過激な懲罰だけが，黒人の恐ろしい獣のような性癖を押さえ込み，阻止することができる」と主張した。

　しかし，この事件を調査した黒人女性ジャーナリストの**アイダ・B・ウェルズ**は，３人が冤罪で，リンチの真の理由は彼らが商店経営で白人商店と競合していたためだったと明らかにした。彼女はまた，奴隷制下の黒人男性がレイプ犯だと訴えられることはなかった点も鋭く指摘した。ウェルズの主張からも分かるように，奴隷制廃止後の黒人の政治的・経済的・社会的進出は，白人優位主義や家父長制といった南部社会の既存の支配構造を脅かす社会変動とみなされた。それを白人女性に対する黒人男性の性的脅威に読み替え，リンチという自らの正義を下すことで，白人男性は人種的・ジェンダー的優位を固守したのである。

　このような，黒人の命と生活が徹底的に統制される「どん底」の時代に，南部では黒人向け職業訓練学校の校長**ブッカー・T・ワシントン**が，北部では黒人エリート知識人の **W・E・B・デュボイス**が，それぞれの立場から解決策を模索した。

（坂下史子）

▷**リンチ（私刑）**
地域社会の一部の世論や意志を代表する者が，規律に違反した（とみなした）者に対して執行する超法規的な集団暴力。通常アメリカでは致死行為を指す。

▷**アイダ・B・ウェルズ**
1862〜1931年。反リンチ運動の先駆者。リンチに関する調査結果をまとめた『鮮血の記録』（1895年）など数冊のパンフレットを出版したほか，女性参政権運動でも活躍した。

▷**ブッカー・T・ワシントン**

▷**W・E・B・デュボイス**
Ⅴ章コラム「ワシントンとデュボイス」を参照。

**参考文献**
上杉忍『アメリカ黒人の歴史——奴隷貿易からオバマ大統領まで』中公新書，2013年。
中野耕太郎『20世紀アメリカ国民秩序の形成』名古屋大学出版会，2015年。

# コラム

# フロンティアの消滅と先住民

## ターナーのフロンティア学説

　歴史家フレデリック・J・ターナー（1861～1932年）が1893年のアメリカ歴史協会年次大会で発表した論文「アメリカにおけるフロンティアの意義」はその後「フロンティア学説」と呼ばれ、20世紀のアメリカ史研究に大きな影響を与えた。ターナーは、アメリカには開拓されるべき「自由な土地」が常に存在し、西に向かって開拓が進んだことがその発展の鍵であったとする。ゆえに、フロンティア・ラインの消滅を報告した1890年の国勢調査をふまえ「アメリカ史の第一期が終わった」と分析した。ターナーはフロンティアでの経験が民主主義、自主独立の精神、平等な機会、多様な民族的背景を超えた国民統合というアメリカの社会的、政治的特性を作り出したとする。ヨーロッパに対してアメリカの特徴を強調するターナーの学説はそれほど目新しいものではないが、国家の存在の歴史的正

（カーライル寄宿学校の職業教育の風景）

出典：Richard H. Pratt, *Battlefield & Classroom : Four Decades with the American Indian, 1867-1904*, University of Oklahoma Press, 2003.

統性を提示し、世紀転換期のアメリカ人に共感を持って受け入れられた。

　フロンティア学説は多くの問題を抱えている。例えば、アメリカの発展を地理的決定論で説明する一方、その他の様々な要素（例えば奴隷制、産業化、都市化など）を分析に含めていない。また、フロンティアを著しく理想化している側面も指摘できよう。実際のフロンティアは大部分の貧しい労働者には手の届かぬ土地だったのであり、何よりもそこは先住民が複雑な社会を維持し、周囲の自然環境に適応して日々の生活を営む場所であった。

　しかし、広大な土地空間の存在がアメリカ史における重要な要素であったというターナーの主張には異論はないであろう。ターナー自身はフロンティアの消滅後の展望を提示してはいない。しかし、20世紀における対外政策はアメリカが新たな「フロンティア」を海外に見出したことを明示している。

## 「消えゆく人種」としての先住民

　フロンティアの消滅はアメリカ人にとって先住民の消滅と同義として認識された。実際、1890年の国勢調査で先住民人口は約24万人にまで落ち込んでいる。同年、サウスダコタ州で起こったウンデッドニーの虐殺は先住民の軍事的抵抗の終わりを象徴していた。以後、アメリカは先住民の軍事的排除から文化的排除の時代へと進んでいく。

　同時に過去の先住民政策に対する批判的な検証や先住民の権利擁護の動きも見られた。1881年、作家のヘ

レン・H・ジャクソンが『恥ずべき1世紀』で建国以来のアメリカの先住民政策を厳しく告発し，翌年にはフィラデルフィアで先住民の同化を促進する民間団体としてインディアン権利協会が設立された。こうした人道主義的世論を背景に，19世紀末から20世紀初頭，連邦政府は先住民の同化政策に力を入れた。

　例えば1870年代以降，連邦政府主導で次々と寄宿学校が設立された。有名なペンシルヴェニア州のカーライル寄宿学校は，元軍人であるリチャード・H・プラットを校長とし，男女別の軍隊式の生活環境の中で，先住民に一般教養の授業や農業や木工，家事などの職業訓練を行った。同校には58部族から子どもが集められたが，部族言語の使用は一切禁止され，英語が強制された。全国では保留地内に25カ所，保留地外に80カ所の寄宿学校が開校され，1899年までにのべ約2万人が在籍した。

　また1887年には一般土地割り当て法（通称ドーズ法）が制定された。同法は特定の保留地を分割して先住民個人に割り当て，一定期間の保有を条件に，その土地権と合衆国の市民権を付与とすると定め，先住民の自営農民化とアメリカ人化を半ば強制的に行うことを目的とした。のちに先住民市民権法（1924年）によってすべての先住民に市民権が付与された。

　寄宿学校は高等教育進学者や将来的なリーダーを育てるなど，一定の成果をあげたものの，厳しい体罰に加え，恒常的な資金難と不衛生な環境下での伝染病や栄養失調による在学生の死亡，部族文化やアイデンティの徹底的な否定など，在学生にとってトラウマ的経験の場となった。また，先住民の割り当て地の多くが最終的に売却や不法取引，詐欺などによって土地投機業者や牧場主，鉄道会社にわたり，その他の保留地は「余剰地」として一般に開放された。1887年に1億3800万エーカーあった先住民の土地が，1934年には5200万エーカーに激減している。

　先住民社会を崩壊させ，アメリカ社会に強制的に統

ヨセミテを視察するセオドア・ローズヴェルトとジョン・ミューア

注：フロンティアの消滅により自然は「開拓」の対象から「保護」の対象に変化した。ミューアは1890年よりヨセミテの自然保護の活動を開始する。
出典：Douglas Brinkley, *The Wilderness Warrior : Theodore Roosevelt and the Crusade for America*, Harper Perennial, 2010.

合させようとする同化政策はまさに文化的ジェノサイドである。結果として，保留地という土地基盤を失った先住民の貧困化は一層進み，保留地では精神的苦痛からおこる先住民のアルコール依存率や自殺率が増加した。20世紀以降，先住民は大国化するアメリカで最底辺層に位置付けられていくことになる。

（野口久美子）

▷1890年の国勢調査
1平方マイルにつき人口2〜6人以下の地域の外辺をフロンティア・ラインとしている。
▷ウンデッドニーの虐殺
1890年12月，先住民の集団移動を厳しく取り締まる連邦軍がラコタ族のキャンプ地に砲火を浴びせ，300名以上を無差別に殺害した。

（参考文献）
岡田泰男『フロンティアと開拓者——アメリカ西漸運動の研究』東京大学出版会，1994年。

#  帝国の拡大

▷ベンジャミン・ハリソン
第23代大統領（1889～1893
年）。共和党。

▷リリウオカラニ
ハワイ王国最後の王（1891
～1893年）。

▷アルフレッド・T・マハン
歴史家，軍事戦略家。海軍
大学校校長。

▷ジョセフ・ピューリッツ
ァー
『ニューヨークワールド』
の経営者。ピューリッツァ
ー賞に名を残す。

▷ウィリアム・ランドル
フ・ハースト
『サンフランシスコ・クロ
ニクル』や『ニューヨー
ク・ジャーナル』の経営者。

▷ウィリアム・マッキンリー
第25代大統領（1897～1901
年）。共和党。

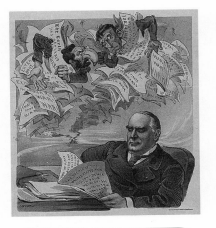

「戦争を煽るイエロージャーナリズムと
マッキンリー」（1898年）

出典：アメリカ議会図書館（Library of Congress）。

## 1 太平洋への進出

　19世紀後半におけるアメリカの海外進出の先駆けは宣教師や商人であった。ハワイ王国では，1835年にアメリカ人によって最初のサトウキビプランテーションが開かれた。ゴールドラッシュ，南北戦争によって大きな利益をあげた白人経営者たちは，1875年の米布互恵条約によって対米輸出が無関税となったことで，さらに伸長した。一方，アメリカの工業製品の流入は単一の農作物を生産するモノカルチャー化を進めた。1893年，白人経営者たちがクーデターを起こすと，**ハリソン**大統領は自国民保護を名目に海軍を派遣し，**リリウオカラニ**国王を幽閉した。クーデターの最終目的はアメリカによる併合であったが，すぐにはアメリカ議会が認めなかったため，首謀者たちは国王を退位させてハワイ共和国を樹立し，機を窺った。

　ハワイへの海軍派遣は，海軍の新たな時代を象徴していた。南北戦争後，海軍予算は削減され続け，装備も時代後れとなっていたが，1880年代初頭に海軍の近代化計画が策定されると，急速な工業発展を背景に，1900年には英独に続く第3位へと成長した。海軍増強・植民地の獲得こそが強国への道であると説いた**マハン**『海上権力史論』（1890年）は，その理論的支柱であり，アメリカの国内外に大きな影響を与えた。

## 2 米西戦争とハワイ併合

　海軍の増強を後ろ盾に，アメリカはカリブ海からのスペイン排除へ乗り出した。1860年代までにキューバとプエルトリコを除く中南米のスペイン植民地は独立を果たしていた。1895年，キューバで独立運動が再燃するとスペインはこれを激しく弾圧した。アメリカでは，新聞王**ピューリッツァー**，**ハースト**による部数争いを筆頭に，イエロー・ジャーナリズムと呼ばれる，真偽は二の次とした扇情的な報道が繰り広げられ，開戦を煽った。**マッキンリー**政権内では，マハンに強く影響された**セオドア・ローズヴェルト**海軍次官補が対西戦争を主張した。

　米西戦争の直接のきっかけは，1898年2月，キューバ・ハバナ湾における米戦艦メイン号爆発である。現在では事故と考えられてい

るが，当時はスペインによる攻撃と報じられた。開戦地は遠く離れたフィリピンであり，香港を出航した米艦隊は短期間でフィリピンを占領した。キューバでの戦闘も短期で決着し，4カ月で停戦した。米軍の戦死者は400名未満にとどまり，**ヘイ国務長官**は「素晴らしき小さな戦争」と呼んだ。より大きな犠牲を生んだのは疫病であり，キューバでは2000名が黄熱病で死亡した。

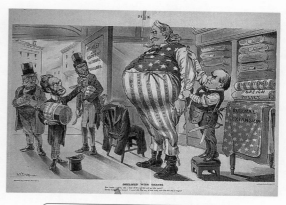

「肥大化したアメリカ帝国と痩せ薬」（1900年）
注：肥大化したアンクルサムに，反帝国主義者が痩せ薬を勧める。採寸しているテーラーは，マッキンリー大統領。
出典：アメリカ議会図書館（Library of Congress）。

## ③　海外領土と帝国主義論争

　植民地独立支援を大義名分に始まった戦争は，アメリカによる領土拡大戦争へと変容した。開戦まもなく議会は，太平洋における貿易・軍事拠点の獲得，他国による併合を防ぐことを目的に挙げ，ハワイを準州として併合した。スペインとのパリ講和条約では，停戦条件であったキューバ独立，プエルトリコとグアムの割譲に加えて，フィリピンの割譲まで要求した。こうしてアメリカは，北米の大陸国家から，太平洋からカリブ海に版図を広げる海洋帝国となった。

　国内でもっとも論議を呼んだのはフィリピン併合である。併合反対派も推進派も多数の「非白人」住民が存在する地域を「州」とすることは想定していなかった。植民地領有への反対は道義的な理由だけでなく，植民地の安価な農産物との競争，「非白人」住民の存在や，本土への移住のおそれなど，様々であった。他方，マッキンリーは，フィリピン人は自治能力を欠き，その「教化・文明化・キリスト教化」は使命であるとして領有を正当化した。旧スペイン領は，憲法も部分的にしか適用されない「未編入領域」という地位に置かれた。アメリカの参戦を当初歓迎したフィリピン独立派にとって併合は裏切りであった。**アギナルド**率いる独立派との戦争は1902年まで続き，フィリピン側の死者は軍人・民間人合わせて20万人と推計される。

## ④　中国と門戸開放

　フィリピンを足がかりにアメリカは中国市場への進出をはかったが，日清戦争後にはすでに中国は列強の草刈り場となっていた。そこで1899年に中国市場の開放を提案する第1次**門戸開放**，義和団の乱後の1900年に，中国の領土保全を提唱した第2次門戸開放を列強に向けて通牒し，アメリカの商機拡大を図った。以後，中国では門戸開放がアメリカ外交の基本路線となったものの，日本やロシアはこれを認めておらず，のちに満州をめぐって日米は対立を深めていく。

（小田悠生）

▷**セオドア・ローズヴェルト**
第26代大統領（1901～1909年）。共和党。
▷**ジョン・ヘイ**
マッキンリー，ローズヴェルト政権の国務長官（1898～1905年）。

▷**エミリオ・アギナルド**
独立運動のリーダー。フィリピン第一共和国初代大統領（1899～1901年）。
▷**門戸開放**
ヘイ国務長官が日英独仏伊露の6カ国に対して通達した覚え書きである。中国市場の開放や中国の領土保全，諸外国の機会均等を謳い，実質的な目的は後発国アメリカによる中国市場参入機会の確保であった。

(**参考文献**)
林義勝『スペイン・アメリカ・キューバ・フィリピン戦争——マッキンリーと帝国への道』彩流社，2020年。
中野聡『歴史経験としてのアメリカ——米比関係史の群像』岩波書店，2007年。

# 科学と文明

## アメリカ的文明論と科学

　アメリカは建国当初より，ベンジャミン・フランクリンのような発明家を輩出し，技術的進歩に支えられて領土の拡大や産業の発展など歴史を築いてきた。そうした技術は，鉄道や通信網の発達から農業技術，さらに自動車や電気，電化製品など人々の日常生活に関わるものまで様々な産業・分野に及び，経済発展と相まって大国としてのアメリカが誕生する礎となった。

　18世紀末から19世紀にかけて，アメリカの農業技術は飛躍的に発展し，特に南部の経済発展に貢献した。例えば，1793年にイーライ・ホイットニーが発明した綿繰り機や，1830年代にサイラス・H・マコーミックが考案した小麦の刈取機は農業の効率化を推進した。

　同じ頃，通信技術にも革命的変化がもたらされた。1832年にサミュエル・F・B・モールスが電信を，1876年にアレグザンダー・グラハム・ベルが電話を発明し，遠距離通信が飛躍的に迅速化された。モールスの発明は1840年代に実用化され，ウェスタン・ユニオン社など電信会社が全国的な通信網を整備した。電話は20世紀転換期までに急速に実用化され，1900年には150万台に達した。また，トマス・A・エジソンは，白熱電球・蓄音機をはじめ多数の電気器具を発明し，後にエジソン・エレクトリック社（後のジェネラル・エレクトリック社）を設立した。

　通信技術と並ぶこの時期の技術革命が交通手段の飛躍的発展である。1869年，**ユニオン・パシフィック鉄道とセントラル・パシフィック鉄道**がアメリカで初となる大陸横断鉄道を開通させ，その後相次いで鉄道網が整備された。さらに1903年には，ウィルバー・ライトとオーヴィル・ライト兄弟が，世界初の有人動力飛行に成功した。こうした通信および交通の技術発展は，人とモノの長距離輸送がより一層容易・迅速にしただけでなく，人々の地理的・時間的概念をも大きく変える発明であった。

　技術発展や，それに基づく経済・産業の発展は，国力およびアメリカの文明の象徴とされ，当時開催された万国博覧会は，新しい発明と大国としてのアメリカの存在を国内外に向けて発信する格好の機会となった。特に，独立100年記念としてフィラデルフィアで開催された万国博や，1893年にシカゴで開かれた，コロンブスのアメリカ「発見」400年記念の万国博では，巨大な蒸気機関車や発電機がアメリカの未来の発展を指し示すものとして展示された。

　こうした技術は，広大で厳しい自然を征服しうる手段としても語られ，アメリカ文明が自然と真っ向から対決する中で発展してきたという神話を生み出しもした。このように自然を淘汰する技術を文明の発展とする見方は，アメリカの領土拡大，特に「**マニフェスト・デスティニー（明白な天命）**」と呼ばれた西部開拓を正当化するレトリックとしても用いられた。

## 科学技術と社会

　科学技術の発展や文明論は，産業や経済発展だけでなく，社会思想とも大きく関わっていた。南北戦争後のアメリカでは，イギリスの哲学者ハーバート・スペ

ンサーが提唱した社会進化論（社会ダーウィニズム）と呼ばれる思想が流行した。これは，イギリスの生物学者チャールズ・ダーウィンが1859年に発表した『種の起源』の中で提起した，生存競争と自然淘汰によって動植物の進化を説明する理論を基にしたもので，社会も競争と淘汰によって進化し，文明の進歩をもたらすという考え方である。スペンサーの理論は，競争を正当化する理論として，特にビジネス界で生存競争を生き残った実業家たちにとっては歓迎すべき思想であった。例えば「鉄鋼王」と呼ばれたアンドリュー・カーネギーはスペンサーに傾倒し，自然淘汰や適者生存という社会進化論に依拠した文章を発表した。

　社会進化論は，学問の世界でも受け入れられ，中でも影響力があったのは，イェール大学の社会科学者ウィリアム・グラハム・サムナーである。サムナーは，自由競争は経済生活の基本法則で，巨大な富の蓄積は経済発展の過程で必然的に生じることであり，それを制限すべきでないと論じた。ただサムナーは，実業界で成功した大実業家らを必ずしも支持していたわけではなく，特に政府が富裕層を優遇することに反対していた。一方で，政府に頼ることなく真面目に働き社会の中で義務を果たす中産階級に共感を示すとともに，彼らを「忘れられた人々」と呼んで社会から虐げられている存在だと論じた。

　19世紀後半から20世紀にかけては，自由競争と自由放任を正当化する議論が支配的だったが，それに異議を唱え変革を主張する人々も出てきた。著述家ヘンリー・ジョージは，1860年代以降，産業の発展や文明の進歩にもかかわらず貧困が存在しているのはなぜかという問題に取り組み，1879年に『進歩と貧困』を発表した。また，社会学者レスター・ウォードは，人為による社会変革を否定する社会進化論に挑戦し『動物社会学』（1883年）において，動植物とは異なり知性によって文明を形成してきた人間は，政府による集団的知性によって社会を進歩させうると論じた。

　このように新しい発明や技術革新，科学の発展は，ビジネス活動の能率化や生活向上に貢献したと同時に，社会問題を生み出した。また，科学が支配や搾取を正当化する手段として用いられもした。この時期，未曾有の経済発展と技術開発が進む中，近代科学と社会の変化にどのように応えるかを巡り，反発と受容が繰り返されてきたのである。

（久野　愛）

▷**ユニオン・パシフィック鉄道とセントラル・パシフィック鉄道**
いずれもアメリカの鉄道会社で，1850年代までに東部ではすでに鉄道網が整備されていたが，1869年の大陸横断鉄道の完成で東海岸と西海岸が結ばれた。
▷**マニフェスト・デスティニー**
Ⅲ章1節を参照。

（参考文献）
山口一臣『アメリカ電気通信産業発展史——ベル・システムの形成と解体過程』同文舘出版，1994年。
ブルース・カミングス，渡辺将人訳『アメリカ西漸史——"明白なる運命"とその未来』東洋書林，2013年。

シカゴ万国博覧会（1893年）

出典：Wikimedia Commons.

## コラム

# ヴィクトリア的ジェンダー観の変容

### 新たなジェンダー規範の誕生

　ヴィクトリア時代とは，イギリスで1837年から1901年まで王位についたヴィクトリア女王に因み，19世紀の社会や文化を指す言葉としても用いられる。アメリカでもイギリス文化の影響が濃厚でこの呼び名が使われることが多い。ヴィクトリア時代の終わりから20世紀初頭は，産業化や工業化で人々の生活や価値観が大きく変化し，それは男女間の関係や男性らしさ・女性らしさなどジェンダー規範にも見られた。

　19世紀初め，産業革命や市場経済の発展の中で，特に都市の中産階級では，男性は家から離れた職場に働きに出かけ賃金を稼ぐようになり，一方，家庭に残された女性は，子供の教育や家庭内の仕事をとり仕切ることが使命とされた。「公的な領域（家庭の外）」と「私的な領域（家庭の中）」という２つの「領域」が区別されるようになり，理想的な女性像および男性像が構築されていった。女性は家庭の中を守ることが役目とされ，歴史家バーバラ・ウェルターは1966年の論文で，敬虔・純潔・従順・家庭性を備えていることが理想的なヴィクトリア的女性と考えられていたと論じた。

　女子教育はこうした理想的女性を養成するために行われた。1830年代以降，次第に**女子大**も設立されたが，「ホーム・エコノミクス（家庭科）」と呼ばれる家事や家庭内の仕事に関係した科目などが中心で女性が学べる学問は限られていた。

　一方，男性は，それまで経済的な独立（特に土地の所有）が男性的素質であるとされていた。だが，工業化や都市化により企業や工場で働くようになったことで，そうした独立した男性像が次第に弱まっていった。代わって，家庭の外で厳しい競争に打ち勝つことが期待される男性は，財産・社会的地位・権力が男性性の象徴とされるようになった。

### 流動する「領域」とジェンダー

　だが実際には，公・私の２つの領域が完全に分断されていたわけではない。また理想的な女性像・男性像を全ての女性・男性が実践していた・できたわけでもない。特に19世紀末から20世紀初頭にかけて，市場経済の発達により家庭内には「外」で生産された商品が数多く入り込むようになった。また，教会や道徳改善団体を通じて女性も「公的な」領域で活躍するようになった。女性参政権運動が高まりを見せるとともに，多くの女性が**女性キリスト教禁酒同盟**（WCTU），キリスト教女子青年会（YWCA），セツルメント・ハウス運動，全国女性クラブ総連合などの団体に参加するようになったのである。

　ヴィクトリア的価値観や社会制度に異を唱え運動を起こした女性たちもいた。思想家・評論家・詩人として知られたシャーロット・パーキンズ・ギルマンは，『女性と経済』（1898年）等の著作で，男女分業など伝統的な家庭・男女観を変える必要性を訴えた。また，産児制限運動を始めたマーガレット・サンガーは，女性が出産を自らの意思で制御し，肉体的に解放されなければ，女性の真の解放は達成されないと主張した。

　さらに，1883年に創刊された女性誌で「アメリカ家

庭の月刊バイブル」と呼ばれて人気を博した『レディース・ホーム・ジャーナル』や同時期創刊の『グッド・ハウスキーピング』は、料理など家事に関するアドバイスを提供し伝統的女性像や役割を提示する一方で、19世紀末以降の女性や家庭を巡る社会変化を伝える役割も果たすようになった。

　新しい価値観を持つ女性たちは「新しい女性（New Woman）」と呼ばれた。知的で、精神的またときに経済的にも自立しており、結婚しても夫に服従することなく家事・育児をとり仕切る女性たちであった。イラストレーターのチャールズ・ダナ・ギブソンが、1890年代から約15年にわたり雑誌等の挿絵として描いた女性のイラストは「ギブソン・ガール」と呼ばれ、新しい女性像を視覚化したものとして人気を集め、髪型や服装を真似る女性が数多くいた。ただギブソン・ガールは、自由で活発な女性像である一方、コルセットでウェストをくびれさせた「女性らしい」体型の服装を身につけているなど依然としてヴィクトリア時代の女性を彷彿とさせるようなイメージを持ち合わせていた。さらに、ギブソンが描いた女性が白人女性だったように、「新しい女性」は白人中産階級の女性を暗に示唆するものであった。移民や黒人の女性たちにとって、

家庭外の賃金労働は自立のためではなく、家庭を支えるためのやむを得ないものだったのである。

　新しい女性が誕生したように、男性性にも変化が見られた。富や権力を持った男性像に代わり、積極性や身体的強靭さ・性的魅力が理想的な男性像と結びつけられるようになった。これに伴い、1870年代頃まで理想的な男性性を表す言葉として「マンリネス（manliness）」が一般的に使われていたが、これはヴィクトリア的男性を指す言葉として捉えられた。代わって「マスキュリニティ（masculinity）」が男性性の表象として用いられるようになった。

　20世紀転換期の都市化や産業化は、人々の生活様式を大きく変え、仕事や結婚など文化規範や価値観も大きく変化した。1890年には、14歳以上の女性就労人口が370万人、そのうち既婚女性は50万人程度だったのに対し、1930年には女性就労人口は1060万人、うち既婚女性は310万人を占めるまでになった。結婚生活についても避妊が広がり出生率が低下した一方、離婚が1929年には年間20万件を超え、ジェンダーや家庭に対する考え方が大きく変化した。

（久野　愛）

▷女子大
アメリカ最初の女子大は、1836年に設立されたウェズリアン・カレッジで、その後19世紀半ばから末にかけて女子大の数は増えていった。なお、ウェズリアン・カレッジはジョージア州メイコンにある大学で、コネチカット州にあるウェズリアン大学とは別である。

▷女性キリスト教禁酒同盟
Ⅳ章1節を参照。

（参考文献）

有賀夏紀・小檜山ルイ編『アメリカ・ジェンダー史研究入門』青木書店、2010年。

Gail Bederman, *Manliness and Civilization : A Cultural History of Gender and Race in the United States, 1880-1917*, University of Chicago Press, 1995.

チャールズ・ダナ・ギブソンによる「ギブソン・ガール」の一例

出典：Martha H. Patterson, *Beyond the Gibson Girl : Reimagining the American New Woman, 1895-1915*, University of Illinois Press, 2005.

社会改革の時代

 工業国アメリカと都市の移民たち

　世紀転換期のアメリカ社会は，工業化と資本の集中，都市の急速な拡大，アメリカ史上最大規模の移民到来と，大きく変動した。19世紀末までに，鉄鋼業をはじめとする様々な重工業分野において，アメリカは世界一の座に躍進し，工業大国となった。その過程で登場したのが**トラスト**と総称された巨大企業グループである。その代表格であるロックフェラー財閥のスタンダード石油は，実に全米の原油生産量の9割を占めた。1901年にモルガン財閥とカーネギー財閥が設立したUSスチールは国内粗鋼生産量の6割を握った。こうした全国規模の巨大企業にくわえて，各地域内でも大企業による中小企業の駆逐が進んだ。

　工業化とともに拡大したのが，その拠点である都市であった。1890年からの30年間で国民総人口は6300万人から1億600万人へと急増し，1920年にはじめて**都市人口**が農村人口を逆転した。同年，人口50万人以上の都市は12都市，人口10万人以上の都市は68都市を数えた。

　都市の人口増加の源は，農村からの流入と建国以来最大規模の移民であった。南欧や東欧の出身者を中心に，1890年から第1次世界大戦勃発までに渡米した移民は1700万人にのぼり，その5分の4は北部の都市に機会を求めた。たとえば1910年当時のニューヨークでは，住民の41％は外国生まれであり，アメリカ生まれのこどもも含めれば75％を占めたように，都市はまさに移民の空間であった。移民たちは低賃金で働く非熟練労働者として工業化と経済成長を支えたのである。

② 社会問題の噴出

　工業大国への道を歩む一方で，企業活動への法的規制がほとんどないままに，自由市場にまかせた発展の病理が露わになった。強大な企業に対して，労働者の権利はあまりに脆弱であった。たとえば1900年には10〜15歳の児童の6人に1人にあたる170万人が賃金労働に従事していた。しかし児童労働を規制する州は一部であり，連邦法は存在しなかった。1900年時点では最低賃金を定めた州法も皆無であった。労働条件は交渉によって定めるほかなかったが，非熟練移民労働者の組織化は進んでおらず非力であった。

　都市には急速な人口増加と工業発展の弊害が集中して現れた。たとえばニュ

▷**トラスト**
Ⅳ章2節を参照。

▷**都市人口**
1920年度国勢調査は，人口2500人以上の自治体を「都市」と定義した。1920年当時，100万人以上の人口を擁した都市はニューヨーク（人口560万人），シカゴ（人口270万人）とフィラデルフィア（180万人）であった。いずれも北部工業地帯に位置し，五大湖からアパラチア山脈にかけての工業地帯はファクトリーベルトと呼ばれた。

ーヨークの人口は1890年から1920年までに150万人から560万人へ
と激増しており，このような爆発的な人口増加に，上下水道といっ
ったインフラ整備や，秩序ある都市空間を形成するための法律整
備は追いつかなかった。衛生環境は劣悪であり，移民街にはテネ
メントとよばれた狭小集合住宅がひしめいた。工場から垂れ流さ
れる排水，排煙，産業廃棄物による公害も深刻であった。

　都市の政治家にとって，移民の増加は権力の源であり，その権
力は同時に汚職の温床であった。白人男子普通選挙が実現してお
り，帰化も容易であったアメリカでは，貧しくとも移民は──潜
在的な──有権者であった。政党は職の斡旋をはじめ，様々な便
宜を図って票を固め，**マシーン**と呼ばれた強固な政党組織を築い
た。さらに政党組織と本来は独立しているべき行政組織にも情実
人事がはびこり，都市開発にともなう事業には収賄が横行した。この時代の移
民の大半が非プロテスタントであり英語も解さなかったこともあいまって，政
治腐敗は「移民問題」と結びつけられていく。

「炭鉱で働く少年たち」（1905年）
注：石炭から不純物を素手でとりのぞく作業に
は少年がつかわれ，ブレーカーボーイと呼
ばれた。
出典：ニューヨーク公共図書館（New York Public
Library）。

## 3　革新主義運動

　こうした社会変化と噴出する社会問題への呼応として，世紀転換期に巻き起
こった運動は「革新主義（プログレッシヴィズム）」と総称される。その主な担
い手は，大学教育を受けた，都市部の中産階級（ミドルクラス）の若き改革者たちであった。
「古き良きアメリカ」への懐古主義とは異なり，革新主義運動の根底にあった
のは，プログレス（進歩）への信仰であり，社会の前進を妨げると考えた諸要
因をとりのぞこうとしたのである。その具体的目標は，市政改革，トラストの
打破，児童労働の撲滅，義務教育の普及，労働基準法の制定，女性参政権の実
現，公衆衛生の推進，禁酒運動，売買春の撲滅運動など多岐にわたる。それで
もなお，革新主義運動には共通点が見出せる。

　第1は，問題の原因を個人に帰した19世紀的価値観から離れ，問題の本質は
社会システムにあると捉えた点にある。すなわち重点は，個人の矯正ではなく，
社会を改革することにあった。第2が，専門知と専門家を尊び，社会科学的調
査などにもとづく，科学的かつ効率的手法によって社会問題は解決できると考
えた点である。第3は，政府の役割を重視したことである。そして政府は改革
の主体であり，改革されるべき対象であった。市や州に始まった改革運動は，
やがて連邦政治に場を移し，連邦政府の登場を求めるようになる。それは，ト
ラストに代表されるように，この時期に現れたのは都市や州といった枠を超え
た規模の問題であったからに他ならない。

（小田悠生）

▶マシーン
都市の移民票を基盤とした
政党組織は「マシーン」と
呼ばれ，それを支配したの
が「ボス政治家」である。

参考文献
中野耕太郎『20世紀アメリ
カの夢』岩波書店，2019年。
松原宏之『虫喰う近代──
1910年代社会衛生運動とア
メリカの政治文化』ナカニ
シヤ出版，2013年。

# 2 セツルメント

## 1 セツルメントの誕生

　セツルメント運動はsettle（住み込む）に由来し，中産階級[ミドルクラス]の改革者が都市の貧困地区のなかに構えた施設（セツルメントハウス）で暮らしながら，その生活改善と社会改革をはかった運動である。最盛期の1920年代には全米500カ所を数えた。セツルメント誕生の地は1880年代のロンドンであり，工業化と都市化にともなう貧困問題は，アメリカに限った現象ではない。アメリカにおけるセツルメント運動の特徴は，その主な対象が1880年代末以降に急増した南欧や東欧からの移民（**新移民**）であった点である。

　19世紀末の都市において，移民労働者層とミドルクラスの生活圏が交わることはすでに稀であった。ニューヨークの移民社会の貧しい暮らしぶりに人々の関心を向けさせようとした，フォトジャーナリストの先駆けである**ジェイコブ・リース**が，その著書を『向こう半分の人々の暮らし（*How the Other Half Lives*）』（1890年）と名づけたことは象徴的である。20世紀に入ると交通機関の発展によって都市空間内の分断と，都市と郊外の分化がさらに進んだ。郊外の住まいからオフィス街，ショッピング街へとやってくるミドルクラスにとって移民居住地区は異空間であった。移民地区に暮らしながらの支援活動を重視したセツルメント運動は，交わることのない2つの世界の接合点としてセツルメントを位置づけるものであった。

▷**新移民**
Ⅳ章3節を参照。

▷**ジェイコブ・リース**
1849〜1914年。社会改革運動家。フォトジャーナリズムの先駆者。

## 2 アメリカ化という問題

　セツルメントの活動は多岐にわたるが，その主たる目的は，生活習慣が大きく異なる移民をアメリカの生活に適応させることであった。つまり生活の改善と，生活様式をアメリカ化することは一体として考えられていた。当時の移民の大多数は東欧や南欧の出身であり，その半数は英語を解しなかったことから，英語教室は必須のプログラムであった。職業訓練教室も設けられ，ほかに体育室，図書室，音楽室，幼稚園，キッチン，ビリヤード室など，様々な教室やクラブ活動が行われた。そこには，ミドルク

ハルハウスの合唱クラス（1905年）

出典：ニューヨーク公共図書館（New York Public Library）。

ラスの生活様式と価値観を押しつける側面があったことも否めない。例えば，料理教室は，健康的であると同時に「アメリカ的」な料理と生活様式を身につけさせようとするものだったし，スポーツ活動は単なる娯楽ではなく，賭博や飲酒といった「退廃的行為」から男性労働者を遠ざけ，健全な余暇を習慣づける効果が期待された。

　セツルメントワーカーと移民たちの関係のなかで，とりわけ緊張をはらんだのは宗教である。1890年代以降の移民の大多数はカトリック，ユダヤ教徒，ギリシア正教徒など非プロテスタントであり，プロテスタントのセツルメントワーカーが接触することや，セツルメントにおけるプログラムは改宗活動としてしばしば猜疑心を招いた。1889年にアメリカ最初のセツルメントであるハルハウスをシカゴに開いた**ジェーン・アダムズ**はこの問題に自覚的であり，宗教的プログラムを行わない世俗的セツルメントとしてハルハウスを運営した。その一方で，そもそもの運営母体がプロテスタント教会であるセツルメントも多く，宗教と不可分の関係にあった。そこで，全米ユダヤ人女性会議のように，ユダヤ系移民のためのセツルメントを各地に広げることを重視した団体もある。

### ③ セツルメントの女性と改革運動

　セツルメント運動の中心となったのは，アメリカ生まれの，大学やそれに相当する高等教育機関を卒業したミドルクラスの女性たちであった。専門知を重視する革新主義期において，セツルメントは，女性が専門性を発揮し磨くことのできる場であった。20世紀初頭には女性の大学進学率も高まり，大学生のおよそ3分の1を占めたが，卒業後のキャリアは限られていた。ミドルクラスの家庭では，女性が家庭外で働くことをよしとしない価値観，あるいは未婚のうちに限るという価値観もいまだ強固であった。最も一般的であった専門職は初等・中等教育機関の教員や医療職である。そのなかで，セツルメントは新たな活躍の場であり，ソーシャルワークという専門分野の発展にも大きな役割を果たした。シカゴの移民コミュニティにおける社会調査を通じて，ハルハウスと密接な関係にあった**シカゴ大学**は，ソーシャルワークに特化した大学院を設置した最初の研究大学である。

　革新主義運動の一翼をなしたセツルメント運動が，1人1人の移民に対する日常的な支援活動の先に目指したのは社会改革であった。例えば，学校に通うことなく，過酷な環境で働くこどもたちを目の当たりにしていたセツルメントの改革者たちは，児童労働を禁止する連邦法の制定や，各州における義務教育の普及運動を熱心に推進した。また，住環境や都市環境の改善を求めて，市政改革運動にも積極的であった。セツルメント運動は，政治と政府の関与する領域を広げる役割も果たしたのである。

（小田悠生）

▷**ジェーン・アダムズ**
1860〜1935年。セツルメント運動，ソーシャルワークの先駆者。平和運動への功績により，1931年にノーベル平和賞受賞。

▷**シカゴ大学**
1890年，ジョン・D・ロックフェラーにより創立。シカゴ大学ソーシャルサービス行政学大学院は1920年に設立された。ソーシャルワークの実践は，社会科学を基盤としなければならないと提唱した。

**参考文献**
松本悠子『創られるアメリカ国民と「他者」──「アメリカ化」時代のシティズンシップ』東京大学出版会，2007年。

# ワシントンとデュボイス

## 対立する黒人指導者？

　20世紀転換期は多数の黒人指導者が活躍し新たな社会運動が萌芽した時代でもあった。その双璧をなすのがブッカー・T・ワシントン（1859～1915年）とW・E・B・デュボイス（1868～1963年）である。同時代の人種問題に対する彼らの立場は「穏健派」対「急進派」と対立的に捉えられてきたが，近年では，黒人の社会正義を求める運動において多様なアプローチや戦略が共存していたことを示す例とみなされている。

　まずは２人の経歴を振り返ってみよう。奴隷制下の南部ヴァージニア州で生まれたワシントンは，６歳で自由身分となり，解放民教育で知られる同州のハンプトン師範農業学院とワシントンDCの神学校に通った。1881年，25歳でアラバマ州に創設された黒人実業学校タスキーギ師範産業学院の初代校長に抜擢されると，死去する1915年まで30年以上にわたって校長を務めた。1900年には全国黒人実業連盟を創設するなど，一貫して黒人の職業教育と経済的機会の平等獲得を重視した。

　他方，マサチューセッツ州の自由黒人の家系に生まれたデュボイスは，テネシー州の黒人大学フィスク大学で学んだ後，ハーバード大学に編入，同大学院に進学し，ドイツ留学を経て，1895年に黒人として初めて博士号を取得した。その後，ジョージア州の黒人大学アトランタ大学で教授として教鞭をとり，1910年に全国黒人向上協会（NAACP）創設への参画を機に同大学を退職すると，同協会の機関誌『クライシス』の発刊と編集に四半世紀近く携わった。

　ワシントンを一躍有名にしたのは1895年のアトランタ綿花国際博覧会での演説である。彼は両人種の聴衆の前で，黒人には南部にとどまり勤労と自助努力によって経済的向上を目指すことを説き，南部白人には忠実で勤勉な黒人を信頼するよう訴えた。さらに，黒人が政治的権利や社会的平等を志向していないことを強調しながら，南部における人種間の協調を説いた。演説は南北の白人有力者から絶賛された。

　デュボイスは，1903年に出版した著書『黒人のたましい』の中で，この演説を「アトランタの妥協」と呼び，ワシントンの主張する職業教育の優先や人種融和路線が黒人を２級市民の身分に縛り，黒人が高等教育を受け社会的平等を獲得する上で大きな障害になっていると断罪した。デュボイスは，高等教育によって育成された「才能ある10分の１」の黒人が指導者となり，残りの黒人大衆を導くことを重視したのである。

## 人種問題への多様で複雑な取り組み

　1901年に出版した自伝の題名通り，「奴隷より身を起こして」校長の地位に登りつめ，南部で人種の融和を説き黒人の地道な職業教育に尽力したワシントン。自らが提唱した「才能ある10分の１」を体現するエリート知識人として，黒人の完全な権利回復を強く訴えたデュボイス。前者は人種隔離を容認する立場が，後者は黒人大衆の実態への理解の欠如が，それぞれ批判されてきた。ここでは２人の置かれていた立場の歴史的文脈を再考するとともに，これまで注目されてこなかった側面にも光を当ててみたい。

デュボイスらに「妥協」と厳しく批判されたワシントンの人種融和路線については，彼が生涯，南部でリンチが最も多発した州の１つであるアラバマ州という，白人至上主義社会の渦中で黒人教育に従事していたことを考慮する必要がある。職業教育は，黒人がそのような社会で生き抜くための最善の方策である，とワシントンは考えていたのであり，それはきわめて現実的かつ有効な戦略だった。彼はアンドリュー・カーネギーのような大富豪から多額の寄付を取りつけ，潤沢な資金によって学校運営を行った。

しかし，ワシントンが人種隔離に異を唱える多数の裁判を秘密裏に資金援助し，その中にデュボイスの裁判（1900年，人種的な理由で寝台車の利用を拒否されたことに対して，彼は鉄道会社を訴えた）も含まれていたことは，あまり知られていない。また，ハーバード大学院を修了したデュボイスに，ワシントンのタスキーギ学院からも教職のオファーがあったという事実は，同学院が職業教育だけを重視していたわけではなく，デュボイスが主張したアカデミックな教育も提供していたことを示している。

デュボイスの「才能のある10分の１」についても，この思想に先立つ1899年，彼がフィラデルフィア黒人居住区の下層階級に関する社会学の研究書を出版したことに留意したい。このなかで彼は，彼らを「極貧の10分の１」と形容し，北部黒人の貧困や犯罪の問題が奴隷制の負の遺産すなわち制度的人種主義に起因することを鋭く指摘した。「才能のある10分の１」は，「極貧の10分の１」の人々の実態を踏まえた上で編み出された思想だった。

反ワシントンの先鋒者のように語られてきたデュボイスだが，ワシントンの演説を当初は高く評価しており，後年には自身の批判を後悔していた。彼は1900年のパリ万博でアメリカ黒人の進歩を示す展示に関わったが，ワシントンはマッキンリー大統領に働きかけ，この展示への資金援助を引き出した。彼らはそれぞれ

の立場で，人種問題に向き合っていたのである。こうした多様で複雑なアプローチが共存していたことは，この時代の人種問題がいかに困難な課題であったかを物語っている。

## 善良な黒人市民像の追求

当時最も深刻な社会問題であったリンチに対する２人の反応からは，より明確な共通点が見られる。ワシントンは機会あるごとに，リンチの要因とされる人種混交を「犯罪的階級」の黒人男性に帰し，勤勉で法と秩序を重んじる「良き階級」の黒人男性を切り離すことで反駁を試みた。デュボイスも，高等教育を受けた黒人が犯罪者とみなされるような状況を『黒人のたましい』の中で何度も問題視した。NAACP による1917年ニューヨークのリンチ抗議デモでは，正装した約１万人の黒人老若男女を率いて，牧師や実業家などの男性指導者らと行進を先導した。

ワシントンとデュボイスによる善良な黒人市民像の強調は，20世紀転換期の黒人の社会運動における中心的な抵抗戦略だった。この戦略は公民権運動を経て，現代の反リンチ運動とも言えるブラック・ライヴズ・マター（Black Lives Matter, BLM）運動でも一部で見られたが，黒人の犯罪者化やそれに基づく不当逮捕，人種暴力といった人種問題は未解決のままである。BLM の大半の活動家がこうした戦略とは袂を分かち，「すべての黒人のための運動」を志向するのは，２人をはじめとする先達の取り組みを教訓に，新たな運動を紡ぎ出していることに他ならない。

(坂下史子)

参考文献

兼子歩「ブッカー・T・ワシントンのリンチ批判──20世紀転換期アメリカ南部における人種・ジェンダー・階級」『西洋史論集』第12号，2009年。
千葉則夫『W. E. B. デュボイス──人種平等獲得のための闘い』近代文芸社，2003年。

#  革新主義時代の連邦政治

## ① ローズヴェルトの登場と規制国家の拡大

▷反トラスト法
Ⅳ章2節を参照。

▷ジョン・ピアモント・モ
ルガン
モルガン財閥の創始者であ
り，アメリカ最大の銀行家。
鉄道，鉄鋼をはじめさまざ
まな業界の再編・統合の中
心人物であった。

▷大統領令
大統領令の頻用はローズヴ
ェルト以降に特徴的である。
ハリソン，クリーヴランド，
マッキンリーによる大統領
令は計270件未満であった
のに対して，ローズヴェル
トは約1000件，タフトは約
700件，ウィルソンは約
1800件を発令した。これを
議会は立法府の権限を侵す
ものと批判した。

▷ウィリアム・ハワード・
タフト
フィリピン総督（1901〜
1903年）。第27代大統領
（1909〜1913年）。最高裁判
所長官（1921〜1930年）。

▷ウッドロー・ウィルソン
長老派の牧師の家庭に生ま
れる。政治学者。プリンス
トン大学学長を経て，ニュ
ージャージー州知事（1911
〜1913年）。第28代大統領
（1913〜1921年）。

▷関税引き下げ
関税引き下げによる減収分

　1901年，マッキンリー暗殺にともなうセオドア・ローズヴェルトの大統領就任は革新主義政治の全国化を象徴した。20代にしてニューヨーク州議として企業腐敗の問題へ取り組み，大統領就任時は史上最年少の42歳，若き改革者像を体現する人物であった。20世紀に入り連邦政府の関与する領域が拡大するなか，内政と外交の表舞台に立つ現代的大統領の先駆けでもあった。

　最大の課題はトラストと独占問題であった。1890年に制定された**反トラスト法**は，1895年の最高裁判決において連邦政府が敗訴したことによって，実効性を失ったと考えられていた。しかし，ローズヴェルト政権は約40件の訴訟を起こし，反トラスト法を復活させた。ただし，ローズヴェルトはトラストの撲滅を望んだわけではない。資本の集中は国家の成長にとって必要であり，「良い」トラストは政府が規制下におき，「悪い」トラストは解体するという考えであった。こうした姿勢は，1903年に**モルガン**による鉄道トラストの形成を阻止した一方で，1907年恐慌の際にはモルガンの協力をあおぐため，アメリカ最大の企業 US スチールによる企業買収を認めたことに現れている。

　企業活動への規制を強める一環として，狩猟を愛したローズヴェルトがとくに力を入れたのは自然保護運動である。野放図の開発から西部の自然を守り政府の管理下に置くため，**大統領令**によって国有林を拡大し，国立公園局の礎を築いた。工業化による都市の拡大と都市問題に発する革新主義運動にとって，諸問題の根源とみなされた都市とは対照的な空間として位置づけられた自然を保護することは象徴的にも重要であり，専門家による資源の適切な管理という発想においても革新主義的であった。また，精肉トラストとも呼ばれたシカゴの食品業界を告発したアプトン・シンクレア『ジャングル』（1906年）が注目を集めると，それを機に連邦食肉検査法と純正食品・医薬品法の成立を主導し，消費者の安全という面でも連邦政府の関与を強めたのである。

　ただし，政府による規制が一様に進んだわけではない。とりわけ連邦最高裁判所は労働法制について保守的であり，州政府であれ連邦政府であれ，最長労働時間や最低賃金を政府が定めることは，個人の契約の自由を侵害するという見解を示した。最長労働時間を定めた州法に対する，1905年の違憲判決に由来し，ロックナー時代と呼ばれる保守的な時代が1937年まで続いた。

## ❷ 共和党と革新党——タフトとローズヴェルト

ローズヴェルトは自身の閣僚であった**タフト**に大統領の後継者として期待を掛けたが，革新主義者のあいだでのタフト評はすぐに低下した。その第1は，大企業を保護してきた関税の問題であった。タフトは高関税の引き下げを図ったが，産業界と共和党保守派の反対にあうと，強く主張することはなく法案は骨抜きになった。ローズヴェルトが大統領の権限を極大化しようとしたのに対して，裁判官出身のタフトは立法府との区別を重視したという側面もあったのだが，革新主義者はこれをタフトの保守性と指導力の欠如と見た。第2のつまずきは自然保護問題であった。アラスカの国有地売却をめぐって森林局長官を解任したことが自然保護にも消極的との評価を招いた。

しかし，タフト政権は約90件の反トラスト法訴訟を起こし，スタンダード石油を解体したように，一概に保守的であったわけではない。むしろローズヴェルトとの関係を決定的に悪化させたのは，タフト政権が1911年にUSスチールを告訴したことである。恐慌への対応策として同社による企業買収を認めたローズヴェルトには，タフトの一連の判断は自身のレガシーの否定と映ったのである。そしてローズヴェルトは大統領としての再登板を決意する。

## ❸ ウィルソンの登場

1912年選挙では共和党票が，再選を目指すタフトと革新党を立ち上げたローズヴェルトのあいだで分裂したことによって，民主党候補の**ウィルソン**が当選した。ウィルソン政権が最初に取り組んだのは，**関税引き下げ**である。ウィルソンは自由貿易体制を重んじ，第1次世界大戦後の国際秩序構想でも自由貿易を謳いあげた。さらに，1907年恐慌時に政府のなす術はなく，モルガンはじめ民間銀行を頼らざるをえなかったことの教訓から，連邦準備制度理事会のもとに中央銀行制度が整えられた。また，**クレイトン反トラスト法**が制定され，これを遵守させるための連邦取引委員会が設立された。選挙時のウィルソンは，トラストの根絶こそが公正な競争と自由をもたらすと主張していたが，就任後の政策はローズヴェルトのトラスト規制路線に近づいた。

当初，ウィルソンは労働法制についての関心は薄かった。しかし，1914年の中間選挙では革新派が回帰した共和党が大きく議席を回復すると，ウィルソンは，革新主義政策をさらに進める必要を認識した。そして，1916年には児童労働を規制する初の連邦法が成立した。しかし，これには最高裁によって違憲判決が下された。連邦政治における司法の変化はニューディール期を待たねばならない。

（小田悠生）

「トラストの風刺画と童歌」（1901年）

注：警察を踏み潰す石油トラストを『オリバー・ツイスト』に登場する悪党ビル・サイクスに喩えている。Oはオイルの頭文字。

出典：アメリカ議会図書館（Library of Congress）。

は，1913年に導入された連邦所得税によって補われた。19世紀には連邦政府の主な財源は関税と公有地の売却であったが，以後，徐々に所得税へと移行した。累進課税制度が採用され，1913年当時は1％から7％までの7段階であった。

▷クレイトン反トラスト法
1893年，最高裁が労働組合をトラストとして認定したことで，企業は組合潰しにシャーマン反トラスト法（1890年）を用いていた。クレイトン法は，労働組合に反トラスト法は適用されないことを明記した点でも重要である。

（参考文献）

平体由美『連邦制と社会改革——20世紀初頭アメリカ合衆国の児童労働規制』世界思想社，2007年。

# 革新主義時代の外交

 **棍棒外交とモンロー・ドクトリンの変容**

　米西戦争によってプエルトリコからフィリピンまでを領有したアメリカは，広大な海域に海軍を展開するに至る。1907年，セオドア・ローズヴェルトは大西洋艦隊を3年にわたる世界一周航海に送り出した。名目上は友好訪問であったが，英に次ぐ規模に成長した海軍力の誇示が目的であり，「棍棒を片手に柔らかい言葉で語る」ことが肝心だというローズヴェルトの外交観の体現であった。

　ローズヴェルトが棍棒を実際にふるった先は，アメリカの勢力圏であると見たカリブ海域である。まず目をつけたのが，アメリカ東海岸と西海岸の航路を約1万5000キロ短縮できる，コロンビア領内の**パナマ運河**建設事業である。1880年代に着手したフランスの事業が頓挫すると，ローズヴェルトは建設権だけでなく支配権までもコロンビアに要求した。これが拒否されると海兵隊を派遣し，パナマ共和国を独立させ，運河の租借を認めさせたのである。

　パナマ運河租借により，周辺地域での権益を守ることは一層重要となった。1903年には**保護国キューバ**からグアンタナモ海軍基地を租借した。1904年，ローズヴェルトは，**ラテンアメリカ諸国の債務不履行**によって，ヨーロッパの介入を招く恐れがある場合には，内政干渉する方針を表明し，これを**モンロー・ドクトリン**の延長に位置づけた（ローズヴェルト・コロラリー）。しかし，1823年当時のモンロー・ドクトリンは，植民地独立運動を支持し，西欧が新国家に干渉することを牽制したものであり，20世紀以降のアメリカによる軍事介入をふくむ干渉は性格が大きく異なる。その後も，ドミニカ，キューバと，度重なる干渉の根底には，世界は「文明国」と「非文明国」に分かれ，前者が後者を律することは当然かつ相互の利益であるというローズヴェルトの世界観があった。

　さらにローズヴェルトはアメリカの影響力を西半球以外にも拡大しようとした。1905年，モロッコをめぐって独仏が対峙した第1次モロッコ事件に関与したことは，米・欧の相互不干渉を唱えたモンロー・ドクトリンからの明らかな離別であった。同年，日露戦争ではポーツマス条約を仲介し，極東の国際

▷**パナマ運河**
全長80キロの運河は1914年に完成した。パナマ運河地帯の主権は1979年にパナマ共和国に返還された。その後20年間は両国による共同運営が続き，1999年に米軍は完全撤退した。

▷**保護国キューバ**
米西戦争によってキューバは独立を果たしたものの，外交権の制約，アメリカによる内政干渉権を新憲法に盛り込むようアメリカは強要し，キューバを保護国とした。

▷**ラテンアメリカ諸国の債務不履行**
1902年にベネズエラがデフォルト状態に陥った際には，英独伊が海軍を派遣し，港を封鎖した。

▷**モンロー・ドクトリン**
Ⅱ章8節を参照。

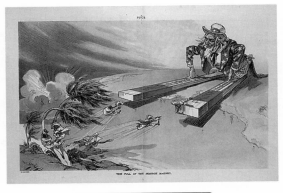

「モンロー磁石の引力」（1913年）
注：「保護国」と書かれた磁石にはキューバが貼りつき，ポケットにはパナマがおさめられている。
出典：アメリカ議会図書館（Library of Congress）。

政治にも関与する姿勢を明らかにした。

## 2 ドル外交

　自身の外交方針を「弾丸に代わってドル」と表現したタフトが，最も優先したのは経済的利益の拡大である。そのための手段として重んじたのが，ドル借款や企業投資であった。アメリカによる植民地化に対する激しい抵抗がつづいた**米比戦争**中に初代フィリピン総督を務めたタフトは，軍事力の限界を痛感していた。USスチールの顧問弁護士であったノックスを国務長官に任命したことは，国際関係における民間企業の役割に期待したことの現れである。例えば，日本とロシアが権益を主張する満州では，ヨーロッパの銀行団が組織した国際借款団にアメリカの銀行を加えることで門戸開放を図った。

　タフト政権は，カリブ海諸国に対しては，ヨーロッパ諸国に対する債務をアメリカの銀行に移し替えることで財政の安定を図り，アメリカの発言権を強める政策を主にとった。ただし，タフトは軍事力行使の頻度を低めようとしたのであって，決して否定したわけではない。1909年，親米政権とアメリカ企業の利益を守るためにニカラグアへ派兵したことは，ローズヴェルト・コロラリーを継承するものであった。

## 3 宣教師外交とメキシコ出兵

　ローズヴェルトやタフトと異なり，国際経験の乏しいまま大統領となったウィルソンは，学者としての専門であったアメリカ政治の延長で他国の政治を理解しようとした。さらに，アメリカの民主主義と歴史のあゆみの普遍性を信じ，他国を教え導くことがアメリカの責務であるという外交観を抱いており，牧師の家庭の出身であることとあわせ「宣教師外交」と呼ばれる。

　ウィルソンが最初に面した国際問題は，1910年から続く**メキシコ革命**であった。実行支配する政府を承認するという当時の国際社会の原則と異なり，ウィルソンが重んじたのは政権樹立の過程であり，クーデターによって政権を奪ったウェルタに対して不承認の方針を貫いたのである。選挙が実施されないことに業を煮やしたウィルソンは，1914年に派兵にいたるものの，支援を意図した反ウェルタ派を含め，反米感情を高める結果に終わった。

　1901年から1920年までの3代の政権のなかで，中米地域にもっとも多く派兵したのはウィルソンである。ニカラグア，ドミニカ，ハイチ，キューバ，パナマ，ホンデュラスへと派兵を繰り返すなか，ウィルソンは，アメリカの経済的利益のみを追求したものではないと強調した。ウィルソンは経済的安定と民主主義体制の樹立は，国際平和へ通じる道であると唱えた。だが，その掲げる理念と，こと中米に対する政策には大きな矛盾が露呈した。　　　（小田悠生）

「パナマ運河の開通」（1914年）
出典：国立公文書館（NARA）。

▷米比戦争
Ⅳ章8節を参照。

▷メキシコ革命
30年にわたって独裁政権をしいたポルフィリオ・ディアスに対する蜂起を端緒に，1917年まで続いた。きっかけとなった1910年選挙でディアスに対抗したフランシスコ・マデロが1911年に大統領に就いたものの，マデロの軍司令官ヴィクトリアーノ・ウェルタは1912年にマデロを暗殺した。

（参考文献）
西崎文子『アメリカ外交とは何か』岩波書店，2004年。

# 　ウィルソンと第1次世界大戦

## 1　中立から参戦へ

　1914年6月に発生したオーストリア・ハンガリー帝国の皇太子暗殺事件は，2カ月のうちに英独の対立を軸に，英仏露とドイツ・オーストリアを中心とした陣営に分かれた世界大戦へと急展開した。アメリカは8月に中立を宣言し，3年近く参戦を控えた。ウィルソンは，本質は帝国間の領土獲得戦争であると捉え，アメリカは道義的に高い立場を保つべきであると考えた。また，アメリカに暮らす移民たちの支持する国は様々であったことからも，国内の分裂を防がねばならなかった。

　しかし，当初よりアメリカの立場はウィルソンが唱えた「完全な中立」とは程遠く，イギリス寄りであった。第1に英独が相互に封じ込めを図るなか，対独貿易は激減する一方で対英貿易は急増していった。さらに1915年10月から参戦までに23億ドルを英仏へ貸付けた。英仏が戦争を継続できたのはアメリカあってこそであった。また，ドイツの**無制限潜水艦作戦**によって多数のアメリカ人が犠牲となり，対独感情は悪化の一途をたどった。それでもウィルソンが参戦を回避しようとしたことはたしかであり，各国に講和を働きかけ続けた。

　アメリカの抗議によって1916年初頭にドイツは無制限潜水艦作戦を中止し，その秋の選挙で，ウィルソンは「アメリカを戦争から救った大統領」として再選された。しかし第2期の始まりとともに参戦は一挙に近づいた。経済的にはアメリカはすでに参戦状態であると考えたドイツが無制限潜水艦作戦を再開した上，メキシコに対米同盟を呼びかけたことが発覚したのである。そして**2月革命**によってロシアが共和制に移行したことで，専制国家対民主主義国家の戦いに加わるという名分が生まれた。さらにウィルソンが懸念したことは，参戦しないままに終戦を迎えれば，アメリカ抜きで戦後国際秩序が形成されることであった。1917年4月，「民主主義の安全」を大義に掲げ，ついにウィルソンは宣戦を布告した。

## 2　総力戦体制の構築と戦時下の社会

　世界大戦への参戦は，米西戦争やカリブ海域への

### ▷無制限潜水艦作戦
第1次世界大戦では潜水艦が本格的に使用され，ドイツは軍艦・商船の別，交戦国・中立国の別を問わず撃沈する作戦をとった。ウィルソンは「公海航行の自由」を犯すものとして強く非難した。1915年5月に撃沈されたイギリスの旅客船ルシタニア号では，124名のアメリカ人を含む約1200名が犠牲となった。
### ▷2月革命
1917年から1923年まで続いたロシア革命の第1段階であり，ロマノフ朝が崩壊し，立憲民主党による臨時政府が樹立された。ユリウス暦とグレゴリオ暦の違いにより「3月革命」とも呼ばれる。
### ▷14カ条
第1条から第5条ではそれ

徴兵登録のために並ぶ男性たち（ニューヨーク）（1917年）

出典：アメリカ議会図書館（Library of Congress）。

軍事介入とはまったく異なる，総力戦体制への移行を必要とした。南北戦争以来の徴兵によって，280万人が召集され，さらに200万人が志願した。200万人がヨーロッパに派兵され，5万3000人が戦死，6万3000人が病死した。

　北部の工業地帯では，ヨーロッパからの新たな移民の急減に加えて，徴兵によって深刻な労働者不足が発生した。かわって女性が重工業をはじめとする，従来は男性の職場とされた分野でも活躍した。さらに南部から約100万人の黒人が北部での機会を求めて移住した。連邦政府の権限は著しく強化され，産業動員のために戦時産業局が設立された。とりわけ燃料，食糧，鉄道といった重要分野では政府の統括が強まった。労使関係に対する関与も深め，企業に対しては労働条件の改善，労働組合に対してはストライキを控えるよう要求した。政府主導の労使協調体制のなかで組合員数は500万人まで増加した。

　士気高揚のために設立された広報委員会は，様々なプロパガンダを駆使し，愛国心の発露として戦債の購入を求めた。世論の形成は，強制的な異論封じ込めと対であった。参戦以前にはドイツを支援する運動も存在したが，敵国に与することはもとより，戦争への反対や平和運動も取り締まりの対象となった。こうした抑圧は，ウィルソンの支持基盤であった革新主義運動を弱体化させ，戦後社会の保守化へとつながった。

## ❸ 「14カ条」と国際連盟

　1918年1月，ウィルソンは講和原則と戦後世界秩序の構想を示した「**14カ条**」を表した。その前月，**レーニン**が明らかにした英仏露による植民地分割の密約は，民主主義のための戦争を掲げるウィルソンに大きな衝撃を与えていた。同年10月の停戦後，ウィルソンは異例の半年にわたってアメリカを不在にするほどパリでの講和会議に力を注いだ。アメリカは賠償金や領土割譲を一切求めず，他の戦勝国にもこれを求めたものの，英仏は独に莫大な賠償金を課した。

　ウィルソンにとって最大の成果であり最大の挫折は，悲願であった国際連盟の創設に成功しながらも，肝心のアメリカ議会を説得できなかったことである。問題は，ある加盟国が攻撃された場合には連盟への攻撃とみなし，他の加盟国に参戦を勧告するという集団安全保障条項であった。加盟の条件として多くの共和党議員が求めた規約の修正をウィルソンは拒んだ。そして，国際連盟への加盟をうったえる全国遊説中に，志半ばにして病に倒れたのである。

　国際連盟は世界の最強国へとのぼったアメリカを欠いたまま船出し，1920年の大統領選挙では「平常への復帰」を掲げた共和党の**ハーディング**が当選した。共和党政権率いる戦後のアメリカは，国際連盟とは異なる枠組みで国際秩序の構築を模索することとなる。

（小田悠生）

戦債（自由国債）の購入を呼びかけるポスター

出典：アメリカ議会図書館（Library of Congress）。

それ，秘密外交の禁止，公海航行の自由，自由貿易，軍縮，植民地問題の公正な解決，第6条から第13条では戦後の領土確定と民族自決原則，第14条では国際連盟設立を提唱した。

▷レーニン
臨時政府が戦争を継続したことに対する不満が高まるなか，1917年10月，ウラディミル・レーニン率いるボルシェヴィキが革命を起こした。レーニンは「平和に関する布告」において「無賠償・無併合・即時講和」を全交戦国に呼びかけ，ソビエトの撤退を表明した。

▷ウォレン・ハーディング
第29代大統領（1921〜1923年）。

（参考文献）
高原秀介『ウィルソン外交と日本——理想と現実の間1913-1921』創文社，2006年。
長沼秀世『ウィルソン——国際連盟の提唱者』山川出版社，2013年。

# 6 憲法修正19条

## ① 第1波フェミニズム

　19世紀後半から1920年の女性参政権獲得までの時期に展開した運動を第1波フェミニズムと呼ぶ。禁酒運動や**セツルメント**という社会改革運動や労働運動などを通して，女性特有の問題や女性の社会における地位について活発な議論や活動が繰り広げられた。その中心となったのが女性参政権運動である。南北戦争後の**再建**時代，憲法が修正された。しかし，1868年に批准された憲法修正14条と1870年に批准された憲法修正15条で新たに認められたのは黒人男性の参政権だけであった。唯一，1869年にワイオミング，1870年にユタという2つの**準州**で女性の投票が認められた。

　その後の**革新主義**の時代に，1893年にコロラド州，1896年にアイダホ州と，女性へ参政権を認める州が現れた。1890年にエリザベス・ケイディ・スタントンとスーザン・B・アンソニーが設立した全国女性参政権協会（NWSA）と，ルーシー・ストーンとヘンリー・ウォード・ブラックウェルが創ったアメリカ女性参政権協会（AWSA）という2つの団体が合併して，全国アメリカ女性参政権協会（NAWSA）が設立された。

　第1次世界大戦期に差し掛かると，女性の軍需労働力が求められた。女性労働組合同盟（WTUL）の女性たちを中心に，参政権の獲得は女性の賃金と労働環境を向上させるという見方が広がった。ワシントン州では1880年代に一時的に認められた女性の投票権が1910年に再認された。翌年の1911年にはカリフォルニア州，1912年にカンザス州，オレゴン州，アリゾナ州，と女性の投票権を認める州は増加した。しかし，1915年にペンシルヴェニア州，ニュージャージー州，マサチューセッツ州，ニューヨーク州で女性参政権獲得が失敗に終わると，運動の目的は州ごとではなく連邦憲法の修正に定められた。

　1917年4月，第1次世界大戦へ参戦するとウィルソン大統領は，女性の戦争協力を求めるのに女性参政権が重要であると考えた。女性改革運動家の中には，女性の母性を尊重して反戦派や平和運動家が多く含まれていた。そのなかで，NAWSAは，女性参政権獲得を目指し，積極的に戦争へ協力する立場をとった。そして，NAWSAのアリス・ポール

（女性参政権を求める人々）

出典：アメリカ議会図書館（Library of Congress）。

とルーシー・バーンズが中心となり，参政権の憲法修正案を議会に提出した。その後，2人は1916年に全国女性党（NWP）を組織して急進的に運動を展開した。1917年のニューヨーク州で行われた住民投票で女性の参政権が認められると，下院で憲法修正案が可決された。この修正案が上院に送られ，1919年6月に必要な票が揃い，ついに1920年8月26日憲法修正19条が書き加えられて，女性の参政権が認められた。しかし，アメリカの植民地であるプエルトリコやフィリピンの女性や，資格制限をかけられた南部の黒人女性は除外された。

## ② 「新しい女性」

　女性参政権運動が展開された時代のフェミニストたちは，政治的および経済的利益の拡大，女性たち個人の権利の尊重，性的自由，産児制限などを求めた。公的な変革だけではなく，私的で個人的な領域の変革をも求めたことが特徴的であった。**シャーロット・パーキンズ・ギルマン**は女性の生活の中心が家庭にあることを批判し，家事は集団で分業することを提案した。

　この流れの中で産児制限を唱える女性たちが出現した。例えば，マーガレット・サンガーは望まない妊娠を避け，子供をいつ産むか女性自身が決める権利の重要性を説いた。1916年，ニューヨーク，ブルックリンに最初の産児制限クリニックを開設し，特に，貧困家族に向けて確かな避妊方法を提唱した。1921年にはアメリカ産児制限連盟を設立，その後連盟はアメリカ家族計画連盟へと発展した。最初は社会から批判が多くあったものの，次第に家族計画という分野において重要な人物として認められ，いくつかの組織の会長職を担った。

　1920年から「新しい女性」としてもてはやされたのがフラッパーである。性の解放と共に，19世紀の**ヴィクトリア時代的な道徳観**から解放され自由を謳歌する女性たちをフラッパーと呼んだ。フラッパーの特徴は，化粧をし，肌を露出する洋服を着て，ジャズに合わせて踊る若い女性たちであった。化粧品は，それまで舞台女優または売春婦が使用するものという認識があったが，この時代に女性の自己表現の手段として中産階級および労働者階級の女性たちに消費されるようになった。また，デート文化も繁栄し，男性が女性宅を訪問して応接室でお茶を飲みながら歓談するという方式から，女性宅ではなく映画館やダンスホールなど商業娯楽施設が利用されるようになった。女性の役割は妻であり母であるといった伝統的な価値観は依然として強調されたが，労働市場での役割の拡大，政治への関わり，性的に解放された価値観，消費文化がもたらした生活様式など，女性参政権運動が繰り広げられた時代に，女性のライフスタイルは公的にも私的にも近代的で新しいものとなった。

（土屋智子）

**踊るフラッパーの女性たち**

出典：アメリカ議会図書館（Library of Congress）。

▷シャーロット・パーキンズ・ギルマン
1898年に発表した『女性と経済』では，女性の経済的自立と家庭内労働の社会化を提唱して，ワーキング・マザーを推奨した。その思想を当時の日本女子大学校を設立した成瀬仁蔵が日本に紹介した。

▷ヴィクトリア時代的な道徳観
Ⅳ章コラム「ヴィクトリア的ジェンダー観の変容」を参照。

参考文献
エレン・キャロル・デュボイス，リン・デュメニル，石井紀子他訳『女性の目から見たアメリカ史』明石書店，2009年。
有賀夏紀・小檜山ルイ編『アメリカ・ジェンダー史研究入門』青木書店，2010年。
栗原涼子『アメリカの第一波フェミニズム運動史』ドメス出版，2009年。

#  怒涛の1920年代

## ① 債権と債務の国アメリカ

　第1次世界大戦を経て，アメリカは揺るぎない世界最大の経済大国となった。戦争中の連合国への貸し付けに加えて，ベルサイユ条約でドイツが負った賠償金を返済する原資を提供したのもアメリカであった。債権国アメリカを中心とした国際金融体制が形成され，ニューヨークはロンドンに並ぶ国際金融センターへと躍り出た。未曾有の好景気を背景に新たな文化と生活様式が芽生えた，この時代は「怒涛の20年代（Roaring Twenties）」とも呼ばれる。

　成長産業の中心は自動車であった。1920年代に電力網が拡張したことは，効率化された組立ラインとともに**大量生産体制**の拡大を後押しした。1922年から1929年までに登録台数は700万台から2300万台まで伸び，全世帯の半数が車を所有するに至った。自動車の普及は道路建設，ガソリンスタンドやモーテルといった道路沿いのビジネス，郊外の住宅建設，保険など様々な産業の成長を刺激した。家庭にも電気が普及し，1920年に商業放送が始まったラジオ，冷蔵庫，洗濯機，掃除機といった電化製品も広まった。

　技術的革新とともに大量生産と消費を支えたのは，手元に十分な資金がなくとも購入できるシステム——**分割払い制度や後払い制度**——の普及であった。「お支払いはあとで（Buy Now Pay Later）」は小売業のスローガンとなり，より低額の商品にも広まった。例えば1930年，ラジオの8割は月賦で購入された。こうした消費行動により1920年から1930年までに一般家庭の抱える負債は倍増したのであった。それは，負債を増やしながらでも消費し続けることを良しとする価値観の浸透を意味するものであった。

　消費財の分割払いや後払い同様に，株式の信用取引も1920年代に普及したものである。手元資金の何倍もの取引が認められ，これまでに投資経験や十分な資金のなかった数百万の人々が市場に参入した。投機によって，1922年から1929年まで株価は年間平均20％の上昇を続けた。

## ② 革新主義の後退と繁栄の陰

　1920年の大統領選挙では「平常への復帰」を掲げた共和党のハーディングが当選し，以後12年間は共和党政権が続いた。**クーリッジ**が「アメリカ人のビジネス（本分）はビジネスである」と述べたように，共和党政権は企業を社会経

▷**大量生産体制**
Ⅳ章2節を参照。

▷**分割払い制度や後払い制度**
ローンを広めたのも自動車産業である。ビッグ・スリーと呼ばれた三大自動車メーカーのなかでも，いちはやく1924年に月賦方式を取り入れたジェネラルモーターズ社は，積立購入方式にこだわったフォードを追い抜き業界第1位となった。

▷**カルヴィン・クーリッジ**
第30代大統領（1923～1929年）。ハーディング政権の副大統領であり，ハーディングの急死によって大統領就任。

▷**海軍軍縮条約**
米・英・日・仏・伊の主力

済の牽引役と位置づけた。経済成長の一方で，革新
主義的政策は大きく後退し政府による企業活動への
規制は弱まり，他方，労働者の力は大きく削がれた。
レーニン率いるロシア革命の成功をうけて，戦後の
アメリカでは共産主義への警戒心（レッド・スケア）
が高まった。こうした空気に乗じて経営者は労働運
動を共産主義と結びつけて批判した。司法も労働運
動に冷淡であり，裁判所はしばしばストライキに禁
止命令を出した。戦時中の労使協調体制により500
万人に達した組合加入者数は，1929年には300万人
まで減少した。

出荷されるフォード車（1925年）

出典：アメリカ議会図書館（Library of Congress）。

　また，自動車産業を中心とする一部産業の繁栄に
は大きな陰があった。なかでも農業は戦後一貫して不況に苦しんだ。戦時中に
食糧庁による要請に応じ，連合国の食糧庫として農地拡大と設備投資をおこな
った農家は，ヨーロッパの農業が復興すると一転して価格下落と負債に苦しん
だ。さらに，製造業においても，生産能力拡大に購買力の成長が追いつかない
過剰生産問題が水面下で進行していた。この問題が1920年代末まで顕在化しな
かった一因は，消費者は，ローンによる購入を続けることができたためである。
さらに，企業は在庫を抱えても，高騰を続ける株式市場での資金調達が可能で
あった。1929年の金融恐慌は，繁栄の持続を前提としたシステムの崩壊であった。

## ③ 共和党政権と戦後の国際関係

　アメリカは国際連盟という集団安全保障体制に加わることはなかったとは言
え，共和党政権が孤立の道をひた走ったわけではない。緊縮財政を旨とし軍事
費を抑制しようと共和党は，軍縮と国際法の整備を主導することで世界秩序の
形成を図った。1921年，ハーディング政権はワシントン会議を主催し，英仏日
など9カ国の代表を集めた。戦勝国日本の伸長を背景に，東アジアと太平洋に
おける列強の覇権争いに歯止めをかけることが目的であり，主要国の海軍に上
限を設けた**海軍軍縮条約**は初の軍縮条約である。さらに1928年，クーリッジ政
権はフランスとともに，国際紛争解決の手段としての戦争，国家の政策の手段
としての戦争を否定する**パリ不戦条約**を成立に導いた。2度と世界大戦を起こ
してはならないという認識は通底していたのである。

　しかし，大国としての地位を十分に自覚していたとは言えない。例えば，関
税政策には自国中心主義が顕著であり，1922年に議会は自国産業保護を名目に
40％まで関税を引き上げた。これは他国もアメリカからの輸入品に高関税を課
すという悪循環を招いた上に，欧州諸国が対米輸出による利益をあげることで，
アメリカへの負債を返済するという道を狭める結果となった。　　（小田悠生）

艦保有比率を，5：5：3：
1.67：1.67と制限した。ワ
シントン会議ではほかにも，
太平洋における権益に関す
る日米英仏間の4カ国条約，
中国の領土保全と門戸開
放・機会均等を定めた9カ
国条約が結ばれた。これら
の条約をあわせてワシント
ン体制と呼ばれる。

▷パリ不戦条約（ケロッグ
＝ブリアン条約）
同条約の背骨は，1920年代
のアメリカで活発に展開さ
れていた戦争違法化運動で
ある。この運動には，あら
ゆる戦争を違法とする系譜
と，侵略戦争を違法とする
系譜があった。パリ不戦条
約は，当初は米仏の二国間
不戦条約についての交渉で
あったが，ケロッグ国務長
官はこれを多国間条約へと
発展させた。

【参考文献】

常松洋・松本悠子編『消費
とアメリカ社会──消費大
国の社会史』山川出版社，
2005年。
三牧聖子『戦争違法化運動
の時代──「危機の20年」
のアメリカ国際関係思想』
名古屋大学出版会，2014年。

# 1924年移民法

## 1　「望ましくない」移民

　南北戦争後中央政府の権限を強化したアメリカは，「望ましくない」移民を峻別し排除する制度を整備していった。「望ましくない」移民とは，端的に言えばアメリカの政治，経済，文化の中枢において優位に立つワスプ（WASP, White Anglo-Saxon Protestant の略），すなわちプロテスタント信者のイギリス系白人には該当しない人々で，具体的には19世紀後半以降の「新移民」であった。彼らは知性や道徳性，経済状態などの面で劣った集団とされ，これらの指標が排除の基準として使われた。1882年には早くも中国人移民排斥法（排華移民法）が制定され，同年の一般移民法では犯罪者や精神疾患を抱える者，公的扶助を必要としそうな人々も上陸拒否の対象とされた。さらに1891年移民法によって移民監理局が設置され，身体検査や国境検問による移民の選別が明文化された。1917年移民法では，アジアほぼ全域からの労働移民が禁止され，その他の移民をふるい分けるための識字テストも導入された。

　新移民の中で圧倒的に数が多かったのは南・東ヨーロッパ出身者である。従来の北・西ヨーロッパからの移民とは異なる言語や習慣，宗教を保持し，アメリカ社会に同化するのが難しいと考えられた新移民は，ワスプよりも劣った種類の白人であるとのレッテルを貼られた。

　一方で，これら「劣った」**人種**の人々も，法的には白人であるとみなされた。1790年に初めて制定された**帰化法**は，市民権取得の条件として「自由白人」であることを求めており，ヨーロッパ系移民の多くは問題なく市民権の申請を行うことができた。これに対しアジア系移民は非白人の「**帰化不能外国人**」であるとされ，1922年には日本人が，1923年にはインド人が裁判で争ったが，いずれも連邦最高裁判所判決で白人性を否定された。

## 2　科学的人種主義と排外主義

　「望ましくない」移民を峻別する論拠となったのが，人種に関する「科学的」発見である。1910～1911年に刊行された全41巻の『米国議会移民委員会報告』は，移民に関する詳細なデータを含み，識字テストや国別割当などのちの移民法に採用される政策提言も示した。

　やがて移民制限に関する言論形成は，正しい人種交配によって強いアメリ

▷**人種**
身体的特徴によって人類を分類した集団のことを指すが，時代や場所によって人種集団の分け方や社会における立ち位置は変わる。優生学が流行した20世紀初めには，白人のなかにも劣った「人種」がいるとする言説が成り立った。

▷**帰化法**
アメリカに帰化する条件を定めた法で，1790年に初めて制定。「自由白人」に加え，1870年以降は「アフリカ生まれの外国人とアフリカ系の人々」も帰化が可能になる。

▷**帰化不能外国人**
原語では aliens ineligible for citizenship。アメリカへの帰化が許可されない外国人のことで，非白人とされたアジア系移民が該当した。中国人は1943年，フィリピン人とインド人は1946年，日本人と韓国人は1952年の法改正により帰化可能となる。

▷**優生学**
遺伝学的に望ましい人種の集団を強化し，人種の「退化」を防ぐための社会政策の提言を目的とする学問。フランシス・ゴールトンによって創始され，人間社会

人を増やすことを目指した**優生学**運動によって牽引されるようになる。マディソン・グラントの『偉大な人種の消滅』(1916年)は，偉大な白人が「下等な」先住民や黒人などと交わることで人種が弱体化し，国が危機に陥ると警鐘を鳴らした。また白人のなかにも「北方系」「アルプス系」「地中海系」のように階層があると論じた。議会での移民制限の検討が本格化すると，優生学者は「不適切な」移民を排除するための国別割当案を正当化した。

科学を装った移民排斥の思潮が広まる一方，第1次世界大戦(1914〜1918年)後には戦時中のナショナリズムが行き場を失い，排外主義となって顕れた。

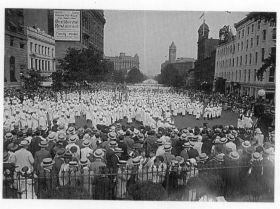

(行進するKKK(1925年8月8日))

出典：アメリカ議会図書館(Library of Congress)。

1915年に復活した白人至上主義団体**クー・クラックス・クラン(KKK)**は瞬く間に会員数を増やし，ワスプ中心の社会にとって脅威となる新移民も標的にした。また，1919〜1920年には司法長官の指示により外国人を中心とする左翼活動家が一斉取調べを受け，500人以上が国外追放となった。1920年には無政府主義者のサッコとヴァンゼッティが強盗殺人罪で逮捕されるが，イタリア人移民であったことと政治的信条のため捕えられた冤罪の可能性も高い。2人は1927年に処刑された。

## ③ 1924年移民法へ

排外主義が強まる中，優生学のお墨付きを得た国別割当は，1921年移民法で初めて導入された。これは1910年の国勢調査をもとに当時の在米外国人の数を国籍別に割り出し，それぞれの人口の3％にあたる人数を年間移民可能な枠として出身国に割り当てるというものである。

上記移民法が規制に効果的でないことがわかると，1924年移民法では基準とする国勢調査は1890年のものに変えられ，人口割合は2％に引き下げられた。1890年にはまだ南・東ヨーロッパ出身者がそれほど多くはなかったためである。1924年以降のイタリアからの移民数は年平均1万5000人弱となったが，これは1921年の同国からの移民数の7％であった。

1924年移民法にはまた，日本人移民を禁止する条項が盛り込まれた。アメリカ西部で数を増やした日本人移民は農業などで活躍したが，白人社会との軋轢を生んだため，**日米紳士協定**(1907〜1908年)が結ばれ，日本は移民を自主規制した。しかし在米日本人が配偶者や子供を母国から呼び寄せることは禁じられなかったため，日系人口は増え続けた。業を煮やした西部諸州選出議員が政治取引の末，排日条項をねじ込むことに成功した。条文では外交的配慮から日本人を名指しせず，「帰化不能外国人」の文言が採用された。 (今野裕子)

でも「適者生存」が起こるとする，ハーバート・スペンサーの社会的ダーウィニズムに影響を受けた。

▷クー・クラックス・クラン(KKK)
白人至上主義団体。南北戦争後に結成され1870年代に消滅した第1次KKKは，共和党を支持する黒人や白人に暴力を行使した。第2次KKKは人種差別的な映画『國民の創生』(1915年)に感化されて結成され，移民を新たな標的とした。

▷日米紳士協定
原語ではGentlemen's Agreement。アメリカ政府が日本人移民を排斥しない代わり，日本政府が出移民を規制することを取り決めた，日米間合意。サンフランシスコにおける日本人学童の東洋人学校への隔離決議が発端となり，外交交渉に至った。

(参考文献)

加藤洋子『「人の移動」のアメリカ史——移動規制から読み解く国家基盤の形成と変容』彩流社，2014年。
簑原俊洋『排日移民法と日米関係』岩波書店，2002年。

# ジャズエイジ

## ① 新しい産業と繁栄の時代

　ジャズエイジとは，第１次世界大戦終結後およそ10年間を指し，1920年代を代表するアメリカ人作家Ｆ・スコット・フィッツジェラルドの短編集『ジャズ・エイジの物語』（1922年）に由来する。フィッツジェラルドは，戦後の経済好況に沸くこの10年間を「１つの民族全体が享楽的になり，快楽を追求」した「史上空前の高価なばか騒ぎ」の時代だったと述べている。そのため1920年代は，「**怒涛の20年代**」とも呼ばれ，アメリカ史において繁栄と変化の時代である。だが同時に，経済的・社会的変化に対抗する勢力が台頭し矛盾をはらんだ時代でもあった。

　それまで南部のアフリカ系アメリカ人たちを中心に演奏されていた**ジャズ**が全国に広まり，この時代がジャズエイジとまで言われるようになったきっかけの１つが，「音の工場」と呼ばれたラジオの普及である。1920年代になるまでラジオは，一部の愛好家たちがガレージで組み立て無線をやりとりする機器であった。だが，ラジオ放送が一般大衆に向けられるようになると，ラジオは家庭電化製品としてリビングに置かれ，家族が一緒に放送を楽しむ団欒の１つとなった。当時は音楽番組の放送が中心で，ジャズなど大衆音楽のほかクラシック番組なども提供された。また，今日では当たり前となった，一般企業がラジオ放送のスポンサーとなり番組内で宣伝を流す方式もこの時期に始まり，商業的メッセージが人々の生活のあらゆる場所に溢れるようになったのである。

　ジャズエイジを生み出した社会変化と経済的繁栄は，科学技術の発達と産業の拡大に支えられていた。19世紀末以降成長を続けてきたアメリカの産業は，第１次世界大戦後さらに拡大し，1900年に約14億ドルだった総輸出額は，1919年には77億5000万ドルに達した。１人当たりGNPも1900年の約250ドルから1920年には860ドルへと増加した。技術の発達と好景気を背景にラジオのほか，電気掃除機や冷蔵庫，洗濯機など家庭電化製品や自動車が普及し始めた。こうした新産業の台頭と拡大は，新しい生産様式によってもたらされた。例えば，三大自動車メーカーの１つフォード社の創業者ヘンリー・フォードが取り入れた，ベルトコンベヤーを使った移動組立方式は，生産性向上と自動車の低価格化を実現した。標準化による大量生産を実現するためのこうした生産管理方式は「フォーディズム」と呼ばれ，自動車産業以外にも大きな影響を与えた。

▷怒涛の20年代
Ｖ章７節を参照。

▷ジャズ
ルイジアナ州ニューオーリンズのアフリカ系アメリカ人たちの間で19世紀末以降に広まった音楽で，1920年代以降，全国的により広い層に広まっていった。独特のリズムや即興演奏などが特徴で，当初はダンス音楽の影響を受け，ダンスホールで楽団が演奏したりもしていた。その後，スタイルや演奏方法・技術などが変化し，世界的にも人気を集める音楽ジャンルとなっている。

## ② 抵抗勢力と繁栄の陰り

フィッツジェラルドが「享楽的」と評したジャズエイジは，興味深くも禁酒法が全国で施行された時代でもある。1840年代より福音派など敬虔なキリスト教宗派を中心に進められた禁酒運動は，**女性キリスト教禁酒同盟**をはじめ女性運動家らが重要な牽引役となった。19世紀末に女性参政権運動と合流する形でさらに拡大し，1919年 1 月，憲法修正18条（禁酒法案とも呼ばれる）が成立，翌年 1 月に施行された。禁酒法が成立すると，「スピークイージー」と呼ばれるもぐりの酒場が誕生したほか，アル・カポネのような都市のギャングたちは，酒の密売・密造により莫大な利益を上げた。禁酒法が廃止される前年の1932年には，もぐり酒場が全国で約32万軒もあったと言われている。

コルネット奏者ジョー・"キング"・オリバーと彼が率いたクレオール・ジャズ・バンド（1923年，シカゴにて）

注：黒人バンドとして初めて商業用レコードを作成。
出典：Gene Anderson, "The Genesis of King Oliver's Creole Jazz Band," *American Music*, vol. 12, no. 3, Autumn, 1994.

この時代は，経済的繁栄や工業化による変化への反発が様々な局面で吹き出しもした。その 1 つに，ダーウィンの進化論を聖書の教えに対する冒涜と捉え，公教育の場における進化論教育の禁止に躍起となった，**ファンダメンタリスト**と呼ばれる人々の運動がある。彼らの運動は，民主党大統領候補ウィリアム・ジェニングズ・ブライアンに牽引され，南部 5 州では実際に進化論教育禁止法が成立した。テネシー州デイトンでは，進化論を教えた公立高校の生物教師ジョン・T・スコープスが告発され，軽い罰金刑ではあったものの有罪とされた。「サル裁判」と呼ばれたこの事件はマスコミでも大きく取り上げられ，科学的知識の優越性や進歩を主張する側と，宗教的教義や旧習を保持しようとする人々との対立を象徴的に示すものとなった。さらに，白人至上主義団体**クー・クラックス・クラン（KKK）**による黒人への人種差別や，社会主義者の弾圧，1924年移民法による移民排斥など，繁栄の裏では不寛容な社会風潮が高まった。

新産業の台頭や家電や自動車など新しい消費財が誕生した1920年代は，必ずしもその経済的恩恵を誰もが受けられたわけではなかった。経済格差が一気に拡大した10年間でもあり，1929年までに50％の国民所得が上位10％の層に集中する状況となった（これは世界的金融危機が起きた2008年前後とほぼ同じである）。大企業が富を蓄積し続ける一方，工場労働者らの生活は裕福とは言えず，大量生産製品の市場拡大と一般消費者の購買力の上昇は必ずしも同時に進んだわけではない。労働者賃金は以前よりも増加したものの決して高い水準ではなかった。主要産業の多くの企業は労働組合に反対で，労働運動の存在を認めず，貧富の格差は拡大していった。こうしたアンバランスな資本の巨大化と分配は，1929年の世界的大恐慌へと繋がっていったのである。

（久野　愛）

▷**女性キリスト教禁酒同盟**
Ⅳ章 1 節を参照。

▷**ファンダメンタリスト**
原理主義者とも呼ばれ，時代・地域によって定義は異なるが，ここではキリスト教原理主義者のことである。特にキリスト教右派を中心とした保守的なグループで，天地創造など聖書に記載されている内容を歴史的事実として解釈し，進化論のほか同性愛や中絶などにも反対の立場をとる。

▷**クー・クラックス・クラン（KKK）**
Ⅴ章 8 節を参照。

**参考文献**

津神久三『ニューヨーク・ジャズエイジ——芸術都市にみる狂騒の10年』中央公論社，1998年。
渥美昭夫・井上謙治編『ジャズ・エイジの物語——フィッツジェラルド作品集 1』荒地出版社，1981年。

# ハーレム・ルネサンス

## 大移動——ハーレム・ルネサンスの背景

今日,「黒人文化」と言って,南部のプランテーションで農作業に従事する黒人を思い浮かべるものは少ないであろう。現代では,多くの人びとにとって,「黒人性」は都市と密接な関係にある。しかし,黒人が都市部に集住するようになったのは,いまから約1世紀ほど前であり,歴史的には新しい出来事である。

1914年の第1次世界大戦の開始によって,貴重な労働力となっていた移民の流れが途絶した。にもかかわらず,アメリカの産業は,実際に戦地になっていないことも相まって,未曾有の好景気を享受することになり,ここに深刻な労働者不足が生じた。

他方,南部の棉作地帯には,元来メキシコ湾岸地区特有の害虫であったボル・ウィーヴルが到来し,害虫被害による不作で労働者の余剰が生じていた。鉄鋼や食肉産業などの北部巨大資本は,この余剰労働者に着目し,北部への移住を促すリクルーターを南部に派遣するようになり,1917年頃には巨大な人口の移動( 大 移 動 )が始まった。
グレート・マイグレーション

このような大規模な黒人人口の流入は,都市における人種間対立を悪化させることになった。例えば,シカゴでは,1919年,ミシガン湖畔の遊泳場で起きた人種間対立を契機に約8日間の大暴動が発生し,23名の黒人と15名の白人が死亡する惨事となった(シカゴ暴動)。

黒人人口の急増と高まる人種間対立を背景にしながら,**制限条項付約款**などの方策を通じて北部・中西部

の都市に誕生することになったのが,黒人ゲットーである。たとえば,ニューヨーク市のセントラル・ハーレム地区では,1910年に10%だった黒人の人口比は,1920年には32.4%と3倍に増加し,1930年になるとそれは7割を超えるまでになる。

## ハーレム・ヘル・ファイターズの帰還

このような峻厳な社会環境を背景にしながらも,1920年代は黒人文化のルネサンスの時代と称されるようになる。その時代の始まりを告げたのが,第1次世界大戦のアメリカ遠征軍として出陣して華々しい武勲をあげ,フランス政府から勲章を授かった黒人連隊,ニューヨーク州第369歩兵連隊,通称「**ハーレム・ヘル・ファイターズ**」の凱旋である。

1919年2月17日の凱旋パレードでは,帰還した遠征軍の先陣にハーレム・ヘル・ファイターズが立った。この部隊は5番街を闊歩して北上し,そのままハーレムの目抜き通りのレノックス大通りへ入り,沿道に詰めかけた数千人に達するハーレムの住民たちと歓談した。

この部隊には,武勲に勝るとも劣らない「偉業」があった。部隊にはジェイムズ・リース・ヨーロップが率いる軍楽隊が附属し,この軍楽隊がヨーロッパの民衆にジャズの調べを初めて届けたのだ。そのメンバーであったノーブル・シスルーやユービー・ブレイクは,1921年のブロードウェイで開演されて好評を博す黒人キャストのミュージカル「シャッフル・アロング」の音楽監督として,演劇界・音楽界でもその後大活躍することになる(このミュージカルは,また,1920年代に

パリを席巻するジョセフィン・ベイカーが出演していたことでも有名である）。

## 歴史のなかのハーレム・ルネサンス

　狭義の**ハーレム・ルネサンス**とは，アフリカ系の人々が彼ら彼女らの文化を自己定義し，自らの存在と尊厳を広く社会に認めさせようとする文芸・芸術運動のことを表す。文学者のアレン・ロック，詩人のクロード・マッケイやラングストン・ヒューズを筆頭に，1920年代に活躍した黒人の知識人は数多く，彼らの業績は広くアメリカ社会からも認知されるに至った。だが，このような知識人たちの営為が実るには，それを受容する環境が必要である。その環境は，第1次世界大戦を経た歴史的な変化，すなわち勃興する都市黒人コミュニティと戦争を経て自己主張を強めていた黒人たち——当時の言葉でいう「ニュー・ニグロ」——が準備していたのだった。

　その結果，それまで南部の地方的な存在だった黒人の文化は，アメリカ全土にも知れ渡ることになり，1920年代は「ジャズエイジ」とも称されることになった。

## マーカス・ガーヴィの台頭と没落

　その後，1920年代のアメリカは，**マーカス・ガーヴィ**による世界黒人地位向上協会（UNIA）の興隆を見る。ジャマイカで黒人の地位向上のための活動を行っていたガーヴィは，1916年にニューヨークに拠点を移した。当時のアメリカ黒人主流の組織の活動がアメリカ社会への統合を目的にしていたのに対して，アフリカへの関心と人種的矜恃の涵養を説いたことにガーヴィの活動や主張の特徴がある。

　このガーヴィの発想は，しばしば当時の米国の黒人エリートや指導層から奇抜で危険であると見なされていた。アメリカ黒人のエリートの目には，黒人の自助努力と人種の誇りを説くガーヴィの主張が白人との協

力を否定する分離主義であると映ったのである。

　対するガーヴィも，アメリカ黒人指導層批判——ガーヴィには，白人に対して頭の上がらない，だらしない指導者に見えた——を繰り返し，両者の関係は次第に険悪になっていった。その後，ガーヴィは，黒人と白人が生活空間を共にすることはあり得ないと考える点では意見が一致するKKKと協働する動きを見せた。これでガーヴィとアメリカ黒人指導層との対立は決定的になり，黒人指導層は「ガーヴィ追放キャンペーン」を開始，結局，ガーヴィは1923年に詐欺罪で起訴されて国外追放になった。

（藤永康政）

▷制限条項付約款
住宅の販売や賃貸契約において，特定の人種の排除を盛り込んだ約款のこと。シェリー対クレイマー裁判（1948年）で連邦最高裁の違憲判決が下されるまで，住宅における人種隔離を支える合法的手段として広く用いられた。

▷ハーレム・ヘル・ファイターズ
アメリカ遠征軍は，規律を欠き臆病者であるという人種的偏見から，黒人部隊を戦闘任務に就かせないことを方針としていた。ハーレム・ヘル・ファイターズはフランス第16師団に編入されたことで，黒人部隊にはめずらしく戦闘任務に加わることになった。

▷ハーレム・ルネサンス
ハーレム・ルネサンスという言葉は，現在も一般的に用いられているものであるが，1920年代の「黒人文化」の広まりはニューヨークの一地区に限定されるものではなかった。それゆえ，近年は，当時一般的に使用されていた「ニュー・ニグロ・ルネサンス」や「ニュー・ニグロ・ムーヴメント」という呼称が広く用いられる傾向にある。

▷マーカス・ガーヴィ
ガーヴィの運動は「アフリカへ帰れ」と促したと知られているが，実際のところ，彼が目論んでいたのはアフリカへの精神的な回帰であり，新大陸の黒人をリーダーとするアフリカ開発計画である。

（参考文献）
中野耕太郎『戦争のるつぼ——第一次世界大戦とアメリカニズム』人文書院，2013年。
藤永康政「ニューヨーク第369歩兵連隊とジェームズ・リース・ヨーロップ」樋口映美編『流動する〈黒人〉コミュニティ——アメリカ史を問う』彩流社，2012年。

# クラッシュから大恐慌へ

## 1 大恐慌の始まり

1929年10月24日から29日にかけて，ニューヨーク証券取引所（NYSE）の株価が下落していった。29日の取引では，売りが売りを呼ぶ展開となり，わずか5時間の取引だけで総額100億ドルの金融資産が失われることになった。この日は「暗黒の木曜日」と呼ばれ，その後，世界経済は大恐慌に陥っていくことになる。

この激しい経済の後退局面は，前触れなく突然訪れたわけではない。1920年代，アメリカの農村地区は，第1次世界大戦のときの土地と農機具への過剰投資や，大戦終了後に農業助成が打ち切られたこと，海外需要が減少したにもかかわらず農業の生産性自体は向上していったことなどが影響し，借り入れの抵当となっていた多くの農地が差し押さえられていった。それは，アメリカ史上初めて農業従事者所帯が減少する事態だったのである。また，フロリダ州やカリフォルニア州では，不動産投資へのバブルがはじけ，不良債権を抱えて倒産する銀行も増加していた。繁栄を謳歌したとされる1920年代の経済の水面下では，生産性の向上と所得の不均等な分配が同時に進行し，経済の基調が変わる予兆はすでにあったのである。

1929年10月以後，株価価格の急落は，まず銀行の経営を危機に陥れ，この危機はすぐに産業全体へと波及していった。株価暴落が始まった翌年，企業倒産件数は2万6000件に達した。当時のアメリカで最大の企業，USスチールの株価は，暴落前には262ドルの高値をつけていたのだが，1932年には29ドルまで下落した。この年，全米の失業者は1100万人に達し，労働者人口の4分の1が仕事を失うことになった。

## 2 ハーバート・フーヴァーの経済思想

この未曾有の経済危機に対応することになったのが，時の大統領ハーバート・フーヴァーであった。フーヴァーは，今日では経済恐慌に何もできなかった無策の大統領として知られている。しかし，第1次世界大戦直後には，食料不足に対する国際的な救済事業を指揮して高く評価され，ハーディング，クーリッジと続いた共和党政権で商務長官として辣腕を発揮するなど，**1928年の大統領選挙**に勝利した時には，国民のあいだでの人気も期待も高い人物だった。

▷1928年の大統領選挙
フーヴァーは，南部6州を除く全州で勝利を収めた。このフーヴァー圧勝の原因のひとつには，対抗馬のアル・スミスがカトリックであったということも影響している。他方，二大政党から大統領選に立候補した初めての非プロテスタントであるスミスは，選挙人獲得には至らなかったものの，都市部の労働者のあいだで強い支持を得て，それが後のニューディール政策の支持基盤になっていく。

フーヴァーは，経済の下降局面は資本主義経済に織り込まれた正常なものと考えていた。不景気があるがゆえに，生産性の高くない部門は市場で淘汰される。この市場の働きこそが人々に勤労の精神を養う。ゆえに，個人の努力こそが復興と繁栄への唯一の道であり，**政府による直接的な救済や支援はむしろ健全な国民性を蝕む**と考えていたのである。

だが，フーヴァーは経済不況に直面して黙座していたわけでもない。幾度となく，経済界や労働界の代表を集めて会議を招集し危機への対応を迫っていた。しかし，それでも，必要なのは経済界と労働界の自発的な「協同的行動」であり，政府が経済に直接介入することには頑として反対していたのである。

そのようなフーヴァーは，道ばたでリンゴを5セントで売っている失業者のことにコメントを求められ，「多くの人間がリンゴを売ることがより利益の上がる事業だと考え，前の仕事を辞めて参入してきた」ことの現れであると答えたという。

## ③　フーヴァーの政策

フーヴァーの政策は，20年代共和党政権の主要政策を継承し，外交における国際協調主義と経済における自由放任主義に特徴づけられる。経済恐慌が世界に波及すると，第1次世界大戦でドイツが背負った賠償金と戦債の支払が滞った。この支払に猶予を与えるフーヴァー・モラトリアムなどは，この国際協調路線の一環と言える。

だが，経済の悪化が進行すると，国内産業の保護の観点から**ホーリー＝スムート関税法**に署名し，「アメリカ・ファースト」の姿勢も採るように次第に変化していった。この関税法は，しかし，国際貿易市場のさらなる縮小を惹き起こし，アメリカの輸出入は半分以下に落ち込んでいった。

全米各地で家賃を支払うことができない家族の強制立ち退きが相次ぎ，住処を失った人々は，公園の片隅などに集合して住み始めた。このような即席の掘っ立て小屋が立ち並ぶ「街」は，やがて，無策の大統領を批判して「フーヴァー村（Hooverville）」と呼ばれ始めるようになる。

このような経済的な困窮は，第1次世界大戦の復員兵も直撃し，1932年，約2万人の復員兵たちが首都ワシントンに結集して，1945年が支払期限の恩給の早期支給を求めた。連邦政府はこれを武力で弾圧した。

このような経済と社会の混乱のなか，アメリカは大統領選挙の年を迎えた。旧態依然とした経済政治思想から離れようとしなかったフーヴァーの対抗馬がフランクリン・ローズヴェルトであり，その彼のスローガンが新規巻き直し（ニューディール）であった。

（藤永康政）

▷**政府による救済の否定**
このような考え方は，現在の新自由主義（ネオリベラリズム）の思想的支柱でもある。その実，新自由主義者たちの知的淵源であるフリードリヒ・ハイエクは，ニューディール政策に対しても極めて手厳しい評価をしている。詳しくは，F・A・ハイエク『隷属への道』春秋社，1992年。

▷**ホーリー＝スムート関税法**
輸入品の約2万品目で関税を大幅に引き上げた。アメリカと密接な通商関係にあった英仏が報復関税を課すことで，国際貿易は急速に縮小していった。

（参考文献）
F・L・アレン，藤久ミネ訳『シンス・イエスタデイ──1930年代・アメリカ』筑摩書房，1998年。
秋元英一『世界大恐慌──1929年に何がおこったか』講談社，2009年。

#  第1次ニューディール

## ① フランクリン・ローズヴェルト政権下の緊急改革

　大恐慌（Great Depression）は繁栄の時代に終わりをもたらした。失業した労働者，借金を返済できず農地を奪われた農民，空腹の家族を抱えた第1次世界大戦の退役軍人，お腹を空かせた児童がデモを行うなか，フーヴァーは社会主義に対する警戒心から失業者救済のために大規模な措置を講じることに二の足を踏んだ。

　一方，1932年の大統領選挙に出馬した民主党のフランクリン・D・ローズヴェルトは，国家的危機である大恐慌に取り組むために「ニューディール（新規巻き直し）」（New Deal）が必要であると訴え，圧倒的な勝利を獲得した。ニューヨーク州知事として労働者の支援に力を注いできたローズヴェルトは，大統領就任直後，百日議会（1933年3月9日〜6月16日）と呼ばれた特別会期において，行政府主導の下次々と重要立法を成立させた。まず全米各地の銀行を麻痺させた金融危機と取り組むため，緊急銀行法を成立させた（3月9日）。また，青年への失業対策として**市民保全部隊**（CCC）を設置し，当初18〜25歳の約300万人が軍と内務省の管理の下，国／州有林で就労する機会を提供した（3月31日）。5月には農民支援のために農業調整法（AAA）を制定した（5月12日）。

大恐慌以降農作物価格は下落し，農業収入が大幅に減り，全農民の3分の1が借金を返済出来ず農地を奪われた。**ダストボウル**が農民の苦境に追いうちをかけた。こうしたなかで成立した農業調整法は生産量の削減によって生産物の価格を上昇させ，農民の立ち退きを減少させることを目的としていた（1936年に最高裁で違憲判決を受けたが，38年

炉辺談話（Fireside Chats）を行うF・D・ローズヴェルト（1934年9月30日）

出典：Franklin D. Roosevelt Presidential Library & Museum.

に類似の法律が成立した）。
同じ5月12日には連邦緊
急救済法を制定し，困窮
する人々のため，連邦政
府が州に資金を提供した。
テネシー川流域のダム建
設，治水，電力供給とと
もに土壌改善や植林活動
を行う総合開発事業を行
い，地域産業の復興と雇
用増大を目指すテネシー
川流域開発公社（TVA）
法も成立させた（5月18
日）。6月には全国産業

カリフォルニア州マンモスレイクにおけるCCCの様子
（1933年6月23日）

出典：Franklin D. Roosevelt Presidential Library & Museum.

復興法（NIRA）を制定した（6月16日）。これは鉄鋼，石炭，鉱業などの各分野
で価格や賃金，生産高を規制し，利益を増大させることによって弊害を未然に
防ぐことを目指すものであった。同時に実業界の側に，児童労働を防ぎ，労働
者の組合参加を是認するなどの条件をのむことを要求した。しかし，規則破り
が横行し，実行力に欠けていた上に，NIRAで議会が大統領に対して認めた権
限は立法府に属するものであり，憲法違反であるという理由で最高裁は違憲判
決を下し，1935年に廃止された。

　こうした一連の政策は連邦政府の権限と政策領域を大幅に拡大した。連邦政
府が福祉事業の最大の担い手となり，公共事業の創出や予算の獲得・調整，賃
金と価格の安定に努めた。その影響は失業者，農民，貧しい若年層，住宅所有
者，大規模河川流域の住民，短期滞在者など幅広い層に及んだ。

## ② ニューディール外交

　就任からしばらくの間は国内の経済回復に注力していたローズヴェルトだっ
たが，1933年11月にはローズヴェルトはソビエト社会主義共和国連邦（ソ連）
との国交樹立にふみきった。また，34年から39年までに20の互恵通商協定を締
結し，ブロック化する世界経済のもとでアメリカ優位の経済圏を確保すること
を目指した（この互恵通商協定のうち過半数はラテンアメリカ諸国とのあいだに結ば
れた）。ローズヴェルト政権は，34年5月にはキューバへの干渉権をアメリカ
に与えていたプラット修正条項を撤廃し，ハイチからは海兵隊を撤兵させるな
ど，ラテンアメリカ諸国に対して友好政策をとったが（この政策を善隣外交と呼
ぶ），これは反米運動を抑えこむとともに，ブロック化した世界経済のなかで
同地域に対するアメリカの指導権を確保する狙いがあった。　　　（土屋和代）

参考文献

秋元栄一『世界大恐慌——
1929年に何がおこったの
か』講談社，2009年。
W・シヴェルブシュ，小
野清美・原田一美訳『三つ
の新体制——ファシズム，
ナチズム，ニューディー
ル』名古屋大学出版会，
2015年。

# 3　第2次ニューディール

### ▷全国労働関係法

1935年7月5日に大統領の署名を得て発効した。労働者の権利擁護を掲げた全国産業復興法（1933年）が，連邦最高裁によって同法に対して違憲判決が下されたことを受け，あらためて労働者の権利を立法化するために制定されたものである。起案した民主党の上院議員ロバート・ファーディナンド・ワグナーに因んで，「ワグナー法」とも呼ばれた。

### ▷要扶養児童扶助

親の死亡，継続的な不在，身体的または精神的な理由により親の支援やケアを受

『タイム』紙の表紙を飾ったJ・L・ルイス

出典：*Time*, 1, no. 14, June 4, 1923.

## ① 全国労働関係法と社会保障法の成立

　ローズヴェルト政権誕生から最初の百日間は失業者の救済と経済復興に焦点があてられていたのに対し，1935年以降は「第2次ニューディール」と呼ばれ，労働者の生活保護，市民の権利保障に力を注ぐものとなった。緊急改革を制度化する試みは，今日のアメリカ型福祉国家の基礎を形づくることになった。

　まず1935年7月には**全国労働関係法**（National Labor Relations Act of 1935）が成立した。労働者の団結権と団体交渉権を保障し，労働者の権利を侵害する雇用者側の行為（組合活動を理由とした差別や解雇，会社が従業員組合を組織・支援すること，組合が求める団体交渉への拒否など）を禁じ，そのような行為に対する訴状を扱う機関として，全国労働関係局という新しい機関を設けた。こうした政権の施策は労働運動の追い風となり，組合員は1935年から45年にかけて，330万人から1400万人へと急増した。35年11月にはアメリカ鉱山合同組合の代表を務めたジョン・L・ルイスが中心となり，産業別労働者組織委員会（CIO）を結成した。熟練工から成り，黒人や他の有色人種の労働者，女性を排除するアメリカ労働総同盟（AFL）の職種別組合主義をCIOは批判し，産業別組合の組織化を行った（両者は55年に統合し，AFL-CIOとなる）。労働組合は政治，経済において影響力を持ち，現代アメリカ社会を形づくることとなった（しかし1947年に制定されたタフト・ハートレー法によって，労働者の権利は大幅に制限されることとなる）。

　1935年8月には社会保障法（Social Security Act of 1935）が成立した。人々を「就労可能な者」と「就労不可能な者」に分類し，異なった制度下に位置づけた。前者の「就労可能な者」は社会保険（老齢年金保険及び失業保険）でカバーされ，それは自分がつぎ込んだ保険料を取り戻す当然の権利とされた。一方，「就労不可能な者」は所得や資産要件に合致した人のみ公的扶助の対象となり，現金扶助が行われることとなった。老齢者手当，視覚障害者手当，**要扶養児童扶助**が公的扶助として定められた。

## ② 「ニューディール連合」の形成とその遺産

　1936年の大統領選挙でローズヴェルトは共和党候補のアルフレッ

ド・ランドンに対して1000万票以上の大差をつけて圧勝した。ニューディール政策を支持する知識人層，都市の労働者，黒人，長年民主党を支えてきた南部保守派が支持に回り，「ニューディール連合」を結成した。議会も民主党が上下両院で3分の2以上の議席を占めた。労働組合は民主党支持勢力の一翼となり，黒人は民主党支持層へと移動した。同時に，南部の保守派議員のあいだには都市の労働者や黒人の要求を汲み取る政権を警戒する動きが強まり，議会内で超党派を形成する動きが進んだ。

社会保障法に署名するF・D・ローズヴェルト（1935年8月14日）

出典：Franklin D. Roosevelt Presidential Library & Museum.

　1938年には勤労者の最低賃金・最高労働時間を定め，児童労働を禁じた**公正労働基準法**（Fair Labor Standards Act of 1938）が成立した。同法成立から7年間で，最低賃金は25セントから40セントへ，3年間で最長労働時間は1週間あたり44時間から40時間に短縮された。

　しかし，すでに1937年半ばに再び不景気に見舞われ，38年末の中間選挙で共和党が大量の議席を得たことで，ニューディール改革は見直しを迫られた。1939年1月の年次教書でローズヴェルトは改革からの事実上の離脱を宣言し，ファシズム国家が台頭するなかで雇用の回復とともに国防力の強化を目指さなければならないと強調した。ニューディール改革の行き詰まりと景気の後退という政権にとっての危機に対して，ローズヴェルトは対外問題に焦点を移すことで切り抜けた。

　「第2次ニューディール」は連邦政府の権限と財政基盤を拡大し，その強力な指揮のもと，失業者の救済のみならず，労働者の権利を拡張し，社会保障の基礎を築き，人びとの日常生活に影響を及ぼす大規模な社会計画となった。しかしニューディール政策は市民権を拡張した一方で，限界もあった。多くの政策立案者は失業を男性固有の問題と考えたが，エレノア・ローズヴェルトの支援を受けた女性のニューディーラーたちは女性労働者の困窮にも目を向けるべきだと訴えた。また，多数の黒人が事業に参加した一方で，市民保全部隊（CCC）では黒人は白人と異なるキャンプに所属し，社会保障法では南部の民主党員との妥協により農場労働者と家内労働者が除外され，その結果黒人の多くが保障の対象から外された。さらに住宅所有者金融公社がローンの提供を行う際，住宅地を4タイプに分けたが，その際，黒人をはじめ有色人種の割合が高い地域を「危険な」場所とみなしたことで，長年にわたり住宅市場における人種差別を後押しすることになった。

（土屋和代）

けることが出来ない16歳未満の児童に対して行われた現金給付。20世紀初頭に州や自治体で制度化された「母親年金」（母親扶助や寡婦年金とも呼ばれた）をモデルとする。受給するためには，給与要件に加え「徳目」審査及び指導，家庭訪問などが義務づけられた。

▷公正労働基準法
1938年6月25日成立。同法成立から7年間で，最低賃金は25セントから40セントとなった。また，3年間で最長労働時間は1週間あたり44時間から40時間に短縮され，超過した分は1.5倍の割増賃金を支払うことを使用者に義務づけた。児童労働を禁じた。

参考文献

中島醸『アメリカ国家像の再構成——ニューディール・リベラル派とロバート・ワグナーの国家構想』勁草書房，2014年。
佐藤千登勢『フランクリン・ローズヴェルト——大恐慌と大戦に挑んだ指導者』中央公論新社，2021年。

## アメリカの世紀

 **戦争勃発とアメリカ外交をめぐる国内対立**

大恐慌からの復興を目指したニューディールは，アメリカ経済をめぐる党派的対立を生み出していた。経済活動への政府による規制を嫌う企業家は共和党を支持し，ローズヴェルト政権を批判した。経済政策をめぐる対立とともに，アメリカ世論を分断させていたのが外交政策であった。イタリアによるエチオピア侵攻に際して，1935年に連邦議会は，世論の孤立主義的外交姿勢に呼応して，交戦国への武器・軍需品売却を禁止する**中立法**を可決した。

二期目の再選を果たしたローズヴェルト大統領は，1937年の日中戦争勃発後にシカゴで行った「隔離演説」で，海外への関与の重要性を主張しはじめた。この演説で，侵略行為を「伝染病の蔓延」に例え，民主主義国家は協力して「侵略国を隔離して封じ込めなければならない」と主張したが，アメリカが戦争に巻き込まれることを嫌う共和党議員から批判を受けた。

ヨーロッパではドイツが，オーストリア併合に続き，チェコスロヴァキアのズデーテン地方の割譲を求めた。英仏両国は，ミュンヘン会談でドイツの要求を容認する宥和政策を講じた。しかし，日本とともに枢軸を形成したドイツ，イタリアはさらに領土併合を加速させた。1939年8月の独ソ不可侵条約締結後，9月1日にドイツがポーランドに侵攻し，第2次世界大戦が勃発した。

1940年6月にフランスが降伏し，イギリスが孤立した状況になると，外交をめぐる対立は強まった。共和党内の一部の国際主義者が，政権のイギリス支援策を支持したため，ローズヴェルトは，影響力のある共和党員2人を陸軍長官と海軍長官に任命し，超党派政権を組織した。すると大西洋無着陸横断飛行の英雄チャールズ・リンドバーグが孤立主義的な連邦議員とともに「アメリカ第一委員会」を組織し，海外の戦争への関与を拒絶する世論を喚起した。他方，アメリカ国内で影響力のある雑誌『ライフ』や『タイム』は，孤立主義に批判的な論調を強めた。これら雑誌の編集発行人が**ヘンリー・ルース**だった。

1940年に3期目の再選を果たすと，ローズヴェルトは，アメリカは「民主主義の兵器廠」になるべきだと訴え，さらに戦争目的として「**4つの自由**」を掲げた。しかし連邦議会では，武器貸与法をめぐる激しい論争が起こっていた。1941年2月，ニューディール政策には批判的であったルースが，多くの読者を持つ『ライフ』誌で発表したのが，「アメリカの世紀」という論説であった。

▷**中立法**
交戦国への武器売却を禁止した法律。1935年に成立した。1939年の改正により現金自国船主義がとられ，イギリスの資金難の一因となった。

▷**ヘンリー・ルース**
1898〜1967年。『タイム』『ライフ』『フォーチュン』の発行・編集人として当時アメリカメディア界で最も影響力のあった人物。

▷**「4つの自由（Four Freedoms）」**
1940年12月にローズヴェルトが演説で述べたもので，「言論の自由（Freedom of speech）」「信仰の自由（Freedom of worship）」「欠乏からの自由（Freedom from want）」「恐怖からの自由（Freedom from fear）」からなる。

## ② ヘンリー・ルースと「アメリカの世紀」

　「20世紀はアメリカの世紀である」と主張するこの論説は，孤立主義的な世論に対し，世界的な戦争状態の中でアメリカ合衆国が果たすべき役割を訴えるものであった。唯一リーダーシップを発揮できるはずのアメリカ合衆国は，イギリスが敗北すれば，意志に反して国家社会主義を受け入れざるを得なくなり，立憲民主主義体制を失うだろうとルースは主張した。また，経済的に一体化が進んだ現代世界では，専制体制と自由な人々が暮らす生活圏という「2つに分断された陣営」が互いに争う状態になるだろうと予言した。

　ルースは，「孤立主義は奴隷制と同様に消滅すべき」であり，アメリカ人は「アメリカの世紀」にふさわしい「人民の，人民による，人民のための国際主義」を生み出すべきだと訴えた。また，資本主義・自由企業体制を守るために「海洋の自由」を防衛すべきであると強調した。豊かな生産力と高い技術力，農業生産力を持つアメリカこそが，人類に自由を保障する社会を形成すべきだと論じ，孤立主義的な共和党の議員を繰り返し批判した。ルースは，ローズヴェルトが，「最も偉大な大統領になるために」，武器貸与法への支持を訴えた。この論説は，武器貸与による海外支援を容認する超党派的な国民世論を形成した。

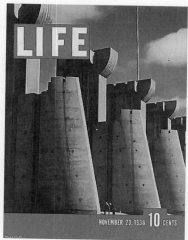

『ライフ』誌創刊号（1936年11月23日号）

出典：*Life,* November 23, 1936.

## ③ 武器貸与法成立と大西洋憲章

　1941年3月に武器貸与法が成立し，迅速にイギリスに適用された。武器貸与法は，「大統領がアメリカ合衆国の防衛に必須とみなす諸国に武器を貸与」するものであり，適用国は随時拡大された。5月には中国に，さらに6月の独ソ戦勃発後にソ連にも適用された。参戦していないにもかかわらず，アメリカ合衆国の役割は重要度を増していた。同年8月，米英両首脳による大西洋上会談が開催され，米英両国による戦争目的が示された。それが大西洋憲章である。

　米英共同宣言として発せられた大西洋憲章は，領土不拡大，領土不変更，民族自決，貿易の機会均等，労働・生活環境改善，軍縮，海洋の自由，国際安全保障の確立の8条からなっていた。ソ連もこれを支持したため，アメリカ参戦後の連合国共同宣言や国際連合憲章に引き継がれることになる。

　武器貸与法成立後のイギリス支援政策と並行してアメリカ政府が行ったのが，日米交渉であった。ドイツの攻勢に乗じてフランス領インドシナに進駐した日本軍に対して，ローズヴェルト政権は態度を硬化させ，屑鉄や石油の対日輸出禁止に踏み切った。さらに，11月に日本政府に対し中国とインドシナからの全面撤退を求める**ハル・ノート**を提示した。これが，日米交渉を決裂させることになり，日本の対米開戦を導いたのである。

（高田馨里）

▷ハル・ノート
ローズヴェルト政権の国務長官コーデル・ハル（1871～1955年）によって提出されたため，このように呼ばれている。

参考文献
中野耕太郎『20世紀アメリカの夢』岩波新書，2019年。

# 5　第2次世界大戦

### ① 第2次世界大戦とアメリカ参戦

　1941年12月7日未明，日本海軍がハワイ真珠湾を攻撃した。ローズヴェルト大統領は，「恥辱の日」として真珠湾攻撃を批判し，連邦議会に宣戦布告決議を求めた。連邦議会は，下院議員**ランキン**によるわずか1票の反対票をもって宣戦布告を決議し，アメリカ合衆国は参戦した。1942年1月1日，ワシントンで大西洋憲章を骨子とする**連合国共同宣言**が発せられ，アメリカ，イギリス，ソ連，中国を中心に世界26カ国が協力して枢軸国と戦うことを宣言した。だが，太平洋戦線で日本軍は勝利を重ね，戦線は太平洋・アジア全域に拡大し，アメリカ軍はフィリピンを放棄せざるを得ない状況だった。反日感情が高まるなか，ローズヴェルトは防衛目的で日系人の西海岸からの強制移転を命じたが，これは「収容」と変更され，大規模な日系人強制収容が実行された。

### ② 総力戦体制

　第2次世界大戦は，産業や科学技術，国民を動員して戦う総力戦となった。すでに1940年5月，アメリカ政府は航空機の年産5万機を求め，航空機産業や自動車産業など産業動員を開始していた。同年9月には，平時における初めての選抜徴兵法が成立して兵力の増強が図られた。参戦による莫大な軍事支出により産業は活況を呈し，雇用が創出され，アメリカ経済は大恐慌から復活し，「民主主義の兵器廠」の役割を担った。軍と産業は関係を強め，兵器・軍需品開発における協力体制を築いた。また最新の科学技術の軍事利用が求められた。原子爆弾は，米英加の研究機関とヨーロッパからの亡命研究者を動員したマンハッタン計画により，ロスアラモス研究所で開発された。

　兵力・労働力ともに国民総動員が必要となり，政府は，白人男性のみならず女性やマイノリティの軍事・産業動員を促進した。女性たちはリベット工ロージーに象徴されるように軍需産業に動員されたが雇用者は女性の雇用を一時的なものとみなした。一方，アフリカ系アメリカ人は軍隊の人種隔離政策に直面し，雇用でも不利な状況に置かれたため，平等な待遇を求める**ダブルVキャンペーン**を展開した。また日系人強制収容によって不足した農業労働力を補う

▷**ジャネット・ランキン**
1880〜1973年。モンタナ州選出，アメリカ史上初の女性連邦下院議員。女性参政権運動の活動家。平和主義の立場から対日宣戦布告に唯一反対票を投じたランキン議員は，この反対票により再選されなかった。この後，ランキンは女性の権利保障に人生をささげた。

▷**連合国共同宣言**
この宣言の際に採用された「連合国（the United Nations）」が国際連合に引き継がれることになった。

▷**ダブルVキャンペーン**
Ⅵ章6節を参照。

リベット工ロージー

出典：国立公文書館（NARA）。

ためメキシコから労働者を導入する「ブラセロ・プログラム」が開始された。

### ③ 連合国による反攻

　参戦によってアメリカ合衆国は大西洋と太平洋の二面戦争を戦う必要があった。ローズヴェルト政権はヨーロッパを優先するが，1942年前半のヨーロッパ戦線での米軍の軍事的関与はドイツ占領地域への限定的な空爆に限られ，ドイツとの戦いで圧倒的な犠牲を払っていたのはソ連であった。1942年末になると米軍は北アフリカに上陸し，太平洋戦線で，1942年6月に米軍がミッドウェー海戦，ガダルカナル島での勝利後，反攻に転じた。米英両首脳は，1943年1月にカサブランカ会談を開催し，枢軸国の無条件降伏を確認した。

　1943年2月にソ連がスターリングラードの戦いでドイツに勝利し，反撃に転じた。また北アフリカから連合軍が迫るとイタリア国内でファシスト政権が倒された。同年11月に米英中が日本帝国を解体する**カイロ宣言**を発表した。次いで米英ソ首脳がテヘランで会談し，米英連合国によるフランス上陸作戦が決定され，ソ連の対日参戦が約束された。1944年5月，連合国最高司令官アイゼンハワーが率いるノルマンディ上陸作戦が決行され，8月にはパリが解放された。

　1944年に入ると戦後経済問題や国際機関に関する戦後世界秩序構想が検討されたが，占領された国や敗戦国の処理に関しては具体的な協議は先送りにされていた。1944年10月に英ソ首脳間で東欧に関する分割案が話し合われた。続いて行われた1945年2月のヤルタ会談で米英ソ首脳が戦後処理について協議し，同時に日本の北方四島をソ連に引き渡す密約が結ばれた。このヤルタ会談で，戦後の東欧諸国の処遇をめぐる米英とソ連との対立が明らかとなった。

### ④ ヒロシマ・ナガサキへの道

　連合国による進撃の前にナチス体制は崩壊，ヒトラーは自殺し，5月8日にドイツは降伏した。太平洋戦線では，レイテ島の戦いに続いて米軍がフィリピンを奪回した。米軍は陥落させたサイパンにB29爆撃機を配備し，日本本土への空爆を開始した。同年3月9日の東京大空襲では一夜にして10万人が犠牲になった。さらに硫黄島の激戦を制した米軍は，4月に沖縄本島に上陸した。

　米軍が沖縄を占領した後の7月から8月に占領下に置かれたドイツの都市ポツダムで米英ソ会談が行われた。ローズヴェルト逝去により大統領に昇格した**トルーマン**は，東欧問題でソ連に対する不信感を強めた。ポツダムで原爆完成の報告を受けたトルーマンは，ソ連を除いた対日降伏文書**ポツダム宣言**を発した。日本政府が宣言受諾を遅らせる中，8月6日に広島に，8月9日に長崎に原子爆弾が投下され，また8月8日にソ連が対日参戦し，日本は降伏した。犠牲者約6000万人のうち戦闘・ホロコースト・空爆などによる市民の犠牲が約4000万人にも達した戦争は，核時代の幕開けとともに終結した。（高田馨里）

▷**カイロ宣言**
米英中による，日本の無条件降伏と降伏後の領土に関する取り決め。日本は太平洋の移民統治領土をはく奪，中国東北部・台湾・澎湖諸島の中国返還，そして朝鮮半島の独立が宣言された。

▷**ハリー・Ｓ・トルーマン**
1884〜1972年。ミズーリ州出身，アメリカ第33代大統領。ローズヴェルトの死によって副大統領から大統領に昇格した。原爆投下を決定した。戦後は米ソ冷戦外交を展開する一方で公民権問題に着手した。

▷**ポツダム宣言**
1945年7月に米英中によって発表。8月にソ連も参加。日本に対する降伏宣言で，軍国主義の除去と武装解除，領土の北海道，本州，四国，九州への制限，民主主義の確立などが列挙された。天皇制存続をめぐって日本側の返答が遅れたと言われている。

**参考文献**
佐藤千登勢『フランクリン・ローズヴェルト』中公新書，2021年。

# 6 ダブルⅤキャンペーン

## ① 戦争と人種

　1941年，軍需産業における人種差別の禁止や雇用の確保，軍隊における人種隔離の廃止，リンチ反対などを連邦政府に訴えるために，5万人の黒人を動員するワシントン行進運動と呼ばれる非暴力直接行動の抗議デモが計画された。同年の年頭教書で，**ローズヴェルト**大統領は戦争が不可避であることを示唆し，参戦の大義として「**4つの自由**」という民主主義的な理念を表明していた。運動を提唱した**A・フィリップ・ランドルフ**らは，このうちの2つ「欠乏からの自由」「恐怖からの自由」に「**ジム・クロウ**からの自由」を加え，黒人大衆に行進への参加を呼びかけたのである。しかし，ワシントン行進運動は実現には至らなかった。ローズヴェルトが行進による混乱を恐れて，軍需産業の人種差別を禁じる大統領行政命令と引き換えに彼らを説得したからである。大統領令は戦時中のみ有効で，罰則もなく効果は極めて限定的だった。しかし，ランドルフらの運動は，人種差別問題に消極的だった大統領から譲歩を引き出すことに成功し，その後の黒人解放運動の指針となった。

　ヨーロッパで第2次世界大戦が本格化する中でこうした動きが起こったのは，戦争による軍需産業への労働者の動員や軍隊への市民の動員において，黒人男女が除外されたり不当に扱われたりしたためである。大戦中，多数の黒人がより良い機会を求めて南部の農業地域から西海岸や北部の工業地域へ移動したが，黒人男女の軍需産業への参入は白人よりずっと遅く，工場における人種差別も深刻だった。また，約100万人の黒人が入隊した軍隊は人種別に部隊編成されており，基地内でも人種隔離が続いていた。彼らに与えられるのは雑役や輸送など非戦闘員としての任務ばかりだった。たとえば，真珠湾攻撃の際に日本軍機を撃墜した英雄的行動で知られるドリス・ミラーは炊事兵であった。彼はこの功績で海軍から黒人初の勲章を受けるが，昇進することはなく，翌年戦死するまで炊事兵として従軍した。

## ② 黒人新聞の役割

　ランドルフらがローズヴェルト大統領の「4つの自由」の理念を逆手に取ったのと同様に，国内に人種問題を抱えたまま民主主義を標榜し，枢軸国のファシズムと戦うアメリカの偽善を鋭く指摘し続けたのは，黒人新聞であった。そ

▷**ローズヴェルト**
Ⅵ章2節を参照。

▷**4つの自由**
Ⅵ章4節を参照。これらの理念は，画家ノーマン・ロックウェルによる4連作のポスターによって広められた。

▷**A・フィリップ・ランドルフ**
1889〜1979年。労働運動家，公民権活動家。1917年にアメリカ社会党の支援により黒人読者向けの政治文芸雑誌『メッセンジャー』（〜1928年）を創刊。1925年には黒人初の労働組合である寝台車ポーター組合を組織し会長を務めた。1963年のワシントン大行進における指導者の1人。

▷**ジム・クロウ**
Ⅳ章5節を参照。

の顕著な例が，1942年2月に『ピッツバーグ・クーリエ』紙が開始したダブルVキャンペーンである。「二重の勝利」を意味するこのスローガンは，国外でファシズムに勝利することと国内の人種差別に打ち勝つことを目指す運動だった。しかし，このキャンペーンが公式に始まる前から，**全国黒人向上協会（NAACP）**の機関誌『クライシス』やその他の黒人新聞は，同様のメッセージを発信していた。たとえば『クライシス』では，1930年代半ばから国内の人種暴力をナチズムと結びつけるような風刺画やレトリックを駆使し，国内の人種問題が敵側に格好のプロパガンダを提供していると，政府に対して警鐘を鳴らした。ケンタッキー州の黒人新聞は，真珠湾攻撃後に起きた黒人のリンチ事件を，ヒトラーが「これ

「アメリカ製」と題されたリンチの風刺画，『ルイヴィル・ディフェンダー』（1942年1月31日）

出典：William D. Carrigan and Christopher Waldrep, eds., *Swift to Wrath: Lynching in Global Historical Perspective*, University of Virginia Press, 2013.

がアメリカ風の民主主義だ」と枢軸国の指導者に紹介する風刺画を掲載した。

　黒人新聞は長い間，黒人コミュニティにとって重要な情報源であったが，第2次世界大戦中にその役割はさらに高まった。「ダブルV」の旗印の下，全米各地の黒人新聞は前線と銃後の黒人男女の貢献を報じる一方，国内で彼ら・彼女たちが直面し続けた人種差別の経験を民主主義の理念に反するものとして断罪し，紙面を通じて黒人コミュニティの団結と行動を呼びかけた。1933年に全米で毎週60万部購読されていた黒人新聞は，1945年には3倍以上になり，『クライシス』誌の発行部数は7000部から4万5000部に増加した。NAACPの会員数も，1940年の5万人から終戦時には45万人に急増した。

　戦時中，NAACPのような既存の人権団体のみならず，新たな団体によっても人種差別撤廃運動が推し進められた。たとえば，1950〜1960年代の公民権運動を率いた団体のひとつである人種平等会議（CORE）は1942年に設立され，非暴力直接行動で人種隔離に異議を唱えた。**エラ・ベーカー**や**ローザ・パークス**など，公民権運動で中心的役割を果たした活動家の多くは，すでに1940年代から草の根の活動を行っていた。ランドルフの運動に象徴されるように，「ダブルV」の時代の闘いは後の黒人解放運動の基盤を築いたのである。

(坂下史子)

▷全国黒人向上協会（NAACP）
V章コラム「ワシントンとデュボイス」を参照。

▷エラ・ベーカー
▷ローザ・パークス
Ⅶ章4節を参照。

**参考文献**
上杉忍『アメリカ黒人の歴史——奴隷貿易からオバマ大統領まで』中公新書，2013年。
中野耕太郎『20世紀アメリカの夢——世紀転換期から1970年代』岩波新書，2019年。

# 日系人強制収容

## 第2次世界大戦下の日系人

　真珠湾攻撃から2カ月後の1942年2月，フランクリン・D・ローズヴェルト大統領は，**大統領行政命令9066号**に署名し，太平洋沿岸に住む日系人の強制退去を実施した。アメリカに居住していた日本国籍を持つ人々は「**敵性外国人**」となり，司法省の監視下に置かれた。強制退去の対象者には，市民権を持たない1世だけでなく，アメリカ生まれで市民権を保有する2世も含まれた。のべ12万人の日系人が収容所に隔離された。収容所は「戦時転住所」と呼ばれ，人里離れた内陸部に10カ所設けられた。

　収容所は鉄条網に囲まれ，監視塔の兵隊に見張られる空間であった。日系人は限られた荷物だけを持ち込むことが許され，バラック内でプライバシーのない生活を余儀なくされた。立ち並ぶバラックの真ん中に，共同手洗い，洗濯室，大食堂が設置されていた。収容所では，皿洗い，料理人，大工，看護師など収容者も雇用された。支払われた給与は，例えば，アメリカ人の看護師がおよそ400ドルであったのに対し，日系人は19ドルであった。学校，病院，消防署等が設置されたが，学校は1942年末まで開校されなかったので，学齢期の子供はおよそ一年，教育を受けることができなかった。学校ではアメリカ化が促進され，日本語の使用や柔道・剣道などの武道が禁止された。アメリカ化の促進は日系人の家族およびコミュニティ内で，アメリカ市民権を持たない1世の威厳や統制力を弱め，1世と2世の力関係の崩壊をもたらした。

　このような状況下，陸軍省は2世のみによる戦闘部隊編成を計画し，収容所で志願兵を募った。2世はアメリカに忠誠心を示すことのできる機会として入隊した。この部隊は第442連隊戦闘団として知られ，死傷者2000名の犠牲を出した。また，収容された1世，2世に対して「戦時転住所出所許可申請書」の忠誠登録質問が実施された。この第27項，28項は収容されていた1世，2世にとって答えにくい質問事項であった。

　第27項：あなたは合衆国軍隊に入隊し，命ぜられたどこにおいても実戦任務につく意思がありますか。
　第28項：あなたは合衆国に無条件で忠誠を誓い，外国あるいは国内の力によるどのような攻撃からも合衆国を忠実に防衛しますか。また，日本の天皇，あるいは他の外国の政府，権力，組織に対する忠誠，あるいは服従を，どのような形でも誓って否定しますか。

どちらも「イエス」と答えることが想定されたが，27項に「イエス」と答えた場合，徴兵され日本を敵国として戦うことも意味していた。28項はアメリカ市民権を拒否されている1世，強制的に収容され基本的人権を剥奪されている2世にとって矛盾する質問条項であった。どちらにも「ノー」と答えた人々は「ノー・ノー・ボーイ」と呼ばれて危険視され，その多くの人々はより監視が厳しい別の収容所に隔離された。

　ところで，19世紀末から20世紀初頭にかけて日本からアメリカに渡った人々は，アメリカ本土の西海岸のみならずハワイにも多く定着したが，ハワイにおいて

は日系人に対して大規模な強制収容は行われなかった。ハワイでも日系人の立ち退き計画がなかったわけではないが，当時のハワイ経済を支える重要な役割を日系人が果たしていたため，立ち退きは現実的ではなかった。ハワイではごく一部の日系人に対しての強制収容にとどまったが，日系人のアメリカ化に対する強い圧力があった。日系2世は忠誠を示す，という名目で本土に送られ，2世兵士だけで結成した第100大隊に入隊させられた。この部隊はヨーロッパの激戦地区に送られ多くの犠牲者が生じた。その多くの犠牲に対してはパープルハートと呼ばれる名誉戦傷章が授けられ，第100大隊は「パープルハート大隊」と呼ばれた。

## リドレス運動

戦後，日系人の強制収容は国家の不正義であるという声が高まり，アメリカ政府による日系人への謝罪を求める運動が生じた。これをリドレス運動と呼ぶ。戦争が終結し，日系人の間には2世を中心に120％アメリカン，つまりアメリカ人よりアメリカ人らしく振舞おうとする姿勢が見られた。それは，戦争中，アメリカ国民であるにもかかわらず，日本にルーツを持つがゆえに敵視された経験に由るものであった。

戦争終結から時が経った1960年代末にはエスニック意識の高揚からアジア系アメリカ人運動が展開され始めた。その際，日系アメリカ人の強制収容や補償問題に意識が向けられた。日系アメリカ人の権利獲得を目指す日系アメリカ人市民連盟（JACL）などを中心に，金銭的な補償を求めるだけでなく，政府に強制収容という歴史的事実を認めさせ，それに対して謝罪をするよう求めた。1980年7月31日，ジミー・カーター大統領の署名により，市民の戦時民間人強制立ち退きおよび収容に関する委員会が設立され，大統領令や軍による日系人への対応が調査された。それから，戦後長い間収容について口を閉ざしていた2世から収容所での体験を聞く公聴会が全米10都市で開かれた。そして1988年8月10日，ロナルド・レーガン大統領が市民の自由法案に署名し，市民の自由法（Civil Liberties Act）が成立した。これにより収容され生存する約6万人に対し，1人2万ドルの賠償金の補償と，強制収容は軍事的必要性ではなく人種差別に基づく不当な政策であったことに対する謝罪が実現した。

（土屋智子）

▷**大統領行政命令9066号**
国防上の必要性を理由に，国内の外国人を強制的に隔離する権限を軍に与えることを承認した法令。

▷**敵性外国人**
戦争などでアメリカ合衆国と敵対する国の在留外国人のこと。第2次世界大戦時には，ドイツ，イタリア，日本国籍者が該当したが，大規模な収容は日本国籍者にのみ行われただけでなく，アメリカ市民権を保有するアメリカ生まれの日系人にまでおよんだ。

▷ **JACL（Japanese American Citizens League）**
1929年に日系人およびアジア系アメリカ人の権利獲得を目指して設立。本部はサンフランシスコにある。特に，日系人に対する差別的な法律や社会的待遇の改善を求め，強制収容に関してはその違法性を明らかにする活動を精力的に行った。

参考文献

和泉真澄『日系アメリカ人強制収容と緊急拘禁法——人種・治安・自由をめぐる記憶と葛藤』明石書店，2009年。
竹沢泰子『日系アメリカ人のエスニシティ』東京大学出版会，1994年。

強制収容所の日系人たち

出典：アメリカ議会図書館（Library of Congress）。

## コラム

# 原爆投下をめぐる世論

## 原爆投下をめぐる認識ギャップ

　2020年8月5日（日本時間8月6日），『ロサンゼルス・タイムズ』紙に原爆投下に関する論説が掲載された。広島と長崎への原爆投下は，「何十万人ものアメリカ兵や何百万人もの日本人の生命を奪う可能性のあった日本本土上陸作戦を実行することなく，第2次世界大戦を終わらせる唯一の手段であった，という認識がアメリカ合衆国において75年にわたって受け入れられてきた」とこの論説は指摘する。

　この「早期終戦・人命節約説」というアメリカ政府の公式見解に対し，この論説は，「日本は原爆投下がなくとも8月には降伏したであろうし，トルーマン大統領はそれを知っていた」ことが日米両国の豊富な資料で示されており，原爆投下は必要なかったと主張する。この論説を執筆したのは，ガー・アルペロビッツとマーティン・シャーウィンという，原爆投下を巡る歴史研究をけん引してきた歴史家である。2人は，大戦当時の日米両国の政治家や軍人の言質を取り上げながら，原爆投下に至る経緯についての歴史的事実を提示し，原爆投下が必要だったかどうかを読者に問うている。原爆投下問題には，つねに公式見解とそれとは異なる学術的成果という認識ギャップが存在してきた。

## 原爆投下の「神話」の形成

　それでは，当時，原爆投下はどのように受け止められていたのだろうか。1945年8月16日の世論調査によれば，85％のアメリカ人が原爆投下を称賛し，10％が

反対，5％が無回答と，圧倒的多数が支持していた。原爆の批判者の多くはキリスト教会関係者であり，彼らは無辜の民を殺害した原爆投下に強く反発した。

　1946年8月31日，『ニューヨーカー』誌は，原爆投下後の広島を訪れて6人の生存者にインタビューを行ったジャーナリスト，ジョン・ハーシーの「ヒロシマ」というルポルタージュを特集した。ハーシーは，小さな子どもをもつ主婦，医師，看護師，牧師や神父という被爆者の経験を克明に記録し，被害者の立場から原爆の惨状を描き出した。この論文は大きな反響を呼び，重版され，また新聞に転載され，一般読者，科学者や政府関係者，軍部にまでも読まれた。

　しかし，1947年2月の『ハーパーズ・マガジン』誌に掲載された，原爆開発の責任者であった前陸軍長官スティムソンの論文が公式見解を提示すると状況が一変した。スティムソンは，原爆投下が日本本土上陸を回避し，「米兵だけでも100万人」の命を救うのに必要だったと主張した。この見解は，しばしば数値を引き上げながら，また日本人の命も救ったという主張とともに，原爆投下を決定したトルーマン大統領を含む政府関係者によって繰り返し表明された。こうして，「早期終戦・人命節約説」という「神話」が定着した。

　アメリカ合衆国における原爆投下に関する歴史研究は，この「神話」を検証するものだった。最も反響を呼び，肯定的にも批判的にも参照されたのが，アルペロビッツの研究である。彼は，トルーマンがソ連にアメリカの力を印象づけるという政治目的のために原爆を投下したと指摘し，原爆投下は必要なかったと論じ

た。以降，多くの研究者がこの仮説を検証した。その
1人がシャーウィンであり，原爆利用はできるだけ早
期に戦争を終わらせる目的をもって投下されたが，原
爆投下以外の選択肢もあり得たと論じた。原爆投下は
不必要だった，という当時の学問的成果を広く一般に
示すための機会は，しかし激しい論争を引き起こすこ
とになったのである。

## エノラ・ゲイ論争

　エノラ・ゲイとは，広島に原爆を投下した長距離大
型爆撃機B29の名であり，搭乗員の母の名である。戦
後50周年を迎えるにあたって，首都ワシントンのスミ
ソニアン国立航空宇宙博物館は，エノラ・ゲイの機体
を中心に，原爆投下の政策決定過程に関する最新の学
術的成果，日本側の被爆者の受けた苦痛や原爆の長期
的な意味などを展示する計画を立てた。

　しかし，枢軸国を倒し，民主主義を守った「よい戦
争」として第2次世界大戦を記憶する在郷軍人会の
人々やアメリカ空軍からの強い反発を受け，修正せざ
るを得ない状況に追い込まれた。論争は，連邦議会に
まで持ち込まれ，上院議会は，原爆を投下した「エノ
ラ・ゲイがアメリカ人と日本人の命を救い，第2次世
界大戦に慈悲深い終結をもたらしたもの」として，ア
メリカ兵の貢献に疑義を挟むような展示に反対する決
議を行った。結果，展示は，その機体と乗組員のイン
タビューのみに限定され，最新の学術的成果や広島・
長崎の被爆者の経験は取り上げられなかった。

## ジョー・オダネルの写真

　1945年8月，従軍カメラマンのオダネルは，長崎の
原爆の威力を示す写真撮影を命じられたが，彼は密か
に被爆した子どもたちの写真を撮影した。特に有名な
写真が亡くなった幼い弟を背負う「焼き場に立つ少
年」である。オダネルは，終戦から43年後，突然，写
真を公表して原爆投下は間違っていると主張した。ヨ
ーロッパや日本で展覧会を行い，撮影した子どもたち
との再会を試みたオダネルであったが，アメリカを告
発した彼に対する批判はすさまじいものであった。の
ちに息子がネット上で写真を公開すると，相変わらず
批判の声は強かったが，対テロ戦争への批判が広がる
なかで，写真を肯定的に理解する感想も寄せられた。

## 原爆をめぐる世論の変化

　核廃絶を訴えノーベル平和賞を受賞したオバマ大統
領の広島訪問は，原爆をめぐるアメリカ世論の変化を
象徴していたといえる。訪問の前年である2015年にピ
ュー・リサーチ・センターが行った世論調査によれば，
核兵器の使用に関し，アメリカ人の56％が正当化でき
ると返答した一方，正当化できないとした人々の割合
は34％に上った。さらに，世代別で見るならば，年齢
が上がるほど公式見解を信じているが，18歳から29歳
のアメリカ人で核兵器使用を正当化できると答えた割
合は，47％と過半数を割っている。アメリカの歴史教
科書が原爆の犠牲者数や被爆者の証言を取り上げるこ
とが増え，若い世代ほど原爆投下の歴史について学ん
でいることも指摘されている。翻って日本では，被爆
者が高齢化し，いかにその経験を後世に伝えていくの
かが問われている。原爆投下の歴史と被爆者の経験を
学ぶことは，世代を超え，日米の垣根を越えて原爆の
意味を考えることにつながるといえるだろう。

（高田馨里）

参考文献

Gar Alperovitz and Martin Sherwin, "U. S. Leaders knew
we didn't have to drop atomic bombs on Japan to win the
war. We did it anyway," *Los Angeles Times*, August 5, 2020.
ジョン・ハーシー，石川欽一・谷本清訳『ヒロシマ』法政大
学出版局，1949年。
ジョー・オダネル，平岡豊子訳『トランクの中の日本――米
従軍カメラマンの非公式記録』小学館，1995年。
藤田怜史『アメリカにおけるヒロシマ・ナガサキ観――エノ
ラ・ゲイ論争と歴史教育』彩流社，2019年。

# 1 戦後世界秩序の形成と冷戦のはじまり

## ① 戦後世界秩序の形成

　第2次世界大戦後の世界秩序形成にリーダーシップを発揮したのは，アメリカであった。大恐慌期の通貨の混乱とブロック経済の反省から，1944年7月に戦後の連合国の通貨金融政策を話し合う**ブレトン・ウッズ会議**が開催された。ソ連は会議に参加したものの，ドルを基軸通貨として金融秩序と世界貿易の復興を目指すブレトン・ウッズ協定を批准しなかった。1944年10月のダンバートン・オークス会議ではローズヴェルト大統領が提案した四大国を中心とする地域的安全保障体制が話し合われ，米英ソ中の4カ国のみで憲章を起草した。この国連創設草案について，1945年4月から6月に開催された**サンフランシスコ会議**で検討が行われた。会議では，常任理事国となる米英ソ中（加えてフランス）の拒否権が問題視された結果，総会の権限を強化するなどの措置が取られ，国際連合（国連）が創設されることになった。サンフランシスコ会議に際し，ポーランドの代表権をめぐり，ロンドン亡命政府とソ連が支援するルブリン政権の間で対立が起こり，トルーマンはソ連への不信を強めた。

## ② 占領政策と戦後処理

　戦後処理もまた，米ソ関係を悪化させた。イタリアでは米英が，東欧ではソ連が影響力を持った。ドイツは，米英ソに加えてフランスが参加した4カ国によって分割占領された。しかし，米英仏の西側占領地区は統合され，ソ連占領下の東ドイツと対峙することになった。日本については，マッカーサーを最高司令官とする米軍が中心となって占領し，非軍事化・民主化政策が進められた。占領期，ホロコーストなどの罪を裁くニュルンベルク裁判と，日本の戦争犯罪を裁く極東国際軍事裁判（東京裁判）が行われた。ニュルンベルク裁判で，「平和に対する罪」「人道に対する罪」「共同謀議」などの法概念が提起された。東京裁判では，インド人判事パールが事後法で罪を裁くことに疑義を呈した結果，2年半に及ぶ審議が行われた。国連総会は，大量殺戮の再発防止のため，1948年12月にジ

▷**ブレトン・ウッズ会議**
この会議において国際通貨基金（IMF）協定と国際復興開発銀行（IBRD）協定が締結された。

▷**サンフランシスコ会議**
連合国50カ国が参加して行われた最大の国際会議であり，国際連合憲章が全会一致で採択されることになった。

サンフランシスコ会議の様子

出典：国際連合（www.un.org）。

ェノサイド条約と世界人権宣言を採択した。人権問題はホロコースト問題に集中したため，人種差別問題の解決は先送りにされた。

## ❸　米ソ冷戦のはじまり

1946年2月，モスクワ駐在の外交官ケナンが長文電報を本国に送り，内外に共産主義を拡大させようとしているソ連に対し，根気強く対抗すべきだと主張した。トルーマンは，1947年3月の演説で，アメリカの政策は自由な人々を助けるものであるべきだとして，ギリシアとトルコに対する支援を訴えた。これがソ連に対する「封じ込め政策」の端緒となった**トルーマン・ドクトリン**である。同時期，ソ連が西欧諸国の経済危機を利用しようとしていたことを察知した国務長官マーシャルは，ソ連も含むヨーロッパ復興計画（マーシャル・プラン）を発表した。ソ連は東欧諸国にマーシャル・プランへの不参加を強要し，ヨーロッパの経済的分断が加速した。1948年6月の米英仏のドイツ占領地区における通貨統合に反発したソ連によって西側占領軍の管轄下にあった西ベルリンが封鎖されたため，アメリカを中心とする西側諸国は大規模な支援物資の空輸作戦で対抗した。アメリカは，ソ連の軍事的脅威に対処するため，1949年4月に西側諸国と**北大西洋条約機構（NATO）**を結成した。この後，ソ連占領区と米英仏占領区がそれぞれ東西ドイツとして分断して成立した。同年，ソ連が原爆開発に成功したため，米ソ両国は核軍拡競争に突入した。

## ❹　朝鮮戦争とアジア冷戦

1947年の**国家安全保障法**の成立後に組織された国家安全保障会議（NSC）は，アジアにおける共産主義の封じ込めを検討し，その中心に日本を位置づけた。一方，中国内戦に関して，戦時同盟を結んだ中国国民党と戦う中国共産党に対する国務省と軍部の見解が対立した。マーシャルが停戦調停を行うがアメリカの関与は限定的で，1949年10月に中国共産党が中華人民共和国の建国を宣言した。「中国の喪失」はアメリカ社会に衝撃を与え，**赤狩り**が横行した。次の衝撃は朝鮮戦争の勃発だった。カイロ宣言で独立を約束された朝鮮半島であったが，1945年12月のモスクワ外相会談で米ソによって北緯38度線で南北分断統治が決定された。その後，1948年にアメリカ統治下の南朝鮮で選挙が行われ大韓民国が成立，これに対してソ連統治下の北朝鮮も朝鮮民主主義人民共和国の成立を発表した。1950年6月，中ソを説得した北朝鮮側が韓国に侵攻し，朝鮮戦争が始まった。アメリカ政府内では「封じ込め」では手ぬるいと「巻き返し」を図る政策が採用された。アメリカは国連安保理決議82に基づき軍を派遣した。中国が北朝鮮側に援軍を送ると戦闘は激化・長期化し，市民・兵士の極めて高い死傷率を記録した。1953年に板門店で休戦協定が結ばれたが，同時に東アジア地域の冷戦体制が固定化することになった。　　　　　　（高田馨里）

▷**トルーマン・ドクトリン**
1947年3月，トルーマンは，かつてルースが「アメリカの世紀」で論じたように，現代世界は，「自由主義か，全体主義か」のいずれかの生活様式を選択しなければならないと訴え，対ギリシア・トルコ軍事援助を正当化した。

▷**北大西洋条約機構（NATO）**
北大西洋条約機構に対抗して，ソ連・東欧諸国は1955年にワルシャワ条約機構を結成した。

▷**国家安全保障法**
この法により，国防長官が外交政策決定に深くかかわることになり，諜報を担う中央情報局（CIA）も設立された。

▷**赤狩り**
▨章2節を参照。

参考文献
ロバート・マクマン，青野利彦監訳，平井和也訳『冷戦史』勁草書房，2018年。

# 2 マッカーシズム

▷1920年代の「赤の恐怖（レッド・スケア）」
Ⅴ章 7 節を参照。

▷忠誠審査
政府機関への共産主義の浸透を防ぐため，忠誠審査委員会を設けて職員を対象に政治信条や反民主主義的団体への加入を調査した。表現の自由と結社の自由の侵害ともとられたが，地方政府や学校，民間企業にも広がった。

▷アルジャー・ヒス
1904年生まれ。ハーバード・ロー・スクールを卒業して弁護士となり，ニューディール期に連邦職員になった。国務省の高官として国際連合の創設にも尽力した。1996年没。

▷ローゼンバーグ夫妻
ジュリアス・ローゼンバーグ（1918～1953年）とエセル・グリーングラス・ローゼンバーグ（1915～1953年）。ユダヤ系アメリカ人科学者。

## 1 内なる冷戦

　共産主義や社会主義を「非アメリカ的」として排除する動きは，第 1 次世界大戦後にもあった。**1920年代の「赤の恐怖（レッド・スケア）」**は，活発な労働運動の背後にロシア革命の影響をみて労働者や移民を攻撃した。第 2 次世界大戦後の冷戦下の赤狩りは，社会の至る所に潜むスパイの陰謀という物語を喚起することで，共産主義世界の拡大への不安と核戦争への恐怖を煽り，アメリカ社会を萎縮させた。

　1947年 3 月，トルーマンは大統領令9835号を発し連邦職員に対する**忠誠審査**を開始した。これを受け1956年までに約500万人の職員が調査を受け，2700人が職を追われ，1 万2000人が辞職した。1949年には，ソ連が原爆実験に成功し，さらに中華人民共和国が成立した。1950年 6 月に朝鮮戦争が勃発すると，冷戦下の社会の緊張はピークに達した。同年 9 月には国内治安法（マッカラン法）が制定され，共産主義組織とそのメンバーの登録が義務づけられた。

## 2 議会と FBI による赤狩り

　激しい赤狩りは議会が主導した。1938年に設置された下院の非米活動委員会（HUAC）は，戦中は主にファシスト取り締まりを担ったが，戦後は共産主義者とそのシンパに矛先を向けた。1947年10月，HUAC は社会的影響力の強い映画産業に着目し，著名な脚本家など10名（ハリウッド・テン）を召喚して，自身や仲間の共産主義との関係について証言を迫った。嫌疑をかけられた10人は，憲法修正 1 条をもとに証言を拒み，議会侮辱罪で有罪とされた。50年代にかけて多くの俳優，監督，脚本家がブラックリストに載せられ，仕事を失った。

　1948年 8 月には，国務省の元高官**アルジャー・ヒス**がスパイ行為を疑われて HUAC に召喚された。ヒスは告発を否定したが，議員になったばかりのリチャード・ニクソンが執拗にヒスを追及した。1950年 1 月，裁判所はヒスに懲役 5 年を言い渡した。ニクソンはその働きが評価され，52年大統領選挙では副大統領候補に選ばれた。

　一方 FBI は，1951年，原爆の製造技術に関する情報などをソ連に流したとして，**ローゼンバーグ夫妻**を捕らえた。2 人は死刑判決を受け，1953年に刑が執行された。激しい赤狩りに対して，ヒスとローゼンバーグ夫妻についてはえん罪を主張し擁護する世論も強か

ジョセフ・マッカーシー上院議員

出典：アメリカ議会図書館（Library of Congress）。

った。しかし，ソ連崩壊後の調査や証言によると，実際にスパイ行為があったとする見方がある。

## ③ ジョセフ・マッカーシー

　マッカーシズム（McCarthyism）と呼ばれる冷戦期の赤狩りにおいて，人々の恐怖と不安を自らの政治的影響力の拡大に利用したのが，共和党の**ジョセフ・マッカーシー**上院議員だった。1950年2月，マッカーシーは，国務省内のスパイ205名のリストをもっていると発言して注目を浴びた。彼は，1人の名も明かすことはなかったが，上院の小委員会を舞台に，不確かな証拠のまま多くの人びとを追及し，その社会的地位を奪った。東部エリートや民主党議員を攻撃対象にして世論を味方につけ，4年間にわたって激しい赤狩りを行った。

　とどまることを知らないマッカーシーは，かつてアイゼンハワー大統領が属した陸軍を攻撃して孤立することになる。1954年に開かれた公聴会は普及しつつあったテレビで中継され，卑劣で下品な攻撃を行うマッカーシーを2000万人の視聴者が見守ったと言われる。ジャーナリストの**エドワード・マロー**がCBSのドキュメンタリー番組『シー・イット・ナウ』で厳しく批判するなどして，マッカーシーは一気に支持を失った。上院は非難決議を可決して，マッカーシーは表舞台から消えた。

## ④ 「赤狩り」の文化と冷戦コンフォーミティ

　マッカーシー失墜後も，冷戦下の赤狩りは民間団体やコミュニティのレベルにまで広がり，「非アメリカ的」とされた教師や会社員など，多くの一般市民が職を失った。マッカーシズムの原因は，反知性主義的側面や，多様なエスニック・グループ間の地位政治，政党政治との関係など多様である。赤狩りによって形成された反共世論は，アメリカの対外政策を支えただけではない。アメリカの政治的伝統としての公正さと表現の自由を圧迫し，冷戦コンフォーミティと呼ばれる体制順応的雰囲気を生み出した。

　劇作家のアーサー・ミラーは，ハリウッドに対する赤狩りで友人を失ったことを悔やみ，**1692年のセイラムの魔女狩り**を題材に『るつぼ』（1953年）を書いた。しかし，これをきっかけにミラー自身がHUACに召喚された。また，映画監督・俳優であったチャールズ・チャップリンは1952年にアメリカから事実上追放され，再びアメリカの土を踏んだのは20年後の1972年のことだった。

（梅﨑　透）

ローゼンバーグ夫妻（右から2人）と仲間のモートン・ソベル（1951年）

出典：FBI公式サイト。

▷ジョセフ・マッカーシー
1908年にウィスコンシン州のアイルランド系の家族に生まれ，大学卒業後弁護士になった。46年に共和党から上院議員として当選。検察官ロイ・コーンとともに激しい赤狩りを行った。失墜後はアルコールに溺れ，57年に死去。

▷エドワード・マロー
1908年生まれ。35年にCBSに入社し，報道部門の記者として第2次世界大戦ではヨーロッパからライブでラジオ報道した。戦後テレビが普及すると，ドキュメンタリー番組 *See It Now* シリーズの作成に携わった。

▷1692年のセイラムの魔女狩り
Ⅰ章3節を参照。

（参考文献）
リチャード・H・ロービア，宮地健次郎訳『マッカーシズム』岩波文庫，1985年。
吉村英夫『ハリウッド「赤狩り」との闘い——「ローマの休日」とチャップリン』大月書店，2017年。

# 3　「豊かな社会」

## ① 大衆消費社会の到来とアメリカ資本主義の発展

　第2次世界大戦後，冷戦下のアメリカでは「アメリカ的」なるものが強調された。1959年の「**キッチン討論**」で，アメリカ副大統領だったリチャード・ニクソンがフルシチョフ・ソ連第一書記に述べたように，数々の消費財や新しい生活スタイルは，アメリカ資本主義の優位を象徴するものでもあった。

　戦後，復員兵の帰国で結婚が急増し第1次ベビーブームを迎え，連邦政府は拡大する住宅需要に応えるため，公営住宅の建設や復員兵への低利融資を行うとともに，一戸建ての新興住宅地を大都市の郊外に建設するよう促した。1947年から建設が開始されたニューヨーク郊外の**レヴィット・タウン**はその典型で，広大な敷地に画一的な住居が並ぶ光景は，戦後アメリカの郊外化と大衆消費文化に支えられた生活を象徴してもいる。新たに家庭の必需品となったテレビでは（1950年代半ばまでに全世帯の88%がテレビを保有していた），理想的家庭像やライフスタイルが映し出され『パパは何でも知っている』や『うちのママは世界一』などの番組が，国内外で人気を博しアメリカの豊かさが伝えられた。

　テレビ番組や大衆雑誌は，冷蔵庫や洗濯機などの電化製品や自動車に囲まれて郊外の小綺麗な一戸建てに暮らす家庭を「豊かさ」の象徴として描いた。これら消費財は1920年代にすでに発売されていたものの，中産階級の家庭に広まったのは戦後になってからである。その理由は，生産技術の発達と大量生産による価格の低下が挙げられる。また，製造業のオートメーション化で工場労働者が減少する一方，大企業の拡大などで事務・サービス業従事者が増加し，1956年にホワイトカラーがブルーカラー従事者数を超えた。これは賃金上昇にもつながり，多くの人々がかつてない高水準の消費生活を享受できるようになった。さらに月賦販売やクレジットカードの利用拡大で，商品購入が一層容易になったことも大量消費時代の到来を促した一因である。

　物質的豊かさの享受とともに，冷戦期のアメリカは軍事産業の拡大に特徴づけられる。特にアイゼンハワー政権（1953～1961年）が重視した，核兵器や

[キッチン討論]

出典：Ruth Oldenziel and Karin Zachmann, eds., *Cold War Kitchen: Americanization, Technology, and European Users*, MIT Press, 2009.

関連技術でソ連への優位を確保しようとする政策により，原子力・航空機・ミサイル・電子など特定産業が肥大化していった。これら新興軍事産業と官僚・軍部は密接に結びつき，戦後アメリカの軍事技術と産業とが癒着しながら発展するという「軍産複合体」と呼ばれる構造を生み出した。

## 2 豊かさと矛盾

　豊かさが謳歌された一方，現実には貧困や不平等が依然として存在した。郊外化が進んだことで，大都市近郊に白人中産階級層が大量に移住するようになると，代わって大都市中心部には黒人などのマイノリティ，特に貧困層が集まり，貧しい中心部と豊かな郊外という対照が多くの都市で見られるようになった。レヴィット・タウンでは，黒人家族の居住を認めておらず，経済的格差だけではなく，構造的な差別も根強く続いていた。ミズーリ州セントルイスで社会福祉の仕事についていたマイケル・ハリントンは，貧困問題や都会のスラム問題に関する著書『もう1つのアメリカ』(1962年)を著し，貧しい人々は郊外住宅に住む白人たちの目には「見えない存在」になっていると主張した。

　大量消費主義の台頭は，健康被害や環境問題をもたらしもした。これに対し，1960年代以降，消費者運動が高まりを見せ，知識人・社会運動家らは一般消費者に働きかけるとともに，連邦・州政府に法改正を訴えた。例えば，農薬の生態系への影響を論じた**レイチェル・カーソン**の『沈黙の春』(1962年)は国内外から注目を集め，後の連邦政府による農薬規制にもつながった。

　また，社会批評家やジャーナリストらは，行き過ぎた資本主義経済の発展や消費主義社会を糾弾した。経済学者のジョン・ケネス・ガルブレイスは，1958年に発表した著書『ゆたかな社会』の中で物質主義の拡大を批判した。ジャーナリストとして数々の著作を残したヴァンス・パッカードは，『かくれた説得者』(1957年)や『浪費をつくり出す人々』(1960年)などで，心理学や行動科学を利用した市場調査やマーケティングが消費者の欲望を作り出し購買意欲を刺激していると説いた。

　さらに，物質主義に疑問を抱いた若者たちが，大衆社会に迎合しない独自のライフスタイルを求め文化的・政治的運動を繰り広げた。メディアから「ビートニク」と呼ばれた彼・彼女らは，音楽や文学などの分野で影響を残した。

　豊かさの中で強調された家庭像は，その理想像からの解放を求める女性たちから批判の対象ともなった。1963年，ベティ・フリーダンは『フェミニン・ミスティーク』を発表し，理想的な女性像とは矛盾する多くの女性たちの姿を訴えた。豊かさを享受する中産階級家庭のイメージが雑誌やテレビを彩る一方で，多種多様な消費財や理想像は，大量生産・大量消費による「社会の弊害」や豊かさの矛盾を象徴するものにもなったのである。

（久野　愛）

▷レイチェル・カーソン
1907年ペンシルヴェニア州に生まれ，ジョンズ・ホプキンス大学にて動物学の修士号を取得した。その後，連邦漁業局に勤務し一般向け広報誌などに漁業・海洋関連記事を執筆する傍ら，1941年に『潮風の下で』，1951年には『海辺』を著した。1950年代後半，連邦政府が進めていた農薬散布プログラムに懸念を抱き，農薬の環境悪化への影響を調査，1962年に『沈黙の春』として発表した。

(参考文献)
伊東光晴『ガルブレイス——アメリカ資本主義との格闘』岩波新書，2016年。
Lizabeth Cohen, *A Consumers' Republic: The Politics of Mass Consumption in Postwar America*, Vintage, 2003.

# 公民権運動の展開

## 1　ブラウン判決と大規模な反抗

　1954年5月17日，連邦最高裁は，憲法修正14条の平等権条項に照らして，公立学校での人種別教育を違憲とする判決を下した（ブラウン判決）。人種隔離は「分離すれども平等」とし，南部の**ジム・クロウ制度**[a]に憲法上の根拠を与えていたプレッシー判決（1896年）の法理論を根底から覆したのである。

　当時，南部と境界州を中心に17の州が法律で公教育の人種隔離を定めていた。一方，隔離教育を禁じている州も，北部と中西部を中心に17州であった。したがって，世論一般が人種隔離撤廃に同意していたとは言い難く，この判決は文字通り国論を二分していくことになった。

　わけても，南部選出の連邦議会議員が連名で最高裁判決を批判する「南部宣言」の発表は，南部白人の同判決への反対感情を後押し，「大規模な反抗（massive resistance）」と称される民衆レベルでの人種統合に対する抵抗運動が，地域の政治エリートも後ろ盾となるかたちで組織されていった。ミシシッピ州サンフラワー郡で起きた**エメット・ティル殺害事件**は，白人至上主義の暴力性を明らかにすると同時に，南部白人の変化への抵抗のすさまじさを物語るものとなった。また，露骨で残忍な暴力は避けながらも，合法的な手段で人種隔離を維持しようと考える人々を集めて，白人市民会議という組織が結成された。

## 2　バス・ボイコット運動

　アラバマ州モントゴメリーでのバス・ボイコット運動は，このような時代の流れのなかで起きたことである。1955年12月，黒人女性ローザ・パークスが，白人優先が条例で定められているバスに乗車中，白人に席を譲れという命令を拒否して逮捕された。同地の黒人女性の組織，女性政治評議会は，以前よりバスのなかでの人種差別やセクシャル・ハラスメントに対する抗議活動を行っており，パークス逮捕の一報が伝わるとすぐにボイコット運動の組織化を始めた。その後，黒人教会の牧師をはじめとする地域の「名士」たちを集めた会合で黒人コミュニティ全体を動員したボイコットの開始が決定され，その調整組織として結成されたモントゴメリー改善協会の会長に，マーティン・ルーサー・キング Jr. が就任した。

　このボイコット運動の展開のなかでも，キングの自宅に爆弾が投げ込まれる

---

▷ジム・クロウ制度
Ⅳ章5節を参照。

▷エメット・ティル殺害事件
シカゴ生まれの黒人少年エメット・ティル（14歳）が，親戚を訪ねてミシシッピ州を訪れていたところ，白人女性に馴れ馴れしい態度をとったとして殺害された事件。2人の白人男性が起訴されたが，白人だけの陪審員が無罪の評決を下した。

事件も起きるなど，白人市民の抵抗は熾烈を極めた。この爆弾事件のとき，怒った群衆を前にキングが説いたのが「非暴力」である。結局，ボイコット運動は381日も続き，最終的には連邦最高裁判所が違憲判決を下すことで，バスにおける人種隔離撤廃が実現されることになる。

　しかし，依然として人種隔離撤廃の動きは少し進んではまた引き戻されるという展開が続く。1957年9月，アーカンソー州リトル・ロックでは，白人だけが通っていた高校が裁判所命令によって人種統合されるのに際して，黒人生徒の通学を地域の白人が暴力的に阻止し，その白人暴徒をオーヴァル・フォーバス州知事が支援するという異常事態になった（リトル・ロック危機）。アイゼンハワー大統領は連邦軍を投入して黒人生徒を保護するも，その翌年，フォーバス州知事は人種統合が必至となっていた高校4校を閉鎖する強硬手段に出ることになった。

## ③　学生非暴力調整委員会と非暴力直接行動

　このような運動の停滞を一気に変えるのが，より急進的な運動の興隆であった。1960年2月，ノースカロライナ州グリーンズボロで4人の黒人学生が，ホームセンターの売り場に設けられていた軽食堂のカウンター席に座った。その席は白人だけが使用できるものであり，4人へのサービスは断られることになる。それでも4人はその席に静かに座り続けた。この小さな運動は，シットイン運動となって瞬く間に南部全土に広がり，北部でも支援の行動が起きて大規模な大衆運動になっていった。

　キング牧師が組織していた南部キリスト教指導者会議（SCLC）の執行幹事を務めていた黒人女性エラ・ベーカーは，この黒人学生たちの自発性を組織化するために，同年4月に会議を招集し，学生非暴力調整委員会（SNCC）が結成された。SNCCは，その後も，**フリーダム・ライド運動**などの急進的な運動にも参加し，運動を前線で牽引していくことになる。

　このような非暴力直接行動の激しい運動が興隆するなか，1963年にキング牧師が運動の前線に立ったのがバーミングハム闘争である。バーミングハム市警は，SCLCが組織した非暴力のデモ隊に容赦仮借なく襲いかかった。路上での激しい衝突，非暴力に徹する黒人デモ隊の壮大な道徳劇が繰り広げられ，ケネディ大統領は**公民権法**の制定を議会に要請することになった。

　この年の夏，ワシントン行進が開催され，キング牧師は「わたしには夢がある」と語った。しかし，それからわずか2週間後，運動の拠点となったバーミングハムの黒人教会に爆弾が投げ込まれ，4名の黒人少女が命を落とした。白人の抵抗は衰えを知らず，後のブラックパワー運動誕生の遠因となっていった。

（藤永康政）

▷**フリーダム・ライド運動**
州際交通機関での人種隔離撤廃命令を遵守させるために人種平等会議（CORE）が実施した運動。白人の激しい暴力に遭遇したため，人種平等会議は運動の一時停止を決定するが，SNCCが継続を強行し，1962年の夏を通じて300名の逮捕者を出す大運動となった。

▷**公民権法**
公民権法は，ケネディ暗殺後に大統領になったジョンソンがその制定を政権の最優先課題とし，南部選出議員の反対を押し切って，翌年7月に議会で可決された。公共施設における人種隔離の禁止と，人種や性による雇用差別の禁止が主な内容。

（参考文献）

ジェームス・M・バーダマン，水谷八也訳『黒人差別とアメリカ公民権運動――名もなき人々の戦いの記録』集英社，2007年。
マーティン・ルーサー・キング，雪山慶正訳『自由への大いなる歩み――非暴力で闘った黒人たち』岩波書店，2002年。

# 5 「ニューフロンティア」

▷ベルリンの壁
1961年から1989年まで存在
し，冷戦による東西ドイツ
分断を象徴した。
▷ロバート・S・マクナマ
ラ
1916年にサンフランシスコ
に生まれ，ハーバード大学
で経営学修士（MBA）を
取得。43年に陸軍に入り戦
略分析に従事。戦後はフォー
ド社に入社し，61年から
69年にかけて国務長官を務
め，ベトナム政策において
重要な役割を担った。2009
年死去。
▷南ベトナム
Ⅶ章7節を参照。
▷キューバ
スペインからの独立を米西
戦争で支援したアメリカが
保護国化し，アメリカ資本
が流入した。52年のクーデ
ターでバティスタが独裁を
しくと，アメリカの支配は
さらに強まり，53年から59
年にかけてフィデル・カス

## ① ジョン・フィッツジェラルド・ケネディ（JFK）

　1961年に大統領に就任した民主党のケネディは，新時代の幕開けを予感させる政治家だった。選挙で選ばれた大統領としては史上最年少だったケネディは，その就任演説で，冷戦という最大の危機において自由を守る責任を負った新しい世代に言及し，そのために「国があなた方に何をしてあげられるかではなく，あなた方が国のために何が出来るかを問う」よう呼びかけた。

　ボストン郊外のアイルランド系の裕福な家庭に育ったケネディは，大統領としては初めてのカトリック教徒でもあった。父親は第2次世界大戦中には駐英大使を務めた。その育ちの良さと華やかさは，共和党候補ニクソンとの史上初の大統領候補テレビ討論会で流れを引き寄せる要因になったと言われる。ケネディは，「ニューフロンティア」を掲げ，その先には，科学と宇宙，平和と戦争，無知と偏見，貧困と豊かさという未解決の問題があると訴えた。

## ② 冷戦と第三世界

　冷戦の勝利は，「ニューフロンティア」の最大の重要事項だった。1961年8月，ソ連は東ドイツに「ベルリンの壁」の建設を始め，東西ヨーロッパの分断を深めた。ケネディは，ヨーロッパ経済共同体（ECC）との貿易拡大を交渉し，50％の関税削減を実現して，西ヨーロッパとの経済関係強化を図った。

　脱植民地化が進む第三世界は，冷戦外交の重要な舞台だった。ケネディは，ゲリラ戦を行う共産主義勢力に対抗するため，特殊部隊「グリーン・ベレー」を創設した。国防長官にロバート・マクナマラを任命し，核兵器のみに頼らない「柔軟な対応」を目指した。フランス撤退後の南ベトナムには，自由経済のためのインフラ整備を行い，1963年までに軍事顧問団を1万6000人に増派した。

　ラテンアメリカ諸国に対しては，「進歩のための同盟」を呼びかけた。経済支援による共産主義勢力の排除を目指したが，期待したほどの成果はあがらなかった。そして，1959年1月に革命政権が誕生したキューバとの関係が重大な危機をもたらした。1961年4月17日，CIAが計画しキューバからの亡命者で編成された部隊が，カストロ政権の転覆を謀ってピッグス湾に侵攻したが，わずか数日で

キューバに建設中のミサイル基地の航空写真
出典：国立公文書館（NARA）。

撃退され，キューバがソビエトに急接近するきっかけを作った。

1962年10月14日，ソ連がキューバに核ミサイル基地を建設していることが偵察機の写真で発覚した。22日，ケネディはキューバの海上封鎖を発表して，ソ連にミサイル撤去を要求した。ソ連の貨物船が封鎖線に迫る中，第3次世界大戦の恐怖が迫った（キューバ危機）。28日，米ソ直接衝突の瀬戸際で，アメリカがキューバに侵攻しないことを条件に，ソ連がミサイル基地を撤去することに合意した。以後，米ソは直通電話回線（ホットライン）を設けて緊急事態には対話で臨むこととし，部分的核実験禁止条約を結ぶなど，緊張緩和（デタント）に向かった。

開発国援助においては，1961年に**平和部隊**（Peace Corps）を創設し，「近代化論」を掲げて欧米モデルの発展支援を行った。この事業には，ケネディの理想と熱意に賛同する多くの若者が参加し，第三世界諸国で教育，経済，社会基盤の整備等に貢献した。

1963年11月，ダラスに降り立つJFKと妻ジャクリーン

出典：国立公文書館（NARA）。

## ③ 国内のニューフロンティア

ケネディは，高齢者向けの医療改革や連邦による教育支援の拡大を目指したが，保守的な南部民主党議員と共和党議員が連携して反対したため，難航した。経済面では，連邦支出によって経済を刺激する政策から転換し，減税によって投資を促し，私企業の自由な活動によって景気を回復する策をとった。そして，最後のフロンティアとして月への有人飛行を実現することを約束し，巨額の費用を投じた。この**アポロ計画**によって1969年7月20日，2人のNASAの宇宙飛行士が初めて月に降り立った。

大統領選挙では黒人票に強くアピールしたケネディだったが，南部出身議員の政策協力を期待するあまり，人種問題の解決には踏み込めなかった。しかし，1961年に人種平等会議（CORE）が実行した**フリーダム・ライド運動**に，活動家を保護するため連邦保安官を派遣したことをきっかけに，公民権運動を積極的に支援するようになった。実弟のロバート・ケネディ司法長官がその役割を担った。そして1963年6月，大統領は，人種問題を解決するために，新たな**公民権法**案を策定すると明言した。

## ④ 暗 殺

1963年11月22日，テキサス州ダラスでパレード中のケネディは狙撃され命を落とした。容疑者リー・ハーヴェイ・オズワルドも，移送の際に銃弾に倒れた。政府が事件を検証するために設置したウォーレン委員会の報告書はオズワルドの単独犯行と結論づけたが，いまだ謎が多い。若くカリスマ的な大統領のイメージが，暗殺によって凍りついたかのように，ケネディは今でもメディアや人々の歴史的関心を喚起する。

（梅﨑　透）

トロやチェ・ゲバラが率いて革命をおこした。

▷**平和部隊**
ケネディの大統領行政命令10924号によって，61年3月に発足した。青年ボランティアを途上諸国に派遣し，教育，農業技術，手工業，公衆衛生，英語教育などを行った。

▷**アポロ計画**
1957年のスプートニク・ショック以来，宇宙開発でソ連に後れを取るアメリカは，月に人を送ることで巻き返しを図った。72年までに計6回の月面着陸を成功させ，12人の宇宙飛行士を月面に送ることに成功した。

▷**フリーダム・ライド運動**
Ⅶ章4節を参照。

▷**公民権法**
Ⅶ章6節を参照。

参考文献

土田宏『ケネディ――「神話」と実像』中公新書，2007年。

松岡完『ケネディと冷戦――ベトナム戦争とアメリカ外交』彩流社，2012年。

# 6 「偉大な社会」

▷1964年公民権法
1964年7月2日に成立。黒人の選挙権の保障，人種・肌の色・宗教・出身国を理由とした施設での隔離や差別の禁止，公教育における差別の禁止，連邦政府の援助のもとに行われる活動や事業における差別の禁止を定めた。雇用差別を禁じた第7編では性差別も禁止し，この法律の執行を監督する政府機関として雇用機会均等委員会を設置した。

▷1965年投票権法
1965年8月6日に成立。選挙の有権者登録や投票の際の人種差別を禁じた。黒人の選挙権は1964年公民権法で保障されたが，南部では黒人の有権者登録を妨害し，選挙権を奪う行為が続いていた。このため有権者登録の管轄を州・地方政府から

## ① 公民権法，投票権法の成立

ニューディール期に誕生した「福祉国家体制」は1960年代に転機を迎えた。ローズヴェルト政権下で成立した社会保障法は，「社会保険」から農場労働者と家内労働者を締め出し，州や自治体が受給資格や受給額を自らの裁量で定められる「公的扶助」に組み込んだ。このため，黒人労働者の多くは社会保障法の恩恵を得ることができなかった。また，南部では黒人の公民権が剥奪される状況が続いていた。この「負の遺産」に取り組んだのが，リンドン・B・ジョンソン政権下の「偉大な社会（Great Society）」事業であった。1960年代には両政権の下で福祉事業が量的に拡大しただけではなく，人種差別の是正が福祉国家の中心的な課題となった。

「偉大な社会」事業の中核を成したのは，人種・肌の色・宗教・出身国（及び第7編においては性）を理由とした差別を禁じた**1964年公民権法**（Civil Rights Act of 1964）の成立である。64年夏には学生，教員，牧師，弁護士が中心となり，ミシシッピ州での黒人選挙権登録促進，教育啓蒙活動を行った。しかし，公民権法成立以降も選挙権を行使する黒人や選挙権登録促進運動を進める活動家への暴力が絶えなかった。65年3月にはマーティン・ルーサー・キングJr.らは選挙権登録を妨害し黒人を逮捕，射殺した警官への抗議運動として，セルマからモントゴメリーへの「自由の行進」を行い，ジョンソンに投票権法を制定するよう求めた。ジョンソンは8月6日に**1965年投票権法**（Voting Rights Act of 1965）を制定した。

## ② 「貧困との戦い」

ケネディ政権下では1961年に，農村地域での雇用率の回復を目指す地域再開発局が設置された。また，同年5月に「青少年非行及び青年犯罪に関する大統領委員会」を設立し，大都市ゲットーの貧困地区を対象に青少年の非行防止のための事業を始めた。1962年には失業者を対象としたアメリカ史上初の職業訓練計画である人材開発訓練法を制定した。

黒人解放運動の指導者M・L・キングJr.らが見守るなか，公民権法に署名するL・B・ジョンソン大統領（1964年7月2日）

出典：LBJ Library photo by Cecil Stoughton.

ケネディ暗殺後に大統領に就いたジョンソンは，貧困対策事業を推し進めることでケネディの遺志を継ぎつつ，新たな指導者像をつくりだそうと試みた。1964年1月8日の一般教書演説の中で，貧困に対して「無条件の戦い」を開始することを宣言した（貧困との戦い（War on Poverty）と呼ぶ）。1964年8月に制定された経済機会法は6部から成り立っていた。第1部が「青年事業」，第2部が「貧困との戦い」の中心を成し，貧困層の「可能な限り最大限の参加」を掲げた「**コミュニティ活動事業**」，第3部が「農村地域向け経済機会事業」，第4部が「雇用及び投資促進事業」，第5部が「労働経験事業」，第6部が「貧困との戦い」へのボランティア参加を求めるVISTAであった。初年度予算は9億6250万ドルと同年連邦予算の約0.9%を占めるにすぎず，ジョンソンの高らかな宣言に反して皮肉にも「貧困層」1人当たり約26ドル70セントの支出にとどまるものであった。この「貧困との戦い」以外にも，低所得者への食糧支援のために1964年にフード・スタンプ法を制定し，1965年には貧困層向けの医療扶助制度であるメディケイド，65歳以上の高齢者向けの医療扶助制度メディケアを導入した。1965年には住宅都市開発省を設置し，住宅の建設，都市開発を進めた。

ニューヨーク市リバティ島で移民法について語るL・B・ジョンソン（1965年10月3日）

出典：LBJ Library photo by Yoichi Okamoto.

## 3 移民法改正

1965年10月には出身国別割り当て制を廃止する1965年移民法（Immigration and Nationality Act of 1965）がジョンソン大統領の署名をもって成立した。この移民法は東半球からは17万人，西半球からは12万人と年間制限数を定めた上で，一国あたり年間2万人まで認めるものであり，アメリカ市民の家族・親類，専門職従事者，科学または芸術において例外的な能力をもつ者，アメリカで雇用希望者が不足している特定の熟練・非熟練労働を行う資格のある移民が優先されることとなった。以降，ラテンアメリカとアジアからの移民が大幅に増加し，アメリカ社会の多人種・民族化をより一層推し進めることとなった。

こうした一連の改革は，「大砲もバターも」の掛け声のもと，ベトナム戦争と並行して推し進められた。実際「貧困との戦い」は若者の基礎学力及び身体能力を底上げし，ベトナム戦争の兵役審査を通過する者の数を増やすための「兵役失格者対策」としての特徴も有しており，ジョンソン政権のもとで戦争国家と福祉国家の拡大が進んだ。しかし，国内の社会改革を支持していた黒人や若者，知識人，聖職関係者などがベトナム政策によってジョンソン政権に背を向け，声高に批判するようになったことで，「偉大な社会」事業の遂行も困難となった。

（土屋和代）

連邦政府へ移し，選挙方法を変更する際には事前に連邦政府の承認を受けることを義務づけた。
▷**コミュニティ活動事業**
1964年経済機会法の中核事業。全米各地に「コミュニティ活動機関」を設置し，そこに従来政策決定過程から排除されてきた「貧困層」が自治体や民間団体の代表者とともに「可能な限り最大限」参加することを連邦補助の条件として定めた。

**参考文献**

川島正樹『アファーマティヴ・アクションの行方——過去と未来に向き合うアメリカ』名古屋大学出版会，2014年。
土屋和代「1964年アメリカ経済機会法における包摂と排除——『可能な限り最大限の参加』条項をめぐって」『歴史学研究』858号，2009年。

#  ベトナム戦争

## ① インドシナ戦争

　1945年9月2日，**ホー・チ・ミン**は，北部ハノイを首都にベトナム民主共和国（北ベトナム）の独立を宣言した。旧宗主国フランスはすぐさま軍隊を派遣し，1949年には南部にベトナム国を建てた。同年成立した中華人民共和国がベトナム民主共和国を承認し，ソ連や東欧諸国がこれに続いた。翌年には**朝鮮戦争**が勃発し，ベトナム紛争は冷戦下の局地戦の様相を呈した。1954年のジュネーブ会議では，会期中にフランスがディエンビエンフーで大敗したことを受けて休戦協定が結ばれた。北緯17度線を暫定軍事境界線として南北に分断し，1956年7月に統一総選挙を行うことになった。

　アメリカは，アイゼンハワー大統領が**「ドミノ理論」**を訴え，ベトナムに介入した。1954年に東南アジア条約機構（SEATO）を発足させ，翌年にはゴ・ディン・ジエムを大統領にベトナム共和国（南ベトナム）を建国し，統一総選挙には応じなかった。北ベトナムは，南で抵抗運動を開始した解放勢力への支援物資を運ぶ「ホー・チ・ミン・ルート」の建設に着手し，1960年には南の解放勢力を結集した南ベトナム解放民族戦線（NLF）を結成させた。

## ② アメリカの軍事介入と戦争の泥沼化

　南ベトナムでは仏教徒を弾圧するジエムは国民からの支持を失い，NLFが農村地域に勢力を拡大した。ケネディ大統領は，ベトナム駐留軍事顧問の数を約1万6000人に拡充して約10億ドルの追加援助を行った。1963年11月，CIAが支援するクーデターでジエムは殺害された。その2週間後にケネディ自身が暗殺された。

　副大統領から昇格したリンドン・B・ジョンソンは，軍の助言のままベトナム政策を引き継ぎ，戦争を拡大した。1964年8月の**トンキン湾事件**をきっかけに，議会の承認なしに大統領が戦争行為を行うことを許す決議がなされた（トンキン湾決議）。1965年3月には，北ベトナムへの爆撃（北爆）を恒常化し，この年だけで18万4300人の地上戦闘要員を派遣した。

▷**ホー・チ・ミン**
1890年生まれ。1911年にヨーロッパに渡り，フランス共産党に参加。30年にベトナム共産党を設立し，41年に帰国するとベトナム独立同盟会（ベトミン）を組織し，ベトナムの民族独立運動を率いた。

▷**朝鮮戦争**
Ⅶ章1節を参照。

▷**「ドミノ理論」**
ある国が共産主義化したら，ドミノ倒しのように近隣諸国も共産主義化するという考え方。

▷**トンキン湾事件**
1964年8月2日，ベトナム北部のトンキン湾でアメリカの駆逐艦マドックス号が北ベトナムにより魚雷攻撃を受けたとされる事件。しかし，後に国防省の秘密文書（ペンタゴン・ペーパー

南ベトナム駐留アメリカ軍兵士を慰問するリンドン・B・ジョンソン大統領（1966年10月26日）

出典：国立公文書館（NARA）。

1968年までには約55万人の米兵がベトナムに駐留した。

　農村やジャングルでのゲリラ戦に苦戦した米軍は，ジャングルの樹木を一掃する枯葉剤を散布し，ナパーム弾など非人道的兵器を使用した。その年の米兵の戦死者が1万人を超えた1967年末，マクナマラは北爆の停止を提案したが，ジョンソンはこれを拒否した。

　1968年1月30日，NLFの一斉攻撃（テト攻勢）でサイゴンのアメリカ大使館が一時占拠された。3月，ジョンソンはこれ以上の戦争の拡大は不可能であると判断し，大統領選への不出馬を表明した。このとき戦場では，村人504名を無差別に殺害する「ソンミ村の虐殺」が起きていた。

### ③ 反戦運動の拡大

　ベトナム反戦運動が大規模に展開したのは北爆開始後だった。1965年3月にはミシガン大学で「ティーチ・イン」が開催され，4月には**民主社会を求める学生（SDS）**が首都ワシントンDCで反戦マーチを行った。1967年4月，マーティン・ルーサー・キングJr.がベトナム戦争終結のための全国動員委員会（MOBE）に合流し，運動はさらに拡大した。同年10月のペンタゴン行進には7万人が参加した。反戦運動は国内だけでなく，国境を越えて展開した。1967年から68年にかけて国内世論が逆転し，アメリカのベトナム介入は誤りだと考える人が多数派になった。また，戦争に反対するベトナム帰還兵の会（VVAW）が結成されるなど，帰還兵（元兵士）からも撤退を求める声があがった。メディアは現地からのレポートを映像で届けるなどして，反戦世論の形成に寄与した。

### ④ 撤退とその後

　1969年に大統領に就任したニクソンは，駐留米軍を削減して南ベトナム軍に戦争を遂行させる「名誉ある和平」策をとりつつも，カンボジアやラオスに戦闘地域を拡大した。そして1973年1月には「ベトナム和平協定」を結んで，3月に軍事顧問を除く米軍の撤退を実現した。しかしその後も戦闘は続き，75年4月にサイゴンが陥落して，ようやくベトナムは統一された。

　アメリカは約5万8000人の命を失い，ベトナム側はインドシナ戦争以来150万人が犠牲になった。しかし，ベトナムは統一後も多くの難民（ボート・ピープル）が生まれるなど不安定な状況が続いた。アメリカでは，事実上の敗戦のトラウマによる「**ベトナム・シンドローム**」に悩まされた。1995年，アメリカはベトナムとの国交正常化を果たしたが，政府間の戦後補償はなされていない。枯葉剤に含まれたダイオキシンによる後遺症は世代をこえて今も続いている。

（梅﨑　透）

▷ソンミ村の女性と子ども（1968年3月16日）
出典：アメリカ議会図書館（Library of Congress）。

ズ）がリークされ，事件がねつ造であったことが暴露された。

▷ソンミ村の虐殺
1968年3月16日，南ベトナムに展開するアメリカ軍の小部隊が，ソンミ村を襲撃し，非武装の村人を虐殺して村を壊滅した事件。犠牲者には妊婦や子どもも含まれた。1969年11月に新聞や雑誌で報道され明るみになった。

▷民主社会を求める学生（SDS）
VII章9節を参照。

▷ベトナム・シンドローム
ベトナム戦争後，アメリカ社会を覆った心理的な罪悪感や虚無感。同じ過ちを繰り返すのではないかという恐れから，外交政策にも影響を与えた。

（参考文献）
藤本博『ヴェトナム戦争研究──「アメリカの戦争」の実相と戦争の克服』南山大学学術叢書，2014年。

# カウンターカルチャー

## カウンターカルチャーとは

　カウンターカルチャーと言うと，多くの人びとが「1960年代」という時代と連想して考える。しかし，60年代の歴史のなかで，このカウンターカルチャーを位置づけることは簡単なことではない。

　「カウンターカルチャー」という言葉は，もとより一般名詞であり，ある特定の時代や場所の文化現象を指すものではない。その一般名詞としての定義は「確立された社会的価値観や実践を拒否する，わけても若者のあいだでの急進的な文化」「因習的，もしくは支配的なものを拒否する生活の１つのモード」である。「激動の60年代」とは，公民権運動やベトナム反戦運動，そして第２波フェミニズムが興隆した年代である。それゆえ，カウンターカルチャーの定義とこの時代のイメージは簡単に結びつく。しかし，それは，1960年代ととりわけて強く関連する定義を持っていない。

　実際のところ，1960年代の大衆文化に対して「カウンターカルチャー」という表現が用いられたのは，1969年以後と考えるのが妥当である。「カウンターカルチャー」という呼び名の典拠に，歴史学者セオドア・ローザックが著した『カウンターカルチャーの成立』を挙げる者が多くいるが，この著作が著されたのは1969年である。

　したがって，歴史的にはカウンターカルチャーをこう定義することが適切であろう——1960年代に既存の秩序に抗う大衆文化が興隆した，それを後の時代の人々はカウンターカルチャーと呼び，このカウンターカルチャーが，あまたあるカウンターカルチャーのなかでも現在では代表的なものになった。

## 1950年代の先駆者たち

　上のように述べたといっても，何もそれは1960年代のカウンターカルチャーの意義を否定するものではない。

　1950年代のアメリカでは，多くが大量消費・大量生産が約束する「豊かな社会」のなかで満ち足りた生活を送り，一般的に体制順応主義が支配的な価値観であった。そのような社会の只中にあって，まずはジャック・ケルアック，ゲーリー・シュナイダー，アレン・ギンズバーグら文学者とその仲間たちによる反抗が始まった。彼らは「**ビートニクス**」と呼ばれ，続いてその価値がわかるものたちは「ヒップスタ」と，そして彼らが象徴する新たな世代は「ビート・ジェネレーション」と呼ばれた。

　彼らの文学や文化的な実践は，伝統的なモラルを否定することに共通点がある。それゆえ，仏教やヒンズー教などの東洋の精神世界に強い関心を示し，キリスト教的な価値観への異議申し立てを行った。また，顎髭をたくわえてイアリングをするなど，主流社会のジェンダー規範にも抗い，アメリカ先住民の文化から影響を受けて幻覚性のあるドラッグの実験を行って精神解放を試すなど，おおよそ体制順応主義を基調とする50年代とは相容れない前衛的な実験も行っていた。

## 1960年代と叛逆の大衆化

1950年代，「ヒップスタ」たちの主流の文化への対抗（カウンター）の実践は，ごく少数の文学者や芸術家たちによる前衛的な文芸運動であった。これに対して1960年代の対抗文化は，ベビーブーマーたちの参加に伴い，大衆化されてポップ・カルチャーの一部となった点に特徴がある。かくして，かつての「ヒップスタ」は，「ヒッピー」と呼ばれるようになっていく。このように前衛的な実践が，大衆文化としてのカウンターカルチャーとなったことの主たる原因は，当時の若者たちにとって，主流社会の支配的価値観を疑う契機が至るところにあったからだ。

まず，南部で興隆していた公民権運動は，自由と正義を誇るアメリカの歴史の実像を見直すことを人びとに迫っていた。そして，1964年より激化するベトナム戦争は，当時のアメリカにまだ徴兵制があったことも相まって，若者たちにとっては喫緊の問題であった。現地ベトナムでの現実がアメリカのお茶の間にも届くにしたがって「共産主義から自由世界を守る」という戦争の大義が疑問に付されると，支配的価値観を拒否する動きは，ベトナム反戦運動へとつながっていった。

こうして，アメリカの欺瞞をリリカルに告発するボブ・ディラン，非難の中で反戦を貫くムスリムのボクサー，モハメド・アリが時代の寵児となっていった。

60年代はまた，環境保護への関心が高まった時代でもあった。カウンターカルチャーの実践者たちは，このような社会的な潮流のなか，先住民や東洋の宗教や精神的世界のみならず，その食（例えば，肉代替品としての豆類や，健康食としての寿司）へも関心を示し，大量消費社会・産業社会の冷凍食品を前に，これらの食文化を「ヘルシー」で「ナチュラル」なものとして高く評価した。つまり，現代のアメリカ社会で広まっている菜食主義や有機野菜，さらにヨガなどへの関心は，約半世紀前，1960年代の対抗文化的実践に起源が

あるのだ。

西洋の合理性に対抗し，より多様で寛容な価値観を説くカウンターカルチャー的な文化実践は，今日ではリベラルな価値観の中心になっている。しかしながら，その文化的な反抗が，産業資本主義の論理を根底から定義し直したかというと，そこには大きな疑問符がつく。有機栽培の野菜が貧困層には馴染みのない高級志向のスーパーで大量に販売される光景には，対抗的な文化的実践をも常に貪欲に飲み込んでいくアメリカ資本主義の欲望が現れている。今日のアメリカで，60年代的なカウンターカルチャーを示す何かは，社会階層や文化的思考の微細な差異を表現する徴（サイン）として，皮肉なことに大量に消費されているのである。

他方，60年代がもたらした「解放」と西洋的価値観の相対化などのカウンターカルチャーの実践に，保守派は現代社会の混乱の淵源を見る。保守派にしてみれば，それは，法と秩序の混乱のもとであり，淫らさを助長するものなのだ。こうして，カウンターカルチャーとその消費されるイメージは，現在の文化戦争なかで，保守・リベラルを分かつイデオロギー的対立の分割線の上に立っているのである。

（藤永康政）


▶ビートニクス
代表作は，ケルアック『オン・ザ・ロード』，ギンズバーグ『吠える その他の詩』，スナイダー『亀の島』など。

(参考文献)
デイヴィッド・ハルバースタム，峯村利哉訳『ザ・フィフティーズ 1 〜 3 —— 1950年代アメリカの光と影』筑摩書房，2015年。
ジョセフ・ヒース，アンドリュー・ポター，栗原百代訳『反逆の神話——カウンターカルチャーはいかにして消費文化になったか』NTT 出版，2014年。
マイク・マークシー，藤永康政訳『モハメド・アリとその時代』未來社，2001年。

# ブラックパワー

## ブラックパワー演説

　1966年6月5日，ミシシッピ大学に黒人として初めて入学した**ジェイムス・メレディス**は，公民権法と投票権法制定後の南部で黒人が獲得したはずの「自由」を確かめ，同年の選挙に向けての有権者登録を呼びかけることを目的に「恐怖に抗する行進」をたった1人で開始した。しかし，この行進の2日目，テネシー州とミシシッピ州の境界近辺で白人至上主義者に狙撃されて重傷を負うことになった。この知らせを受けた南部キリスト教指導者会議（SCLC），学生非暴力調整委員会（SNCC），全国黒人地位向上協会（NAACP），人種平等会議（CORE），ナショナル・アーバン・リーグ（NUL）の幹部たちは，すぐさま現場に駆けつけ，この行進の継続を協議し始めた。

　この協議の席上，SNCC議長のストークリー・カーマイケルは，行進の参加者を黒人に限定することと，武装自衛組織の帯同を主張した。この主張を受けて，NAACPとNULの幹部は行進参加を拒否する。カーマイケルの方針を公民権運動の精神を否定するものであると捉えたのだ。

　行進に残った3団体は，ミシシッピ州の州都ジャクソンを目指して歩みを進めた。同州グリーンウッドで，行進参加者の一団は学校を野営地にしたのだが，州当局が彼ら彼女らを学校の敷地から強制排除しようとした。排除に抵抗する行進参加者とのあいだで騒乱が起き，カーマイケルは逮捕されてしまった。

　保釈されてグラウンドに戻ってきた彼は，群衆に向かって，こう述べた。「これで俺が逮捕されたのは27回目だ。留置所にぶちこまれるのは2度とごめんだ。白人が俺たちをむち打つのを止めさせる方法はただ1つ，乗っ取ることだ。この6年間，ずっと自由が欲しいと言ってきたが，何にも得ちゃいない。いま俺たちが言わなくてはならないこと，それはブラックパワーだ」。

## ブラックパワーへの批判

　このカーマイケルの「ブラックパワー演説」は，すぐさま公民権指導層からその暴力性を激しく批判されることになる。批判に直面したカーマイケルは，1967年，ブラックパワーを改めて定義することを試みた。彼によると，ブラックパワーとは，自由主義社会で黒人が平等に競争するためには，社会に統合されるに先立って黒人がまずは団結し，その集団的な力で強い交渉力を得るということであった。集団的な力の礎がない場合，マイノリティはマジョリティに政治的・社会的・文化的に圧倒されるだけだと考えたのだ。

　カーマイケルにしてみれば，このように定義される政治的な力とは，19世紀後半の「新移民」たちの営為をモデルとするいたって穏当なものであった。しかし，折しもこのときは大都市の黒人ゲットーで大規模な人種暴動が相継いで発生していた時期にあたり，ブラックパワーもこの暴動を背景に理解されていくようになる。

　彼をはじめとするSNCC指導層は暴動に際して不穏当な発言を繰り返し，ブラックパワーは体制の暴力的転覆を狙う破壊的な運動であると非難される傾向は強まるばかりだった。かくして，四面楚歌の状態に陥

った SNCC は，急速に組織として弱体化していった。

## ブラックパンサー党

　一方，カリフォルニア州オークランドでは，ヒューイ・ニュートンやボビー・シールなどの黒人青年たちが，ブラックパンサー党（BPP）を組織し，警官をショットガンを構えて監視するという活動を開始していた。1967年5月，BPP 党員は，カリフォルニア州議会に武装した一団を送り込み，黒人に武装自衛を訴えかける政治パフォーマンスを行い，ブラックパワー運動を代表する組織として全国的に名を馳せることになっていく。

　このような黒人青年たちが急進化するなか，連邦捜査局（FBI）は，COINTELPRO と称される極秘の政治弾圧を強化，BPP はその作戦の中心的な標的となり，1968年が終わるころになると，幹部の多くが投獄される事態となった。

## ブラックパワーの評価

　ブラックパワー運動の最大の難点は，かつての公民権運動と異なり，全国的に統制された運動実態を捉えることが難しいところにある。また，非暴力の公民権運動が暴力的に転回したものであると一面的に捉えられることも多い。しかし，ローカルな運動の現場をみると，違ったものが見えてくる。

　たとえば，BPP では初期の武闘派幹部が運動の前線から消えたのち，党の活動は黒人女性たちが主に担った。この女性たちを中心とする新指導層は，無料の朝食会や医療クリニック，低額の授業料で通える**学校を運営**し，福祉・教育活動を党の活動の中心に据えて，オークランドのコミュニティに根を下ろしていった。

　ブラックパワー運動のなかには，男性優越主義を唱えるマッチョな系譜がある一方，ブラック・フェミニズムを運動のなかで実践しているものも存在している。BPP の変遷はその共存と対立の格好のケーススタディである。警官暴力を前に黒人の生命を守る活動を行い，多様な差別が生み出す抑圧の構造に抗して黒人の生活を守る実践に従事する，このような活動は21世紀のブラック・ライヴズ・マター運動へと継承されていく。

　また，ブラックパワー運動の特徴のひとつは，黒人の文化や歴史に矜恃を持ち，「西洋文明」を相対化する国際的な観点から黒人の存在を考えることにある。このような視点や主張は，そのほかのマイノリティの動きと共鳴し，ブラウンパワー，レッドパワーなどの類似の主張と運動を生み出していった。

　1968年より全米の大学で黒人学研究課程（ブラック・スタディーズ）創設を求める声が高まっていくが，この動きは黒人だけの人種的利害や関心を追求したものではなかった。たとえば，かかる要求の嚆矢となった，サンフランシスコ州立大学でのストライキでは，アジア系やメキシコ系の学生との共闘が成立した結果，エスニック・スタディーズ学院が創設されることになった。その後も全米の大学で同様の動きは広がり，それらは今日の多文化社会を支える知的基盤を提供することになっている。

（藤永康政）

▷ジェイムス・メレディス
1962年，彼のミシシッピ大学入学は，白人至上主義者の激しい反発を誘発し，初登校の際の騒乱は2名が死亡する暴動になった。

▷オークランド・コミュニティ・スクール
教育委員会からの正式認可を受けて1973年に BPP が創設。その実験的教育内容はカリフォルニア州の教育界で高く評価されることになった。

（参考文献）

藤永康政「黒人ラディカリズムの「68年」とブラックパワー運動」『思想』岩波書店，2018年5月。
Peniel E. Joseph, *Waitin' Til the Midnight Hour: A Narrative History of Black Power in America*, New York: Henry Holt, 2006.

# 第2波フェミニズム

## ① 第2波フェミニズムの興隆

　1960年代から70年代にかけて，第2波フェミニズムが興隆した。この運動はリベラル・フェミニズム運動とラディカル・フェミニズム運動からなる。まず前者のリベラル・フェミニズム運動は，政治や経済の場で女性が男性と対等な権利を得ることを求める運動であった。**公民権運動**によって政治社会が変化を遂げる中，1963年にジョン・F・ケネディ大統領によって「女性の地位に関する大統領諮問委員会」が設立され，平等賃金法も成立した。1964年**公民権法**には，第7条に「雇用における人種，性別，出身国，宗教による差別を禁じる」と明記された。このような流れの中で，1963年に女性活動家，ベティ・フリーダンは『フェミニン・ミスティーク』（邦題は『新しい女性の創造』）を発表した。1966年，フリーダンを会長にした全国女性組織（NOW）が結成され，法的そして政治的に男女の平等を実現することを目指した。

　後者のラディカル・フェミニズム運動は私生活にも目を向け，セクシュアリティに関する抑圧から女性を解放しようとした。**ベトナム戦争**が泥沼化して，反戦運動が拡大すると，若者を中心に新しい価値観が模索された。ラディカル・フェミニズム運動はこの風潮の中で主に家父長下における女性の抑圧に異議を唱えた。例えば，『プレイボーイ』や『レディーズ・ホーム・ジャーナル』といった雑誌が女性を卑下する固定観念を広めているとして抗議をしたり，ミス・アメリカ・コンテストは女性の性を商品化しており，家父長制の象徴であると主張して反対したりした。1970年，作家ケイト・ミレットは『性の政治学』において個人的なことだと思われていた性に男女の支配関係が生ずると説き，「個人的なことは政治的なこと」と主張して多くの女性の共感を得た。

　第1波フェミニズムが女性の参政権獲得といった制度的な変革を目指したのに対し，第2波フェミニズムは男女平等を実現するための思想，慣習，文化の変革を重視した。コンシャスネス・レイジング（CR）が行われ，女性同士の語り合いを通して女性への抑圧に意識を向けることが目指された。この頃，家庭内で主に女性が担っていた家事が無償であるのは問題という視点が生まれ，家事労働有償化が求められた。また，1972年，雑誌『Ms.』は創刊号で中絶に関して特集し，中絶を経験した有名人の名を連ねて，彼女たちの経験談を掲載した。希望する読者はそこに名を連ねることができた。

▷**公民権運動**
Ⅶ章4節を参照。

▷**公民権法**
Ⅶ章6節を参照。

▷**ベトナム戦争**
Ⅶ章7節を参照。

　この頃，年間100万人以上のアメリカ人女性が非合法の妊娠中絶を余儀なくされており，中絶の合法化はリベラルおよびラディカル・フェミニズム，両者の関心事であった。1967年に中絶禁止法が緩和され，1973年には，ロウ対ウェイド判決において，妊娠3カ月以内の中絶が合法となり妊娠3カ月を経過した後の中絶は州が制限を行った。この判決の後，中絶反対派は「プロ＝ライフ」を名乗り，中絶容認派の「プロ＝チョイス」と対峙した。特に，家庭と伝統的なジェンダー価値観を支持する人々からロウ対ウェイド判決を覆そうと試みる勢力も現れた。

　女性参政権が獲得された後，次なる目標として1920年に議会に提出された男女平等権修正条項（ERA）はその解釈を巡る対立から長い間批准されなかった。公民権運動の流れの中で再び議論が活発となり，賛成派は「平等な個人として女性が持つべき権利を阻む法律や政策を打ち破る規定」だと主張した。反対派は，母性が尊重されて成立した労働保護法と矛盾すると解釈した。1972年になるとERAは連邦議会で可決されたが，フィリス・シュラフリーに代表されるような保守派が，徴兵制度の女性への適用など，女性に不利益をもたらす可能性を強調し，結局，1982年ERAは3州の批准が足りずに不成立となった。ここに「男女の平等と女性の保護」に関する考え方の複雑さが表れている。

（ベティ・フリーダン）

出典：アメリカ議会図書館（Library of Congress）。

## ② 第2波フェミニズムへの批判

　白人中産階級が主な支持層である第2波フェミニズムは次第に人種マイノリティの女性たちから批判されるようになった。第2波フェミニズムは，女性たちを家父長制の下での被抑圧者ととらえ，被抑圧者としての女性のつながりであるシスターフッドを強調した。しかし，アフリカ系，アジア系，中南米系，先住民の女性や白人労働者階級の女性たちは，女性であること以外の人種差別や階級差別を受けており，シスターフッドとして連帯できない格差が存在していることを指摘した。特に，ブラック・フェミニズムは，黒人女性の歴史的体験から性差別だけでなく人種差別を視野に入れないフェミニズムに強く意義を唱えた。ベティ・フリーダンが『フェミニン・ミスティーク』で指摘した「家庭に閉じ込められている女性」というのは裕福な白人女性であり，外で働かなければならない白人および人種マイノリティの女性労働者は想定されていなかった。ブラック・フェミニストの**ベル・フックス**らは，家父長制の権力構造が女性の連帯を阻んでいると指摘し，白人女性の社会的地位が向上しても，それまで彼女たちが担っていた女性役割を有色女性が担うのであればジェンダー役割の変革とは言えないと主張する。1980年代以降，フェミニズムは女性の中にある人種や階級の多様性が強調され，より複雑な様相をしている。　　　　（土屋智子）

▷ベル・フックス
1952年ケンタッキー州生まれ。アフリカ系アメリカ人作家，トニ・モリスンについての博士論文を執筆し，カリフォルニア大学サンタクルーズ校で文学博士の学位を取得した。著書に，*Ain't I a Woman? Black Woman and Feminism*, 1981. や *Art on My Mind: Visual Politics*, 1995. などがあり，日本語訳が出版されているものもある。

（参考文献）
エレン・キャロル・デュボイス，リン・デュメニル，石井紀子他訳『女性の目から見たアメリカ史』明石書店，2009年。
有賀夏紀・小檜山ルイ編『アメリカ・ジェンダー史研究入門』青木書店，2010年。
栗原涼子『アメリカのフェミニズム運動史——女性参政権から平等憲法修正条項へ』彩流社，2018年。

# 9 1968年

## 1 戦争と暗殺の暴力

　「1968年」は，若者による政治運動が世界各地で活発になり，グローバルな
うねりとなってあらわれた象徴的な年だった。アメリカは，世界との軍事，政
治，経済上の関わりからそのうねりの中心にあったが，社会内部にも転換の兆
しがみられた。

　1968年1月，ベトナムにおいてテト攻勢をしのいだ米軍はなんとか態勢を立
て直したものの，戦死者が増えるなかメディアや世論はベトナム反戦に転じた。
4月4日，メンフィスを訪れていたマーティン・ルーサー・キング Jr. が狙撃
され，死亡した。人種差別と戦ってきたキングを失った悲しみと怒りから，全
米60都市以上で「暴動」が起きた。6月6日には，ロサンゼルスで，大統領候
補として有力だったロバート・ケネディが凶弾に倒れた。アメリカはもっとも
信頼できる2人のリベラルな指導者を暗殺という暴力によって失った。

　8月にシカゴで開催された民主党全国大会には，反戦候補のユージーン・マ
ッカーシーを支持するデモ隊が押し寄せた。3日目に副大統領ヒューバート・
ハンフリーの大統領候補指名が確実になると，市内ではデモ隊と警官隊が衝突
し，流血の騒ぎとなった。テレビカメラの前で催涙ガスが打ち込まれるなか，
デモ隊は「世界中が見ている！（The Whole World Is Watching!）」と声を上げ
た。

## 2 若者の運動の拡大

　シカゴに集結したデモ隊の中心は，ニューレフトと呼ばれる若者だった。
1962年に民主社会を求める学生（SDS）がニューレフトの誕生を宣言したとき，
彼らはリベラリズムの内側から非暴力による改革を掲げた。学生運動は公民権
運動とともに拡大し，1964年にはカリフォルニア大学バークレー校でフリー・
スピーチ運動が起こり，1965年以降はベトナム反戦運動に向かった。多くのベ
ビーブーム世代（Baby Boomers）が大学に入学し，運動はカウンターカルチャ
ーと融合しつつ大衆化した。68年4月，コロンビア大学では，大学のベトナム
戦争への加担と体育館建設計画における人種隔離問題をめぐって大規模なスト
ライキが起こった。1週間後，大学は警察を入れ，学生を暴力的に排除し，
700人の逮捕者を出した。8月の民主党大会での衝突の背景には，こうしたニ

ューレフト運動の高揚があった。

運動内部の男性中心主義に異議を唱える女性たちは，より急進的な女性解放運動を展開した。**ラディカル・フェミニスト**たちは，9月のミス・アメリカ・コンテストに結集して抗議した。また，10月のメキシコ・オリンピックでは，男子200メートル走で1位と3位に入賞したアフリカ系アメリカ人選手が，表彰台の上で黒手袋をした拳を高く突き上げた。アメリカ国内の人種差別を告発するこのブラックパワー・サリュートは政治的行為とみなされ，2人はオリンピックから追放された。

ロサンゼルスのアンバサドール・ホテルで演説するロバート・ケネディ（1968年6月4日）

出典：JFK ライブラリ。

## ③ 1968年大統領選挙

11月の大統領選挙では，共和党のリチャード・ニクソンが勝利した。ニクソンは，激しさを増す若者の政治運動や都市暴動から「法と秩序（Law and Order）」を取り戻し，ベトナムには「名誉ある和平」を実現すると訴えた。リベラルな運動やカウンターカルチャーを嫌悪する保守層の**「サイレント・マジョリティ」**の代弁者として，南部の守旧派だけでなく，北部の白人労働者層とともに，60年代のリベラリズムの行き過ぎを是正することを約束し，支持を集めた。

## ④ 「1968年」後

運動は分裂し多様化した。ニューレフトは，1969年6月のSDS全国大会で「革命」の方法をめぐって内部分裂した。ウェザーマンを名乗るグループは，第三世界の革命運動を国内で展開する都市ゲリラ闘争を開始した。運動が過激化する中で，ベトナム反戦運動は1971年以降，勢いを失っていった。

他方で，新たな運動もおこった。1969年6月のストーンウォール・イン蜂起をきっかけに形成されたゲイ解放運動は，70年に最初のプライド・パレードを開催した。植民者から土地や権利を奪われてきた先住アメリカ・インディアンは，1969年に11月にアルカトラス島を占拠して**レッドパワー**を訴えた。このほか，メキシコ系，プエルトリコ系，アジア系など様々なエスニック・グループが解放運動を組織し，ローカルな運動を展開した。

これらは大学のカリキュラムにも影響を与え，黒人研究，エスニック・スタディーズ，女性学，ジェンダー研究など**新たな学問領域**が切り拓かれた。さらにカウンターカルチャーが喚起した物質文明への懐疑や，平和運動がもたらした地球規模の友愛の精神は，新たな**環境主義**を生み，70年4月22日には2000万人が参加して初めてのアースデイが開催された。「1968年」の分断と分裂のなかから，現在のアメリカに連なる様々な動きが出てきたのである。

（梅﨑 透）

性解放運動の「行き過ぎ」，カウンターカルチャーによる「伝統破壊」，そして声高に政府のベトナム介入政策を批判する反戦運動を嫌う物言わぬ保守層を指す。

▷**レッドパワー**

1968年7月，アメリカン・インディアン・ムーヴメント（AIM）が組織され，先住民の自決，部族的尊厳，生活環境の改善などを訴えた。ヨーロッパ人の入植以来のセトラー・コロニアリズムに抗う運動の起点となった。

▷**新たな学問領域**

Ⅶ章コラム「ブラックパワー」，Ⅶ章8節，Ⅶ章コラム「同性愛者解放運動から性的マイノリティの権利へ」を参照。

▷**環境主義**

Ⅶ章コラム「環境主義」を参照。

（参考文献）

西田慎・梅﨑透編『グローバル・ヒストリーとしての「1968年」──世界が揺れた転換点』ミネルヴァ書房，2015年。

# 同性愛者解放運動から性的マイノリティの権利へ

## ストーンウォール以前

　特定の性行為を禁じるソドミー法は植民地時代から存在したが，男女の領域が明確に分けられていた20世紀初頭までは，ホモソーシャルな空間はむしろ一般的で，反同性愛的風潮はそれほど強くなかったといわれる。しかし女性の社会進出が進むと，専門家としての医師が「科学的」観点から異性愛こそ「正常」として伝統的ジェンダー規範を強調し，同性愛は「精神障害」，「病気」と認識されるようになった。そして大恐慌から第2次世界大戦においては，男性らしさの回復が強調され，同性愛者への敵意が高まった。

　冷戦下の1950年代には，同性愛者への攻撃がさらに苛烈になった。扇情的な赤狩りを展開していたジョセフ・マッカーシー上院議員らは，同性愛者は共産主義者と同じ国家の裏切り者で，政府内から転覆を謀っているとして市民の不安を煽った。1953年，アイゼンハワー大統領は大統領行政命令10450号に署名し，同性愛者が連邦職員として働くことを禁じた。

　一方，同性愛者たちは公民権運動にならって平等な市民としての権利を求めて運動を開始した。同性愛者は善良なマイノリティ市民であると強調する，同化主義的な「ホモファイル」運動を展開した。

## 同性愛者解放運動の展開

　1960年代に入っても同性愛者への嫌がらせは続いた。1969年6月28日，ニューヨーク市警はゲイの社交場となっていたストーンウォール・インに強制捜査に入っ

た。このとき逮捕劇を見守っていた群衆は，警察に瓶などを投げつけ蜂起した。直後にゲイ解放戦線（GLF）が組織され，1970年には初めてのプライド・パレードが開催された。新たな解放運動は，ゲイとして「カムアウト」することで自らの性的指向をオープンにし，その文化とアイデンティティを差別から守り発展させることを目指した。

　1970年代には各地でゲイの権利条例が可決され，ニューヨークやサンフランシスコでは，同性愛者向けのビジネスが合法化された。雇用差別も部分的に撤廃された。サンフランシスコでは，ゲイであることを公表したハーヴィー・ミルクが初めて選挙で公職に選ばれた。また，ヴィレッジ・ピープルの「YMCA」（1978年）のようなゲイ・カルチャーが顕在化し，ゲイ・マーケティングが展開されはじめた。

## 80年代のバックラッシュとエイズ禍

　保守層は，キリスト教右派が中心となって，同性愛者は非道徳で，子供にとっての脅威だとのイメージを流布した。エイズ禍がこれに拍車をかけた。メディアはエイズの発症者に男性同性愛者が多かったことを「発見」し，同性愛者との接触の恐怖を煽った。1986年，連邦最高裁判所はバウワーズ判決において，ソドミー法を合憲とした。同性愛行為を犯罪と認定し，同性愛者に犯罪者としての烙印を押したのである。

　攻撃を受ける同性愛者たちはむしろ団結を強め，1987年3月にはACT UP（力を解き放つためのエイズ連合）を結成した。同年10月に開催されたワシントン

行進には75万人が集まった。

## 多様性の時代の同性婚

　1990年代には，ますます多くの同性愛者たちがカムアウトし，草の根運動を展開した。白人男性同性愛者が性的マイノリティを代表するかのような表象に対して，LGBTQ+（ゲイ，レズビアン，バイセクシュアル，トランスジェンダー，クイアの頭文字に，様々なセクシュアリティを意味する＋がつけられる）という言葉で，多様な性的マイノリティを含むようになった。

　エイズと同性愛者についての偏見を正面から扱った映画『フィラデルフィア』（1993年）は，トム・ハンクスがアカデミー主演男優賞を受賞するなど話題となった。また世界各国でLGBT映画祭が開催されるなど，彼らを取り巻く状況とその文化が広く一般に認知されるようになった。

　クリントン大統領は，軍隊における同性愛者排除の撤廃を約束したが，公約通りにはいかなかった。それでも同性愛者であることを「聞くな言うな」という条件で入隊を認める妥協的な法を成立させた。1996年，最高裁は，コロラド州法の性的指向性を理由とした保護の否定は違憲であると判断した。1998年，クリントンは大統領行政命令13087号によって，連邦職員の雇用における同性愛者差別を禁じた。性の多様性を承認する動きはビジネス界にも広がった。2003年には，最高裁が1986年のバウワーズ判決を否定した。

　しかし性的マイノリティへの攻撃が止んだわけではなかった。1998年には大学生のマシュー・シェパードが，同性愛を理由に殴り殺されるというヘイトクライムが起こった。こうした犯罪を取り締まる「マシュー・シェパード法」が成立したのは，オバマ政権下の2009年のことだった。オバマは，2013年1月の第2期目の就任演説で，同性愛者が「法の下で平等に扱われるまで我々の旅は終わらない」と，大統領として初めて同性婚に言及した。同性婚の合法化は，2003年のマ

（1970年ゲイ解放のポスター）

出典：New York Area Bisexual Network.

サチューセッツ州を皮切りに，2013年までに18の州と地域で認められた。そして2015年6月，連邦最高裁は，憲法修正14条の「法の下の平等」を理由に，すべての州における同性婚を合憲と認める判決を出した。オバマは，この判断を「アメリカの勝利」と表現したが，同性婚の合法化は多様な性的マイノリティすべてに恩恵をもたらすものではなく，婚姻制度自体の問題が言及されないなどの批判的な議論もある。

　2020年6月，連邦最高裁判所は，性別に基づく雇用差別を禁じた1964年公民権法第7編に基づいて，性的マイノリティに対する雇用差別を禁止する判決を下した。ストーンウォールから半世紀での歴史的成果であった。

（梅﨑　透）

（参考文献）

ジョージ・チョーンシー，上杉富之・村上隆則訳『同性婚──ゲイの権利をめぐるアメリカ現代史』明石書店，2006年。兼子歩「統治の制度としての多様性──アメリカ同性愛者権利運動の歴史から考える」兼子歩・貴堂嘉之編『「ヘイト」の時代のアメリカ史──人種・民族・国籍を考える』彩流社，2017年。

# 10　リチャード・ニクソン

## ① リチャード・ニクソン

　1913年生まれのニクソンは，第2次世界大戦への従軍を経て政界入りした。下院議員として赤狩りで活躍し，1953年からは副大統領を務めた。しかし，1960年大統領選挙でケネディに敗れ，62年にカリフォルニア州知事選でも敗れた後は一線から退いていた。1968年大統領選で，共和党候補として「名誉ある和平」と「法と秩序」を訴えて当選したことは，保守マジョリティ層が，リベラルな政治からの転換を求めたことを意味した。

## ② 「名誉ある和平」

　ベトナム介入をめぐる抗議の怒りを静めるためにニクソンがとった策は，約55万人の米軍を漸次撤退させ，戦闘の負担は南ベトナムに負わせる戦争の「ベトナム化」だった（ニクソン・ドクトリン）。アメリカ兵士の犠牲を抑えつつも，戦争目的は遂行することを意図していた。

　1970年1月までに米兵の戦死者は4万人を超えた。多くは大学に進学せずに徴兵された若者で，人種的偏りも大きかった。同年4月，ニクソンは攻撃地域を中立のカンボジアに拡大し，世論はさらに反発した。**ケント州立大学事件**に抗議して開催されたニューヨークでの反戦デモでは，ニクソンを支持する建設労働者がデモ隊に殴りかかった（ハードハット・ライオット）。ニクソンは，この労働者たちを愛国者としてホワイトハウスに招き，歓迎した。他方で，徴兵期間の短縮と選挙権年齢の18歳への引き下げを行って若者にアピールしようとした。しかし1971年6月に国防総省の秘密調査文書（**ペンタゴン・ペーパーズ**）が新聞にリークされ，政府の権威は失墜した。

　ニクソンは，国家安全保障問題担当補佐官**ヘンリー・キッシンジャー**の提言に従い，対立する中国とソ連との関係改善を図ることでベトナム問題からの脱却をねらった。1972年2月，ニクソンは訪中をはたし，国交正常化に向けて合意した。同年5月にはモスクワを訪れ，戦略兵器制限交渉（SALT）に調印し，あわせて弾道弾迎撃ミサイル制限条約を締結して，**デタント（緊張緩和）**を演出した。

　ベトナムでの戦況は激しさを増した。ニクソンは北ベトナムの重要拠点を空爆しつつ，キッシンジャーに和平交渉に当たらせた。1973年1月27日にパリ協

▷**ケント州立大学事件**
1970年5月4日，オハイオ州のケント州立大学で，ニクソンの戦闘地域拡大に反対する学生たちの反戦抗議運動に対して州兵が発砲した事件。4名が死亡し，9名が重傷を負った。

▷**ペンタゴン・ペーパーズ**
1945年から67年にかけてのベトナムでの軍事行動について国防省が調査した機密文書。『ニューヨーク・タイムズ』がリークし，64年のトンキン湾事件がねつ造であったことが報じられた。7000ページにわたる全文が，国立公文書館サイトで公開されている。https://www.archives.gov/research/pentagon-papers。

▷**ヘンリー・キッシンジャー**
1923年にドイツで生まれ，ナチスの迫害を逃れて39年に渡米。54年にハーバード大学で政治学博士号を取得し，57年から教鞭を執る。ケネディ・ジョンソン政権では防衛問題担当顧問をつとめた。ニクソン政権では大統領補佐官として，米中国交回復，ベトナム和平協定などをとりまとめた。

▷**デタント**
Ⅷ章2節を参照。

定に調印し，3月29日までに軍事顧問団を除く軍隊
の撤退を完了した。

## ❸ 「法と秩序」

　ニクソンは，経済機会局など連邦による社会事業
の解体にとりかかった。さらに，非効率と言われた
福祉制度を再編するため，連邦による最低家族賃金
を定めた家族援助計画を導入しようとした。しかし，
議会の反対で失敗し，総じてニクソン政権は福祉事
業に多額の予算をつぎ込むことになった。また，雇
用におけるマイノリティの「優先枠」を定めた連邦

周恩来らと会食するニクソン（1972年2月26日）

出典：国立公文書館（NARA）。

主導のアファーマティヴ・アクションを実施した。一方で，白人層に反発が強
かった公教育における人種統合のためのバス通学（Busing）を阻止しようとも
した。他方で，1970年に環境保護庁（EPA）を設立し，大気汚染や水質の基準
を策定し，連邦主導で環境保護に取り組む形を作った。

　連邦最高裁は60年代までに数多くのリベラルな判決を下したが，ニクソンは
判事の欠員を利用してこれを刷新しようと試みた。ウォーレン・バーガーをは
じめ，4人の保守派を次つぎに指名した。しかし，最高裁は73年のロウ対ウェ
イド判決で人工妊娠中絶を合憲とするなど，必ずしもニクソンが望んだ方向に
は向かわなかった。

　ニクソンは，保守的転換をめざしたが，社会の反応は鈍かった。そのため彼
の国内政策には矛盾が多く，評価も分かれる。だが，1973年に麻薬取締局を設
立して開始した「麻薬との戦い（War on Drugs）」は，80年代のレーガン政権
によって拡大され，現在の「大量投獄社会」につながったとされる。

## ❹ 経済的試練とウォーターゲート

　ニクソン政権期には長期にわたるアメリカ経済の冷え込みが始まっていた。
莫大な連邦財政支出によるインフレと，国際競争力低下による貿易収支の悪化
が不況を招いた。1971年8月には賃金と物価を90日間凍結し，ドルと金の兌換
を停止した（ニクソン・ショック）。さらに73年には変動為替相場に移行した。
1973年のオイルショックは，アメリカ経済に深刻な打撃を与えた。

　しかし，最終的にニクソンを退陣に追い込んだのは，彼自身の政治スキャン
ダルだった。1972年の大統領選挙では，白人労働者層や南部諸州を取り込むこ
とに成功し，圧倒的な勝利を得た。しかし，この選挙戦においてニクソン陣営
が民主党本部に盗聴器を仕掛けていたことが発覚し，その後ももみ消し疑惑な
どが次つぎに露見した（ウォーターゲート事件）。下院で弾劾審議が進められる
中，1974年8月にニクソンは自ら大統領職を辞したのだった。　　（梅﨑　透）

▷バス通学

公立学校の即時の人種統合
を行うため，バス通学によ
って都市部の黒人生徒と郊
外の白人生徒を同じ学校で
学ばせた。その強制性をめ
ぐって法廷で争われたが，
最高裁は人種的平等のため
の有効性を主張した。白人
保守層が反発し，黒人児童
や生徒に対する投石もおこ
った。

参考文献

田久保忠衛『戦略家ニクソ
ン──政治家の人間考察』
中公新書，1996年。
松尾文夫『ニクソンのアメ
リカ──アメリカ第一主義
の起源』岩波書店，2019年。

**11 70年代の低迷**

## 1 経済競争における不振

　70年代は30年代とならんで人々がより貧しくなった10年でもあった。戦災により諸外国の生産力が低下し、かつ石油を始めとする資源の確保が安価であったため、製造業を中心に高い業績をあげ続けられたことが戦後アメリカの好況のおもな理由であった。しかし70年代には、西ドイツや日本が生産力を回復し、自動車や鉄鋼産業等においてアメリカ企業を凌駕するようになっていた。資源価格の高騰もこれに加わった。資源産出国の多くは戦争後に独立を勝ち取った新興国であったものの、成長を遂げるなかで資源価格の交渉をする力を得ていた。イスラエルとアラブ近隣諸国との戦争において、アラブ石油輸出国機構が1973年にイスラエル支持国への石油禁輸措置を宣言、かつ石油輸出機構が原油価格を大きく引き上げることを決定し石油危機が起こると、自動車を主要な交通手段とするアメリカでは人々は収入の多くをガソリンに費やさざるを得なくなった。同時に石油関連製品の高騰が家計を直撃したのである。

　諸外国における復興の進展、石油価格の上昇は、アメリカ経済の根幹をなす製造業への打撃となった。例えば、ミシガン州デトロイトを拠点とした自動車産業は、ガソリン消費量の多い大型車の生産を得意としていた。しかし、石油価格の高騰により、燃費が良い小型自動車の需要が高まると、西ドイツや日本の車が人気を博すようになった。競争は熾烈化し、工場の転出や縮小が進んだ。このなかで「民主主義の弾薬庫」とさえ呼ばれ強大な米国製造業の象徴であったデトロイトは、急速な凋落を経験した。なお、冷戦のなかで景気が良かった防衛産業はアメリカの工業発展の主役であったものの、特殊な技術を要する当該産業の製品は、需要の変化が著しい民間市場向けの機械や機器等への**転用に困難を抱え**挽回の起点にはならなかった。

## 2 格差の拡大と家族関係の変容

　こうしたなか、労働者は困難な状況に置かれた。製造業労働者の賃金は伸びず、彼らの雇用や労働条件等を守る労働組合の組織率は落ち続け、逆に失業率が上昇していった。さらに、「偉大な社会」のプログラムやベトナム戦争のための政府支出の肥大化、ならびに原油価格の高騰によりインフレーションが進んだが、雇用環境の改善はなくスタグフレーションが進行した。

▷**軍から民への製品転用の困難**
高度な性能を持つ爆弾の製造は、カセットやビデオ、テレビやステレオの開発には結びつきにくかった。例えばミシンメーカーとして有名であったシンガーは、冷戦期にミサイル誘導システム製造において多くの収益を上げた。一方でミシンに関しては外国製品との競争力を失い、同社はニュージャージー州の世界最大のミシン製造工場だった旗艦工場を1980年に閉めている。

▷**離婚率の上昇**
1960年代と1970年代に、アメリカの離婚率は上昇した。1970年代には、結婚をしたカップルの半分以上が離婚をするようになり、アメリカ的生活様式の重要な要素である家族の崩壊が憂慮されるようになった。1人息子を持つ専門職の夫婦の離婚と親権をめぐる法廷闘争を題材にした『クレイマー対クレイマー』（1979年）は、伝統的家族像と女性の社会進出の複雑な関係、子育ての困難などの問題を活写し、アカデミー賞で5部門の最優秀賞を取るなど当時高い評価を得た。このことは、離婚が大きな関心を呼んでいた証左といえる。

▷**アメリカ大使館人質事件**
イラン革命において、親米

70年代に起こる格差の拡大は，家族関係にも変化をもたらした。戦後生まれのベビーブーマーが結婚適齢期にさしかかったのがこの70年代であったが，婚前交渉や**離婚が一般化**し，一人親の家庭が増えていった。70年代はさらに家父長的な規範が弱まり，女性労働が日常化していた。この時代を分岐点として，より豊かな人々の間では，晩婚で共働き，家事を平等に分担するスタイルが増えていった。一方，貧しい人々の間では離婚率が高く一人親家庭が目立つようになった。また，1970年代以降には貧富の差による居住地域の分離が進み，それは子供たちが通う学校の質にも影響した。

テヘランの米大使館から解放された人質たち

出典：国立公文書館（NARA）。

## ③ 高まる政治不信

70年代は政治外交への不信が高まった時期でもあった。1973年にはベトナム戦争からの撤退が行われたが，その混乱の様子はテレビで流され，大国であるはずのアメリカの無力さが衆目に晒された。また，民主党全国本部ビルへの盗聴に端を発するウォーターゲート事件による弾劾勧告を受け，ニクソン大統領は任期中に辞任をした。副大統領のスピロ・アグニューも収賄や脱税疑惑により辞任をしており，結果大統領の座に就いたのは下院少数党院内総務のジェラルド・フォードであった。だが，ニクソンへの恩赦をすぐに出したフォードは，急いでウォーターゲート事件の幕引きを図っているとして強く非難された。

景気の悪化に対する対応も，政治への不信感を高めた。数々の混乱ののち，1977年に清廉潔癖なアウトサイダーとして就任した民主党のジミー・カーター大統領は，大規模な減税ではなく緊縮財政で不況を乗り切ろうとした。税制改革では，富裕層向けの株式や債券の値上がりの際に課されるキャピタルゲイン税が1978年に減らされる一方，中産階級への税の優遇措置は見送られた。1979年には社会保障税の増税も加わり，すでにガソリン価格の高騰とインフレの進行に苦しんでいた中産階級またそれ以下の人々の家計は貧窮していった。景気の落ち込みを制御することができないカーターは，その原因はアメリカ人の贅沢さと堕落にあるとし，ガソリンの節約など生活改善を求め，反感を買った。また，1979年のイラン革命において発生した**アメリカ大使館人質事件**は，自由民主主義陣営の盟主であるというアメリカの威信をおおいに傷つけた。

70年代において，合衆国の潜在能力に限りはない，という信念はもはや受け入れられなくなりつつあった。このようななかで希求されたのは，アメリカに自信をもたらしてくれる強いリーダーに他ならなかった。

（宮田伊知郎）

派であり亡命を強いられたパフレヴィー2世の米国での手術をカーターが許すと，熱狂的なホメイニ支持者がアメリカ大使館に押し寄せ，66人を人質に取った。交渉は難航し，軍による救出作戦は失敗した。全員の解放までに実に1年以上が費やされた。

【参考文献】

佐原彩子「非民主的政治外交の展開とその限界——リチャード・ニクソン，ジェラルド・フォード」，上英明「未完の物語——ジェームズ・カーター」青野利彦・倉科一希・宮田伊知郎編著『現代アメリカ政治外交史——「アメリカの世紀」から「アメリカ第一主義」まで』ミネルヴァ書房，2020年。

Kevin M. Kruse and Julian E. Zelizer, *Fault Lines: A History of the United States since 1974*, W. W. Norton, 2020.

Judith Stein, *Pivotal Decade: How the United States Traded Factories for Finance in the Seventies*, Yale University Press, 2010.

# コラム

## 環境主義

### 自然保護と資源保全

　西漸運動の時代には，自然は人間のために利用され文明化されるべきものだという考えが一般的だった。しかし，フロンティアが消滅するころには利己的な乱開発が目立つようになり，自然保護（preservation）を訴える人びとが現れた。20世紀転換期にはシエラ・クラブや全米オーデュボン協会が相次いで設立された。

　1872年には，世界で初めてイエローストーンが国立公園に指定された。1905年，セオドア・ローズヴェルト大統領は，専門家による資源保全（conservation）のために森林局を設立し，2億3000万エーカー（93万平方キロ）の土地を国有林や国立公園に指定した。さらに1916年には国立公園局が設立され，1930年代には大規模な公共事業として資源保全管理が推進された。

アポロ17号が撮影した地球「ブルー・マーブル」（1972年）

出典：アメリカ航空宇宙局（NASA）。

### 『沈黙の春』からアースデイへ

　20世紀後半に入ると，人間の営みを見直して自然環境を守る運動を伴った思想としての環境主義（environmentalism）が芽生え発達した。

　レイチェル・カーソンの『沈黙の春』（1962年）の出版から，第1回アースデイ（1970年）の開催までに，様々な運動や思想が環境主義に収斂する過程が見られる。海洋生物学者のカーソンは，農薬や化学薬品に含まれるDDTなどの化学物質が自然環境に与える影響を4年間にわたって調査してまとめた。半年で50万部が売れ，カーソンは経済活動を優先する企業や科学者から激しい非難を浴びたが，ケネディ大統領は環境保全に取り組む姿勢を示した。『沈黙の春』は，それまで一部の専門家の領域であった環境の問題に，一般の関心を引き寄せた。

　公民権運動や反戦運動の非暴力直接行動は，環境主義の戦術になった。人種・エスニシティ，ジェンダーをめぐる解放運動は，それぞれが自らの命や生活がおかれた環境に見つめ直すきっかけになった。さらに物質的で西洋中心主義的なアメリカ的生活様式を拒絶して個人の解放をかかげた対抗文化（カウンターカルチャー）は，新しい自然観をもたらした。それはまさにチャールズ・A・ライクの言う『緑色革命（グリーニング・オブ・アメリカ）』（1970年）だった。現代社会を生き抜くための商品を掲載した『全地球カタログ』（1968年）の表紙には，人工衛星から初めてカラーで撮影された地球（ブルー・マーブル）があしらわれた。バックミンスター・フラーの「宇宙船地球号（スペースシップ・アース）」という発想が重な

る。

1970年4月22日，上院議員ゲイロード・ネルソンの呼びかけで2000万人が参加して最初のアースデイが開催された。多くの人びとが環境問題を重要で恒常的なイシューとして認識した瞬間であった。同年，ニクソン政権は環境保護庁を設置し，環境問題に公的に取り組む姿勢を示した。

## グローバルな環境主義とアメリカ

1970年代には国際連合が環境主義をグローバルに展開したことでNGOの役割が増し，国際的な環境保護団体が次々に設立された。1969年に元シエラ・クラブのディヴィッド・ブラウワーがサンフランシスコに設立したFoE（地球の友）は，環境に脅威となる活動に目を光らせた。1970年にイェール大学の院生によって結成された自然資源防衛委員会は，核や酸性雨の問題を告発した。グリンピースは，1971年アラスカ沖での核実験計画阻止をきっかけに結成され，その後も反捕鯨，反核などの運動をグローバルに展開した。

アメリカ国内では，産業廃棄物による運河汚染が発覚したラブキャナル事件（1978年）や，スリーマイル島原子力発電所事故（1979年）において，周辺住民の健康被害や強制避難が生じた。これらの事件は，それまで環境保護団体が訴えていた恐怖を身近な現実のとして体感させるもので，さらに多くの人々が環境主義に向かった。

## 環境正義からグリーン・ニューディールへ

1980年代には，生活に近接した環境の公正さを求める環境正義運動が各地で展開された。1982年，ノースカロナイナ州ウォーレン郡では，有害廃棄物の不法投棄や処理場の建設に反対して，近隣のアフリカ系アメリカ人住人が直接行動をとった。人種的マイノリティや貧困層の多い地域に環境被害が集中していることが告発され，各地で同様の運動が組織された。1991年に

は全米非白人環境指導者サミットが開催された。1994年，クリントン大統領は，連邦政府が環境正義の責任を負う大統領令12898号に署名した。

しかしアメリカの新自由主義的転回は，企業活動と公的な環境保護の関係を複雑にした。共和党政権は規制緩和によって企業の自由な活動を促進し，コストのかかる環境政策予算を削減した。一方で企業は商品やサービスに環境に優しいという付加価値をつけ，消費者に訴えるようになった。

1997年，クリントン政権は京都議定書に合意し，温室効果ガス削減を約束した。しかし，次のジョージ・W・ブッシュ政権は，国内の経済成長を優先して議定書を離脱した。オバマ政権は，再生可能エネルギーへの転換を掲げ，2015年には$CO_2$削減のためのクリーン・パワー・プラン（原子力発電を含む）を発表した。ところが一転，トランプ大統領は化石燃料の生産に対する規制を緩和するなど，グローバルな環境主義に逆行する動きを見せ，これに対し民主党は2019年に，「グリーン・ニューディール」決議を下院に提出した。

環境主義にも多様化が見られる。ディープ・エコロジーは，人間の利益を超えた環境論を提示する。ソーシャル・エコロジーは，人間の支配関係を前提に環境を議論する。女性解放と結びついたエコ・フェミニズムや，労働組合と環境運動が連携した「ブルー・グリーン同盟」もある。21世紀の環境主義は何を優先し何を守るのか，その重要性はさらに高まっている。

（梅﨑　透）

参考文献

石山徳子「新しい環境運動」西田慎・梅﨑透編著『グローバルヒストリーとしての「1968年」』ミネルヴァ書房，2015年。
R・F・ナッシュ，松野弘監訳『アメリカの環境主義――環境思想の歴史的アンソロジー』同友館，2004年。

# レーガン革命

## 1 「強いアメリカ」を訴える

　1980年大統領選挙におけるロナルド・レーガンの大勝利は，**ニューディール**政策を行ったフランクリン・ローズヴェルト大統領の登場と並ぶアメリカ現代史の転換点であった。「強いアメリカ」を唱道したレーガンは，政府は社会問題の解決ではなく社会問題自体にもなると訴え，政府の役割を縮小し，自由競争や市場主義を重んじる「小さな政府」の政治を目指した。

　アメリカンドリームの実現者──来歴を見ればそうレーガンを形容することができるだろう。イリノイ州生まれの彼は，発展著しいカリフォルニア州ハリウッドで俳優やテレビホストとして活躍した後，60年代に政治にかかわるようになった。ニューディールを支持しつつも，自助努力を信じ共産主義を嫌悪していた彼が共和党カリフォルニア州知事となったのは1967年であった。

　1980年大統領選挙で共和党の大統領候補となったレーガンは，自信を喪失した自国に対し「アメリカに夜明けをもう一度」と強いアメリカの復活を訴えた。ベトナム戦争の失敗以降，多くの人々が愛国的な行動をためらうようになっていたが，アメリカは自由の普及という使命を受けた例外的な国であると信じるレーガンは，星条旗を背景に「アメリカの偉大さ」の再興を論じた。そのため彼は，ベトナム反戦運動，フェミニズムや環境運動の興隆，福祉政策の充実による国家の肥大化など，1960年代の過剰なリベラリズムにより衰弱した個人主義や愛国主義，家族の価値，軍事的覇権を復活させることが必要だとした。

　アメリカを立て直す「良き父親」を演じたレーガンは，低迷からの脱出を望む人々から喝采を受けた。白人労働者階級や南部白人は民主党を支持していたが，生活の困窮化が続くと，政府は過度にマイノリティを優遇していると考えるようになり，多くがレーガン支持に回った。「レーガン・デモクラット」と呼ばれる彼らと同時に，レーガンはニューライトによっても強く支持されていた。

## 2 レーガン革命の光と影

　「強いアメリカ」の再生を目指すレーガンの姿勢は，政治経済に大きな変化をもたらした。レーガンは，政府支出を増大し経済の活性化をはかることで雇用安定を目指すケインズの考え方に反対した。ニューディールに親和的なこうした考えに対し，レーガンは市場主義を重んじ経済と政府のかかわりを減じる

▷ニューディール
Ⅵ章2・3節を参照。

▷新自由主義
市場における交換そのものに倫理が発生するという信念に基づき，市場への国家の介入を最低限にとどめ，経済における自由な競争を推進する政治経済理念を指す。

▷学校給食
連邦政府によって支払われる給食への助成金を節約するためにレーガン政権下の農務省はケチャップや刻みピクルスを野菜に分類，本来野菜にかけるべき費用をも削ろうとし非難を受けた。

▷貧しい人向けの安価な麻薬
例えばコカインとクラックは，同じ成分でできているが，前者が粉状で鼻からの吸引や注射で摂取するのに対し，塊状のクラックは火であぶり煙状にすることで吸引する。コカインに比べクラックは安価で，さらに逮捕の際の量刑に関しては格段に重い。クラックの使用者は貧しい人々であり，

ことを訴えた。さらに彼は，起業家の自由競争が経済活動の基本であり，政府による規制や重い税は経済発展の足かせに他ならず，政府がそれに介入すべきではないとした。企業や富裕層など供給側の経済活動を優先するこうしたサプライサイド経済学の考えに基づき，レーガン政権は法人税と所得税の大幅減税，規制緩和を行った。レーガンはまたグローバルな競争に打ち勝つために，金融緩和を抑えインフレーションを解消し，企業の新陳代謝を促すことを進めた。同政権は環境規制も和らげ，労働組合の活動に反対した。こうした**新自由主義**に基づく政策は，政府支出の削減を伴った。たとえば，**学校給食**や職業訓練，公営住宅などに対する予算のカットが行われたのである。

アメリカ国旗を背に話すレーガン
出典：国立公文書館（NARA）。

　レーガンは高い人気を誇り続けた。再選をかけた1984年の大統領選挙では，「夜明け」の継続とアメリカの復活を強調し，民主党候補に対して大勝利を収めた。一期目の就任当初景気は悪化を続けていたものの，以降生産性は改善し，回復を遂げていった。

　しかしながら，「アメリカの夜明け」は影をも生み出していた。好景気は不動産取引や金融サービス，ならびに防衛関係の産業の活性化によって起こったもので，貿易の対象となる製造業や農業は振るわない状態が続き，豊かなアメリカの中心にいた人々にとって景気回復の実感は困難であった。5年間にわたるレーガンの大型減税の総額は約7500億ドルに上ったが，その恩恵を一番に受けたのは郊外に一戸建てを構える白人中産階級やヤッピーなど，一握りの富裕層にすぎなかった。ウォール街を拠点とする金融業やサンベルトで活気のあった防衛産業，カリフォルニア州のシリコンバレーを拠点としたアップルやIBMなどIT産業のベンチャー起業家もこの恩恵にあずかった。しかし，レーガンの大型減税は黒人やヒスパニック系の多い貧困層へのサービスの縮小につながり，経済格差はさらに拡大した。また，レーガンが力を入れた「法と秩序」の徹底は，人種差別的な背景を有していた。とりわけ彼の「麻薬との戦い」は，**貧しい人向けの安価な麻薬**を量刑対象とし，アフリカ系アメリカ人の大量収監が進むきっかけとなった。

　好景気も盤石なものではなかった。ドル高と製造業の低迷により国際的競争力が低下し，1985年に**プラザ合意**が発表されたのにもかかわらず，輸入が増え貿易赤字が深刻化した。また減税を断行しながらの軍事予算の肥大化は財政赤字の増大を促した。このいわゆる「双子の赤字」は，アメリカを債権国から債務国へと転落させ，「強いアメリカ」の行方を危うくした。

　「レーガン革命」は，以降保守主義のモデルとなっていく。しかし，同革命が作り出した影は，21世紀にあらゆる問題の震源として立ち現れることになるのである。

（宮田伊知郎）

アフリカ系アメリカ人が多数を占めた。よって黒人の大量収監につながったのである。

▷プラザ合意
ニューヨークのプラザホテルで先進5カ国（日，米，英，独，仏）の代表が集まり行われた会議にて，協調介入を通し米以外の参加国の通貨を10％から12％切り上げることが決められた。これにより基軸通貨のドル安を進め，アメリカ製品が売れやすい環境を作り出し，貿易赤字の減少を目指したのである。

参考文献

兼子歩「新保守主義の内政と外交——ロナルド・レーガン」青野利彦・倉科一希・宮田伊知郎編著『現代アメリカ政治外交史——「アメリカの世紀」から「アメリカ第一主義」まで』ミネルヴァ書房，2020年。
Kevin M. Kruse and Julian E. Zelizer, *Fault Lines: A History of the United States since 1974*, W. W. Norton, 2020.
村田晃嗣『レーガン——いかにして「アメリカの偶像」となったのか』中央公論新社，2011年。

# 2 デタントから「力による平和」へ

▷冷戦
Ⅶ章1節を参照。

▷第4次中東戦争
1973年10月にエジプトならびにシリア率いるアラブ連合軍とイスラエルの間で戦われた戦争。1967年に発生した第3次中東戦争においては，イスラエルがエジプトからガザ地区ならびにシナイ半島を，またシリアからゴラン高原などを奪取していた。これに対し第4次中東戦争では，エジプトがシナイ半島で，シリアがゴラン高原でイスラエルに対して攻撃をし，かつアラブ諸国はイスラエルに味方する国々に対し石油戦略をとった。イスラエルは苦戦を強いられた。

▷スター・ウォーズ
Ⅷ章コラム「80年代のポピュラー・カルチャー」を参照。

## 1 「雪解け」の頓挫

　冷戦を「より制御された形で管理」するデタントが最も現実的な道だとしたニクソンは戦略兵器削減のための交渉を続けたが，ウォーターゲートなど内政の混乱，第4次中東戦争による石油危機やベトナム撤退等のなかで進行が遅れた。人権外交を追求したジミー・カーターは1979年ウィーンでSALT Ⅰの延長版であるSALT Ⅱに調印をしたものの，その直後にソ連がアフガニスタンに侵攻・占領をしたので，上院は条約の批准を拒否した。カーターはまた軍事費の大幅な引き上げ，モスクワ開催の80年夏季オリンピックのボイコット，穀物禁輸措置，さらに選抜徴兵制の復活を決定するなどのソ連への対抗策を打った。米ソの関係は第2次冷戦とも呼べる状況に陥ったのである。

## 2 「強いアメリカ」と冷戦の終わり

　1981年に大統領となった共和党タカ派のロナルド・レーガンが目指したのは，強大な軍事力を誇る「強いアメリカ」であった。強固な反共主義者であったレーガンは，ソ連を「不穏な動きの元凶」「悪の帝国」と呼び，アメリカ史上平時においては最も大幅な軍事費増額を実行，最新鋭兵器の開発を進めた。「力による平和」の達成を目指したのである。

　潤沢な防衛予算を背景に，B2ステルス戦略爆撃機や，潜水艦発射弾道ミサイル・システム「トライデント」といった兵器開発が進行した。なかでも目玉であったのが，ソビエトの弾道ミサイルがアメリカまた同盟国に至る前に，X線レーザーなどを用い発見，迎撃する戦略防衛構想（SDI）であった。大ヒット映画になぞらえ「スター・ウォーズ構想」と呼ばれたこの計画は，敵国に核ミサイルを撃てば，自国も確実に攻撃を受けるという相互確証破壊による抑止効果を切り崩す可能性を持っていた。これはアメリカ側が事実上先制攻撃の駒を得ることにつながり，ソビエトの指導者からの反発を招いた。

　こうしたなか，米ソ関係は悪化の一途を辿った。1983年には，ソ連領空に誤って入った大韓航空の民間旅客機をソ連軍機がスパイ機と誤り撃墜，米国人61名を含む269名が命を落とした。さらに同年，NATOによる軍事演習を境に米ソの緊張が高まり，米ソ軍備管理交渉への出席をソ連側代表団は取りやめた。

　一方でレーガンは，ソビエトとの衝突はできるだけ避けようとした。石油の

確保ならびに雇用において西ヨーロッパ諸国はソ連と強く結びつき，核戦争に対する反対運動が大西洋をはさんで進んでいた。1980年代初頭，NATOによる西ヨーロッパ数カ国への巡航ミサイル等の配備に対しては，核戦争を引き起こすものとして大規模な抗議集会が開かれ，アメリカでも1982年に核凍結に向けた大規模な運動が行われていた。さらに，核戦争の恐怖を描く**小説やテレビ映画**が人気を博した。

　こうした動向を念頭に，レーガンは新たな米ソ関係の形を模索していった。軍拡競争の終焉を願うミハイル・ゴルバチョフがソ連共産党書記長に就任すると，レーガンは会談を重ね，1988年にはモスクワ訪問を実現した。そして89年にベルリンの壁が崩壊，90年にドイツが再統一し，その翌年ソ連が解体したのである。

ホワイトハウスにて「フリーダム・ファイターズ」と話すレーガン大統領

出典：国立公文書館（NARA）。

## ③　「レーガン・ドクトリン」と第三世界

　一方でレーガンは中東などの第三世界には積極的に介入を行い，共産主義の徹底的な封じ込めに力を注いだ。秘密作戦などを駆使して行われたこうした介入は「レーガン・ドクトリン」として知られるようになった。例えばレーガン政権は，エルサルバドル，ニカラグアにおけるマルクス・レーニン主義の解放運動組織サンディニスタの制圧に努め，アンゴラやエチオピア，アフガニスタンでは「フリーダム・ファイターズ（自由のための闘士）」を武器援助などを通して支援し，ソ連の影響の拡大に対する「巻き返し」を図った。中東ではイスラエルを支援する立場から，レバノンに海兵隊を送ったり，独裁国家で親ソのリビアに対する空爆を計画したりした。

　こうした「レーガン・ドクトリン」の実行のなかで発生したのが，1986年に発覚したイラン・コントラ事件であった。ニカラグアの反共組織コントラに対しレーガン政権は資金提供をし，軍事秘密工作の実施を許可していた。しかし，コントラによる麻薬取引や民間人の虐殺などの問題が明らかになると，議会はコントラへの支援を禁じるようになった。レーガンらは，反共産主義国家からの拠出金や裕福な保守支持層からの寄付金をその代わりに充てた。さらに彼らはイスラム主義者に誘拐されたアメリカ人の解放を条件にイランに武器売却を行い，その売り上げをコントラに提供した。このことは後に明らかになり大スキャンダルとなったが，レーガンの人気が大きく失墜することはなかった。

　冷戦がアメリカの勝利に終わったと見るのはたやすい。しかしながら，第三世界に「レーガン・ドクトリン」が残した傷跡は深く，現在も完全に治癒はされていないのである。

（宮田伊知郎）

▷**小説やテレビ映画**
こうした映画の例として第3次世界大戦を題材にしたテレビ映画『ザ・デイ・アフター』（1983年）が挙げられる。核の恐ろしさをテーマにした映画はソ連でも作成されており，同作は1987年にソビエトでも放映された。核の恐怖の共有が，イデオロギーを超え大衆文化を通して進展していたことは注目に値するだろう。また，1979年のアメリカのスリーマイル島原子力発電所に続き，1986年にはソビエト連邦で史上最大規模のチェルノブイリ原発事故が起こっており，核がもたらす災禍は米ソにおいて現実のものにもなっていた。

（参考文献）
ロバート・マクマン，青野利彦監訳『冷戦史』勁草書房，2018年。
兼子歩「新保守主義の内政と外交──ロナルド・レーガン」青野利彦・倉科一希・宮田伊知郎編著『現代アメリカ政治外交史──「アメリカの世紀」から「アメリカ第一主義」まで』ミネルヴァ書房，2020年。

# 3 ニューライト

▷保守化した郊外
オレンジ郡とならびに例えば
ジョージア州アトランタの
郊外コッブ郡など，同時期
に保守の票田となっていっ
た郊外は多くある。だが，
この傾向は21世紀になって
潰えつつもある。

▷アファーマティヴ・アク
ションへの風当たり
ジョンソン大統領が1965年
の大統領令で進めた積極的
差別是正措置だったが，公
平な競争を妨げるものとし
て，強い反発を受けた。当
該措置により医科大学に不
合格となった白人バッキ氏
が「逆差別」をめぐり起こ
した1978年のバッキ対カリ
フォルニア大学の最高裁判
決では，人種を合否決定の
要素にすることは認められ
ても，人種の割当制は違憲
であるとの判断が下された。

▷男女平等憲法修正条項
略称 ERA。性によって法

## 1 ニューライトとは

　共和党リチャード・ニクソン大統領の選挙戦略を担ったケヴィン・フィリップスによれば，ニューライトは「国内の社会問題」に着目し，「バスを用いた広域的な［公立学校での］人種統合，福祉支出，行き過ぎた環境主義，犯罪への甘い対処，偏見が強く権力的なメディア，常軌を逸した教育，偏向した教科書，［大学入学などでマイノリティを優遇する］人種割り当て……，拡大し続ける官僚機構，これらに対する公衆の怒り」を共有する人々のことを指したという。

　こうしたニューライトの登場は，様々な文脈で説明することができる。自由のための青年アメリカ人組織（Young Americans for Freedom）などの保守団体やヘリテージ財団などのシンクタンクがその形成において大きな役割を果たしていた。しかし，こうした思想の普及は，特定の知識人や政治家からのトップダウンだけではなく，ボトムアップでも進展したのである。

## 2 郊外とニューライト

　ニューライトがおもに伸張したのは，防衛産業やそれに関連する産業を中心に第2次世界大戦中から成長が続いたサンベルト，なかでも都市圏の戸建て住宅が並んだ郊外であり，そこに住む白人の中産階級の既婚女性が重要な役割を果たした。例えばカリフォルニア州ロサンゼルスの郊外オレンジ郡は**保守化した郊外**の典型で，そこに住む既婚女性たちは，トランプやバーベキュー・パーティー，お茶会などを活用し，情報交換を重ね，運動を進展させていった。保守運動は非合理的なアウトサイダーに導かれたとしばしばされてきたが，彼女らはマジョリティであった。

　彼女らが求めたのは，（税金の少ない）小さな政府や，ローカルな自律性，「法と秩序」，男女の性役割そしてアメリカの伝統である個人主義を守り抜くことであった。彼女らにとって，こうした考えの対極に存在したのが，**アファーマティヴ・アクション**や**男女平等憲法修正条項**（ERA）であった。おもに中西部の貧しい環境で生まれ育った彼女らは，信仰な

第1回全米女性会議のブースにて話す STOP ERA のメンバー

出典：国立公文書館（NARA）。

らびに個人主義を重んじ努力を重ね，郊外に戸建て住宅を所
有するまでになったと考えていた。また，彼女らは政府に頼
るしかない弱者を怠惰だと捉え，そうした人々の生活の面倒
を見る政府を共産主義的として危険視した。さらに地域経済
の軸を冷戦下の防衛産業が担っていることが，彼女らの反共
主義を強固なものにしていたのである。

　彼女らの活動の場の1つは，学校であった。福祉の充実や
政府による差別の撤廃を目指す勢力がアメリカの政治や経済，
そして道徳の堕落をもたらすことを憂慮した彼女らは，信仰
重視で伝統的な教育方法を守りつつ，愛国心を涵養するカリ
キュラムを推進する教育方針の採用を求めた。こうした教育

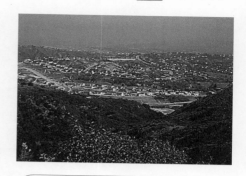

山地を侵食し拡大するロサンゼルスの郊外
（1970年）

出典：国立公文書館（NARA）。

改革での草の根の活動等を通して，彼女らは人種の違いに基づく格差の是正や
社会福祉の充実を求めるリベラル勢力への対抗拠点を築いていったのである。

　しかし，こうした郊外に住む彼ら彼女らの立身出世には政府の介在が不可欠
であり，その点において矛盾があった。世帯主の多くが勤めていたのが，政府
を取引先とした軍産複合体のなかで成長した企業であった。冷戦のただ中での
防衛関係企業への勤務は，技術職など高収入の職に就くことを可能にしたばか
りでなく，先述のように反共主義を盛り上げる要素となっていた。さらに，ア
メリカ政府は，住宅ローンの保証をしたり，利息分を税控除の対象にしたりす
るなど，郊外住宅の居住者には手厚い補助を与えたが，このことも自助努力の
大切さを訴える彼ら彼女らの矛盾を示していた。また，彼ら彼女らは政府の介
入を完全に否定したわけではなく，国家には「道徳的な美徳を護る」義務があ
ると訴えていた。それはすなわち，人工妊娠中絶の禁止や，学校での祈りの制
度化などを意味したのである。

## ③ 納税者の反乱

　こうした勢力が顕在化したのは，1970年代後半にカリフォルニア州で起こっ
た納税者の反乱であった。インフレにより土地の価格が上昇したため不動産税
が増加した。郊外に住宅を構えたばかりの中産階級の人々は，カリフォルニア
州の革新的な福祉サービスが増税の原因であるとこれに強く反対した。彼ら彼
女らは税額の大幅な減額，課税標準額の見直しなどを求めた提案13号を提出し，
住民投票において大勝利を収めた。

　この運動は以降全米に広がり，ニューライトの定着を促すことになる。これ
をボストン茶会事件にたとえ，「民衆の胸に自分たちも何かができるという希
望を抱かせた」と賞賛し，アメリカ政治への新時代の到来を見たのが後に大統
領となるロナルド・レーガンであった。このレーガンを「偉大な伝道者」とし
て迎え，ニューライトは勢力を拡大していくのである。　　　　（宮田伊知郎）

の下の平等が否定されるこ
とを禁じたこの修正条項案
は，全米女性組織等のフェ
ミニストらの尽力により
1972年に両院を通過したも
のの，成立のために必要な
4分の3の州議会の承認を
得ることができなかった。
「伝統的」な母親としての
女性の役割を重視し，信仰
の重要性を訴える STOP
ERA などの団体が全米で
反対運動を繰り広げたため
である。

参考文献

森山貴仁「政治が世代を語
るとき——1960年代保守主
義からみた若者世代」『立
教アメリカン・スタディー
ズ』42，2020年。
Kevin M. Kruse and Ju-
lian E. Zelizer, *Fault
Lines: A History of the
United States since 1974*,
W. W. Norton, 2020.
Lisa McGirr, *Suburban
Warriors: The Origins of
the New American Right*,
Princeton University
Press, 2015.

# 80年代のポピュラー・カルチャー

## 大量消費と新しいライフスタイル

　1980年代は，ロナルド・レーガン大統領が進めたレーガノミクスなど保守的な政治・経済政策に代表される時代である。文化面でも，好景気と保守的風潮を背景に，大量消費や物質主義的なライフスタイルを生み出した。特に新しいライフスタイルを象徴したのが「ヤッピー（yuppie）」と呼ばれる若者たちである。"young urban professional" の略で，1980年代に成人となった第2次世界大戦後のベビーブーム世代の若者を指す。高学歴（最低でも修士号）で都会に住み，金融系企業や弁護士・医師など高収入の職に就き，生活にお金をかけるイメージをもっている。高価な家具を揃えた高級マンションに住み，ブランド物の服や高級車を所有するヤッピーは，ルックスへのこだわりが強く，男女問わずダイエットに励む者も多かった。

　外見に気を遣うヤッピーをはじめ，1980年代はエクササイズが趣味の1つとして広まった。ジョギングをしたり，スポーツジムに通う人が増え，1987年の調査では70％近くが日常的に運動していると答えた。これは個人の健康意識の高まりだけでなく，企業が社員の福利厚生の一環として運動施設を社内に作ったり，近隣のジムと提携したりと運動を後押ししてもいた。すでに1960年代にはスポーツジムチェーンができるなどフィットネスビジネスが拡大しつつあったが，80年代にはジムの数・規模ともに増大した。ヤッピーに象徴されるように，運動することや，鍛えられたスリムな体型は，ライフスタイルを示唆するものにもなり，理想的な身体を作るエクササイズ文化が根付いていった。

　ヤッピーやスポーツブームを反映して新たなファッションスタイルも誕生した。ヤッピーが象徴するファッションは，男性はスーツ，女性は肩パッドの入ったブレザーに膝下まであるスカートというフォーマルなスタイルであった。一方，週末や運動時のファッションとして，ナイキやアディダスなどスポーツブランドのファッションが人気を集めた。そしてスポーツ用のトレーニングウェアやシューズとしてだけでなく，普段着のお洒落なファッションスタイルの1つとしても定着していった。例えばナイキは，1982年にクッション性を高めた「ナイキエア」を搭載したバスケットシューズを発売，1985年にはバスケットボール選手マイケル・ジョーダンの名を冠した「エア・ジョーダン」の販売を開始すると，ジョーダンの人気やスポーツファッションの広まりとともにヒット商品となった。

## メディアと新しい娯楽の誕生

　1980年代は，今日まで大きな影響を残す映画や音楽，新しい娯楽が生まれた時代でもある。映画では大ヒット作品が数多く生まれ，ハリウッド映画が世界的に大きく躍進した。1980年に公開されたジョージ・ルーカス監督による『スター・ウォーズ／帝国の逆襲』は，『スター・ウォーズ』シリーズの第2作品目で，世界興行収入はこの年に公開された映画で最高額となる約5億3800万ドルを記録した。スティーヴン・スピルバーグ監督の『E. T.』（1982年）は，さらにそれを上回り8億ドル近くにのぼった。一方，若者向け青春映画

が全盛期を迎え，『ブレックファスト・クラブ』（1985年），『プリティ・イン・ピンク／恋人たちの街角』（1986年），『恋しくて（原題 Some Kind of Wonderful）』（1987年）などが人気を博した。

こうした大ヒットを生み出した背景に，1980年代のハリウッド作品では「ハイ・コンセプト」映画と呼ばれるスタイルが人気を得たことがある。これは，多くの聴衆に受け入れられやすいよう筋書きや登場人物などを理解しやすく設定した映画で，内容を容易に説明できるため宣伝しやすいという利点もあった。

また，1980年代はテレビがメディアや娯楽のあり方を大きく変えた時代でもある。1950年代にサービスが開始されたケーブルテレビの普及が進み，80年代半ばまでに85％以上のアメリカ人がケーブルテレビサービスを使用するまでとなった。HBO やショウタイム（Showtime），ディレク TV（DirecTV）など多くのネットワークがサービスを開始し，多様な番組を一日中見られるようになった。また，1981年にホームショッピングネットワーク（Home Shopping Network）が24時間のテレビショッピング番組を開始し，衣類から家電にいたるあらゆる商品がテレビで宣伝・販売された。

スティーブ・ジョブス（左）とアップル社共同設立者

出典：Thomas K. McCraw and William R. Childs, *American Business since 1920*, Wiley Blackwell, 2018, p. 288.

1981年に登場したケーブルテレビの音楽専門チャンネルの MTV は，音楽界や若者のファッションスタイルにも大きな影響を与えた。24時間ビデオクリップを放送し続けるチャンネルで，音だけでなく映像が音楽の人気を左右するきっかけともなった。ここから有名になった歌手も少なくなく，後に世界的スターとなったマイケル・ジャクソンもその1人である。

新しいビデオゲームの登場も娯楽のあり方を大きく変えた。1983年，日本で任天堂が家庭用ゲーム機「ファミリーコンピューター（Family Computer）」，通称「ファミコン（Famicom）」を発売し，アメリカでは1985年に「Nintendo Entertainment System」として販売を開始した。これまでも家庭用ゲーム機は存在したが，業務用が主流で，ゲームセンターや遊園地などで遊ぶものが多かった。ファミコンは，ゲームソフトウェアのライセンス収入を得ることでゲーム機自体の価格を下げ，売上増加に成功した。これにより，家庭でゲームを楽しむ人が増えた。1985年に発売した『スーパーマリオブラザーズ』は世界で大ヒットを記録し，テレビゲーム界に大きな影響を与えた。

同じ頃，1984年にアップル社がパーソナルコンピューター「マッキントッシュ」，1985年にマイクロソフト社が IBM コンピューター向けソフト「Windows」を発売した。これまでは専門知識がある程度必要だったものが，分かりやすいインターフェイスにより操作性が向上した。その後もアップル，マイクロソフト両社は新しいソフトウェアやアプリケーションを次々と発表し，1980年代末から本格的に拡大するインターネットと相まって，人々の仕事やライフスタイル，コミュニケーション方法を大きく変え，現代まで大きな影響を与えている。

（久野　愛）

**参考文献**

笹田直人・堀真理子・外岡尚美編『概説アメリカ文化史』ミネルヴァ書房，2002年。

# 4 冷戦の終焉と湾岸戦争

## ① 冷戦の終結

　冷戦の終結は，1970年代以降の歴代の共和党政権が進めてきた対ソ・デタントと改革を求める東側諸国の動向によって実現した。「強いアメリカ」を掲げ，対ソ強硬路線を主張したレーガン政権は，ゴルバチョフの登場以降，一連の米ソ首脳会談において核戦力削減交渉を行った。レーガン政権の対ソ外交を引き継いだブッシュ政権は，東欧の民主化運動に対して軍事介入を行わないとしたゴルバチョフの対応を見守った。1989年11月に米ソ冷戦の象徴であったベルリンの壁が崩壊した翌月，マルタ島で行われた米ソ首脳会談において，ゴルバチョフは「冷戦の終結」を，ブッシュは「米ソ関係の新しい幕開け」を宣言し，ここに第2次世界大戦以降，世界を分断してきた冷戦が終結した。

▷ジョージ・H・W・ブッシュ
1924～2016年。第43代アメリカ大統領。冷戦の終結，湾岸戦争での勝利を導いたが，国内経済の停滞により，1期のみでクリントンに敗れた。ジョージ・W・ブッシュ大統領は息子である。

　冷戦の終結は，米ソによる核兵器削減交渉をさらに進展させた。レーガン大統領は，2期目に一連の米ソ首脳会談を通じて，INF（中距離核戦力）交渉ならびに戦略兵器削減交渉（START）を進めた。1987年には INF 全廃条約が締結された。一方，東西ドイツ統一は，強大なドイツの再現という懸念を生んでいた。ブッシュ大統領は，ドイツ統一後の1990年7月に，東側への経済支援と核弾頭をヨーロッパから撤去するという「新しい NATO 戦略」を提示したため，ゴルバチョフも，ドイツ統一を追認した。アメリカおよび西側諸国も，NATO の通常戦力削減条約でソ連側の懸念を払拭した。こうした一連の歩み寄りを通じて，1991年7月に米ソ両首脳は，モスクワで会談し，長距離弾道ミサイルと核弾頭の廃棄を取り決めた第1次戦略兵器削減条約（START Ⅰ）を締結した。東西に分断されていたヨーロッパにおいて冷戦は終結し，核軍縮が進んだ。しかし，米ソの二極対立というバランスが崩れた世界で，混迷は深まりつつあった。

モスクワサミットで INF 条約に調印するレーガンとゴルバチョフ（1988年6月1日）

出典：ロナルド・レーガン図書館（Courtesy Ronald Reagan Library）。

## ② 湾岸戦争と新たな火種

　トルーマン政権以降，歴代の政権は，1948年に建国したイスラエルを支援してきた。イスラエル建国は，パレスチナのアラブ人を難民化させたため，アラブ諸国はイスラエルと4度にわたって戦火を交えた。1973年の第4

次中東戦争後，カーター政権は，イスラエルとエジプトの和平調停を行い，ソ連を排除しながら地域的安定をもたらそうとした。しかし，1979年1月に**イラン革命**がおこると状況は一変した。隣国イラクで大統領に就任したサダム＝フセインは，エジプトに代わってアラブの盟主となる目的で，イランに侵攻し，イラン＝イラク戦争が始まった。レーガン政権は，イランを封じ込めるためイラクに軍事支援を行った。1987年に国連で停戦決議が採択され，1988年にイラン＝イラク戦争は終結した。イスラーム革命の拡大は阻止されたが，イラクはアメリカ合衆国の軍事支援により軍事大国化した。しかし，長期に及ぶ戦争によって疲弊した経済問題を打開するため，1990年8月にイラクは豊富な石油埋蔵量を誇る隣国クウェートに侵攻した。これが湾岸危機である。

ブッシュ政権は，湾岸危機に際して**「新世界秩序」**に言及した。そして開戦に慎重な国内世論に配慮しつつ，ソ連との連携・日独両国からの戦費調達・アラブ諸国の同意という多国間協力体制を作り，さらにクウェートの原状回復とイラクへの経済制裁を決定した国連安保理決議に基づいて，「国際社会対イラク」という枠組みを作り出した。ブッシュ大統領は，「砂漠の盾作戦」として隣接する世界最大の産油国サウジアラビアに米軍を駐留させ，イラクが撤退しなければ「あらゆる必要な手段」を講じることを認める国連安保理決議を得た。しかしベトナム戦争の泥沼を忘れていない国内世論は開戦に慎重であり，連邦議会の武力容認決議もかろうじて確保できたに過ぎなかった。1991年1月，米軍を主力とする多国籍軍は「砂漠の嵐作戦」を開始，ハイテク兵器を用いてイラクの軍事拠点を攻撃し，2月より地上作戦を展開，「100時間」戦争と言われるほどの短期の戦闘でクウェートからイラク軍を駆逐し，戦闘は終結した。

ブッシュ政権は，イラク領内で反フセイン派であるクルド人やシーア派が蜂起すると，フセイン政権の崩壊も近いと見ていたが，軍事力を温存していたフセインは反政府派を容赦なく鎮圧した。ブッシュ政権と次の**クリントン政権**は，湾岸戦争後も引き続きサウジアラビアなどの領内に米軍を駐留させ，イラクとイランの軍事的な封じ込めを試みた。しかし，聖地メッカやメディナが位置するサウジアラビアに米軍が大規模に駐留し続けたことは，過激なイスラーム主義勢力**アルカーイダ**を刺激し，反米勢力の伸長を促すことになった。

アルカーイダは，1978年に勃発したアフガニスタン革命後にソ連が侵攻した際，アメリカ政府からの武器供与を受けてソ連と戦ったイスラーム教徒の義勇兵（ムジャヒディン）の1人で，サウジアラビア出身のビン＝ラーディンが組織したものである。彼らは，湾岸戦争後，アメリカ合衆国を敵視し，1993年のニューヨーク世界貿易センタービルの爆破など対米テロを起こすことになる。イラン＝イラク戦争時のイラクや，ソ連のアフガニスタン侵攻の際のムジャヒディンなど，アメリカ合衆国が軍事援助によって「代理戦争」を戦わせた国や組織が反米勢力へと転化したのが湾岸戦争であった。 （高田馨里）

▷**イラン革命**
Ⅶ章11節を参照。

▷**「新世界秩序」**
1990年9月11日にブッシュ大統領は連邦議会に向けた演説で，湾岸危機を解決し，アメリカのリーダーシップの下で法と秩序に基づく新しい世界秩序を構築すると宣言した。

▷**クリントン政権**
Ⅷ章6節を参照。

▷**アルカーイダ**
Ⅷ章7節を参照。

（参考文献）
菅英輝編『冷戦史の再検討──変容する秩序と冷戦の終焉』法政大学出版局，2010年。

# 5　多文化主義

## ① 文化多元主義

　20世紀に入り，移民の急増に伴って，アメリカ国家像，社会像について議論がなされた。よく知られるのは「**るつぼ**」の比喩で，異なる文化背景を持つ人々が融合するアメリカ社会をるつぼに見立て，新しい「アメリカ人」の創出がイメージされた。また，20世紀後半の多元的なアメリカ社会は「**サラダボウル**」と表現された。

　20世紀前半には，移民の持つエスニックな文化や要素を肯定的に捉え，多様なアメリカ社会を想定した文化多元主義（cultural pluralism）の考えが出現した。例えば，ユダヤ系の哲学者ホラス・M・カレンは移民の独自の文化をそれぞれの楽器に見立て，どの楽器の音色も重要な役割を果たすことでそれらは調和すると論じた。社会学者ランドルフ・ボーンはアメリカ社会を「トランスナショナル」という概念で説明した。ボーンによれば，移民がアメリカに持ち込む生活様式によって多様な文化が存在するアメリカ社会はそれ自体がどこの国にも見られなかった様相をしており，それは未来でさらに培われるという意味を持っていた。さらに，社会学者ネイサン・グレイザーとダニエル・P・モイニハンは1963年に発表した著書『人種のるつぼを越えて』のなかで，エスニシティの概念を提唱した。彼らはニューヨークにおける5つのエスニック集団に着目して，それぞれのエスニック集団を利益集団と捉え，エスニシティが文化やアイデンティティだけでなく，世代を超えて，経済的，政治的な活動の基になっていると分析した。こうした文化多元主義の考え方は，20世紀後半に多文化主義という概念が現れるまで，アメリカ国家および社会を表す概念として頻繁に用いられた。

## ② 多文化主義

　1960年代に生じた**公民権運動**以降，エスニックマイノリティや女性に対する雇用，教育，福祉の不平等を是正する改革の必要性が高まり，差別撤廃のための積極的な措置としてアファーマティヴ・アクションが施行された。1964年の**公民権法**において雇用機会均等委員会が設置されると，雇用差別の補償のためエスニックマイノリティおよび女性の雇用が拡大され，雇用の不均衡が是正された。また，歴史的に平等な教育の機会が与えられてこなかった人種・エスニ

---

**▷るつぼ**
イズラエル・ザングウィルは戯曲『るつぼ』（1908年）を発表し，アメリカ社会をるつぼ（melting pot）に例えた。

**▷サラダボウル**
それぞれの野菜の味を保ちながら「サラダ」としての料理が成り立つように，移民の持つ文化を保ちながらアメリカ社会が成り立っていることを示唆している。

**▷公民権運動**
Ⅶ章4節を参照。

**▷公民権法**
Ⅶ章4・6節を参照。

**▷エリス島**
Ⅳ章コラム「入国管理と移民」を参照。

ックマイノリティの学生たちが高等教育を受けられるよう整備された。さらに，1965年には移民法が改正され，メキシコ，アジア諸国，カリブ海諸国からの移民が増加したことに伴い，英語が母語でない子供にバイリンガル教育が施されるようになった。

　このような動きの中から生まれた多文化主義（multiculturalism）という考え方は，政治的，経済的，法的な措置の是正だけでなく，「エスニックマイノリティに関する理解」そのものを問うようになった。特定のアイデンティティによって実施する政治的な社会運動をアイデンティ

エリス島◁に到着した移民たち（20世紀初頭）
出典：アメリカ議会図書館（Library of Congress）。

ティ・ポリティックスと言い，アフリカ系，アジア系，先住民，中南米系としてのアイデンティティが強く意識され，各人種内の連帯や他の人種との連帯が生み出された。マイノリティ理解に関する是正は人種だけにとどまらず性的，身体的マイノリティにも広がり，差別的な表現が見直され，「政治的正しさ（ポリティカル・コレクトネス）」の議論が活発になった。多文化主義は，アメリカ合衆国一国にとどまらず，植民地主義時代から続く世界的な歴史解釈の問い直しにも及んだ。例えば，アフリカ系研究者モレフィ・K・アサンテらにより，アフリカ文明やアフリカ出身の人々の貢献を強調するアフリカ中心性（Afrocentricity）という概念が出現した。

　多文化主義は20世紀後半の多様なアメリカ社会像およびエスニックアイデンティティを提唱することを可能にした概念といえる。しかし，1990年代になると多文化主義に関する論争が巻き起こった。例えば，アーサー・M・シュレジンガーは1991年に発表した著書『アメリカの分裂』において，多文化主義が人種や民族の差異を強調しすぎていることを指摘し，同じ理念の下に生活している国民を逆に分裂させると警鐘を鳴らした。前述のアファーマティヴ・アクションにおいては，1978年の**バッキ判決**◁をきっかけに「逆差別」という見方が現れた。1995年にはカリフォルニア大学における入学者の選抜や職員採用では基本的にアファーマティヴ・アクションは廃止された。さらに1996年には**カリフォルニア州住民提案209号**が提出されアファーマティヴ・アクションの廃止が決定された。人種を基準にした社会制度や特定の人種を優遇することへの抵抗の高まりといえる。

　21世紀に入ってもアファーマティヴ・アクションについての論争は続くが，多くの大学は「多様性の確保」を掲げている。公民権運動に端を発した多文化主義は，時代の経過とともにその在り方が今なお模索され続けている。

（土屋智子）

▷**バッキ判決**
白人男性のアラン・バッキが，カリフォルニア大学デイビス校医学部を受験するも入学できなかったのは，マイノリティ学生への優遇措置のためだと訴え，バッキの入学が認められた。しかし大学の選考の際に人種を考慮することはできる，という考えは残った。

▷**カリフォルニア州住民提案209号**
カリフォルニア州の大学や公共事業などで実施されていたアファーマティヴ・アクションは，住民投票の結果，約55％の賛成を得て廃止する決定をした。

**参考文献**

南川文里『未完の多文化主義──アメリカにおける人種・国家・多様性』東京大学出版会，2021年。
南川文里『アメリカ多文化社会論──「多からなる一」の系譜と現在』法律文化社，2016年。
油井大三郎・遠藤泰生編『多文化主義のアメリカ──揺らぐナショナル・アイデンティティ』東京大学出版会，1999年。

# 新たな移民をめぐる政治と文化

## ヒスパニックの急増と「住民提案187号」

1965年，移民法が改正され出身国別割当制度が廃止された。この移民法改正を機に，ヒスパニック人口は急増した。1970年度に907万人，80年度に1461万人，90年度に2235万人，2000年度に3531万人，そして2010年度には5048万人に達した。それまで国内最大のマイノリティグループは黒人であったのが，2000年度にはヒスパニック系となった。

ところで，このヒスパニック（Hispanics）という呼称は「メキシコ以南のスペイン語を公用語とするラテンアメリカ地域の出身者およびその子孫で，米国に居住する者」を指す。この呼称は，80年代にメキシコ系，プエルトリコ系，キューバ系の政治家や実業家などの中産階級層が自称し，新しいアイデンティティを提唱したものである。本コラムでは一般的なこの呼称を使用するが，同じメキシコ系，プエルトリコ系，キューバ系の人々の中には，ラティーノという呼称の使用を主張する人々もいる。

1994年，非合法移民の子供へ非緊急医療，社会福祉，公教育やサービスの提供を禁じることを定めた「住民提案187号」がカリフォルニア州議会に提出された。全米の非合法移民の43%が居住するカリフォルニア州において，ピート・ウィルソン知事は非合法移民の子供が受ける公教育や彼らに施す社会福祉のために州予算の10%を使用していることを明らかにした。11月8日に行われた「住民提案187号」の是非を問う投票では59%が支持，41%が反対という結果であり，非合法

移民への州の民意がこのように反映された。結局，1998年「住民提案187号」は合衆国憲法に違反しているとして差し止められた。

2010年には**アリゾナ州法SB1070**が制定された。この州法はオバマ政権の強い意向により2012年には違憲判決が下ったが，交通違反など罪を犯した者に対する在留資格確認は容認された。ヒスパニック系住民は人種差別的な取り締まりにつながると反発の声を上げた。

また，近年，非合法移民という呼び名も問題視されている。自らの意思でアメリカにやってきたわけではない，不法移民の子供世代の多くは，犯罪歴もなく，就労して長くアメリカ合衆国に居住している。彼らは"illegal immigrants"（不法移民，非合法移民）ではなく，"undocumented immigrants"（書類不所持移民）と呼ばれる。

## アジア系移民の多様性

アジア系の人口は，2010年の国勢調査によるとおよそ1500万人で総人口の4.8%を占めるにすぎないが，1965年移民法改正後の顕著な変化は，そのアジア系の出身国である。1970年，アジア系の中で日系が最大の人口グループであったが，1980年には中国系とフィリピン系が追い越し，その後，さらに増加した。1965年の移民法では，アメリカで需要のある高い専門技術を有する者が先に移住し，家族を呼び寄せる形態の移住が行われた。また，1975年，ベトナムとカンボジアに共産主義政権が誕生すると，アメリカはこれらの地域からの難民を受け入れたため，インドシナ難民が多数

流入した。1980年に難民法が制定されると経済的な難民が増大した。

このようにアジア系アメリカ人といっても多様である。中国系，フィリピン系，日系，韓国系，インド系，ベトナム系がこの人種カテゴリーの80％以上を占めている。公民権運動以後，ブラックパワー運動に刺激を受け，アジア系アメリカ人として団結する「イエロー・パワー」運動という動きがみられた。1968年，カリフォルニア大学バークレー校の活動家を中心に「アジア系アメリカ人政治同盟」が結成された。また，日本から輸入される自動車が増加する中，1982年にデトロイトで自動車会社を解雇された白人労働者2人が，日本人と間違えて，中国系アメリカ人のヴィンセント・チンを殺害する事件が起こった。この事件によりアジア系アメリカ人として団結して抗議する動きがさらに広がった。1990年代にも，アジア系アメリカ人に対する「ヘイトクライム」が増加しアジア系に対する排斥感情が高まると，団結して抵抗する動きが活発になった。

## 新しいエスニック集団

1965年の移民法改正後に急増した移民グループはヒスパニック系以外に**西インド諸島からの移民**がいる。1990年の国勢調査によるとおよそ68万人で，その多くがニューヨークなどの大都市に居住していた。1986年にロナルド・レーガン大統領によって署名された**移民改編統制法**には，非合法の西インド諸島からの移民の合法化（アムネスティ）が含まれたが，実際に申請した者は少なかった。西インド諸島からの移民とアメリカにおいて奴隷化された人々を祖先に持つ黒人とでは歴史的経験やアイデンティティは異なるが，**アフリカン・ディアスポラの発想**が彼らの連帯を図る可能性を示唆している。

また，近年，中東や北アフリカからの移民が増加している。彼らは現在約350万人で，その半数近くがカリフォルニア，ミシガン，ニューヨーク，フロリダ，

ニュージャージーの5州に居住している。レバノン，シリア，エジプト出身者が上位を占める。19世紀末から20世紀初頭にかけてアラブ諸国から移住した人々はキリスト教徒が多いが，近年の移民はイスラーム教徒である傾向がある。2001年9月11日の同時多発テロ事件はイスラーム教徒過激派が関わっていたことから，アラブ系アメリカ人に対してテロリストという偏見が増長し，ヘイトクライムが増加した。2016年11月に選出されたトランプ大統領の政策方針によって，移民に対する排外主義的な動きがますます強まる傾向にあった。

（土屋智子）

▷**アリゾナ州法 SB1070**
移民に対し合法的に滞在していることの証明書類携帯の義務付け，不法移民による就労の違法化，不法滞在の疑いのある者に対して令状なしの逮捕を可能にした州法。

▷**ヘイトクライム**
人種，民族，性別，性的指向，宗教，などによる理由で抱く嫌悪や憎悪から生じる犯罪行為のこと。

▷**西インド諸島からの移民**
西インド諸島の国家は1960年代前半にイギリスから独立したことによりアメリカの移民枠を獲得した。主にジャマイカ，ガイアナ，トリニダード＝トバゴ，バルバドスからの移民を指す。

▷**移民改編統制法**
非合法移民の雇用を違法化する雇用者罰則条項と，定住非合法移民に合法的な一時滞在資格を与え，永住権・市民権の取得を促すアムネスティ（恩赦）が含まれた。対象者は25万人～30万人いると言われているニューヨーク在住の移民のうち実際に申請した者はおよそ4万4000人であった。

▷**アフリカン・ディアスポラの発想**
主に南北アメリカにおいて，黒人たちが散らばっていてもアフリカの土地につながりを求める発想。

（参考文献）
飯野正子・明石紀雄『エスニック・アメリカ　第3版——多文化社会における共生の模索』有斐閣選書，2011年。
大泉光一・牛島万編『アメリカのヒスパニック＝ラティーノ社会を知るための55章』明石書店，2012年。
村田勝幸『アフリカン・ディアスポラのニューヨーク——多様性が生み出す人種連帯のかたち』彩流社，2012年。

# 6 クリントン政権下の「福祉改革」

▷中道政治
右派・左派のどちらにも偏らないことを旨とする政治。アメリカでは保守とリベラル，「小さな政府」と「大きな政府」，共和党と民主党の中道を歩む政治をさす。

▷貧困の女性化
ダイアナ・ピアースが1978年に公刊した論文「貧困の女性化——女性，労働，福祉」のなかで用いた言葉。ピアースは1976年の時点で16歳以上の1500万人に及ぶ「貧困層」の3人に2人は女性が占めていること，20世紀半ばから76年までの間に貧困世帯における女性世帯主の割合が急増したことを指摘した。

▷要扶養児童家族扶助
ニューディール期に要扶養児童扶助として社会保障法の「公的扶助」の一部に組み込まれた，親の支援やケアを受けることが出来ない

## 1 「中道政治」

ウィリアム・ジェファソン・クリントン（通称ビル・クリントン）は46歳の若さで第42代大統領に当選した。2008年と2016年の大統領選挙では，「ヒラリーの夫」として，パートナーであるヒラリー・クリントンの選挙戦を支える姿が広く報じられた。その一方で，大統領就任中にはクリントンを相手取り数々のセクハラ訴訟が起こされた。また，大統領2期目，ホワイト・ハウスの実習生だったモニカ・ルインスキーとの間の「不適切な関係」をめぐって，大陪審とジョーンズ裁判の宣誓供述での偽証，司法妨害，権力乱用が問われ，議会で罷免の可否を問う弾劾裁判が行われた（弾劾裁判が行われたのはアンドリュー・ジョンソンに続き2人目であった。1999年2月に無罪判決が下された）。

ビル・クリントンは民主党左派リベラルとは一線を画し，**中道政治**を掲げた（「第三の道」路線とも呼ばれた）。歳出削減と増税により財政を再建し，アメリカ経済を立て直し，持続的な経済成長へと導いた功績は高く評価されてきた。クリントンの中道政治は共和党に流れた白人労働者層を民主党に奪還し，民主党を再建することにも繋がった。冷戦後を見据えた軍事支出の削減に加えて，「大きな政府の時代」の終わりを宣言し，「福祉改革」に着手したことが財政再建の道を切り開いたとされる。しかしそれはニューディール期に確立し，ケネディ・ジョンソン政権下で拡大した福祉国家体制を揺るがせ，母子家庭向けのセーフティー・ネットを切り崩し，「**貧困の女性化**（feminization of poverty）」を深刻化させるものでもあった。

## 2 国民皆保険制度の挫折

国民皆保険制度がないアメリカでは，医療保険にまったく加入しない非保険の人々が4000万人と，国民の15％以上にも達しており，高齢者および低所得者に対する医療費の高額化も問題となっていた。こうしたなか，クリントンは93年1月にファーストレディのヒラリーを座長に据えた作業班を設置し，皆保険制度の導入に着手した。これは，雇用主に従業員の保険料負担を義務づけ，新設の地域保険連合を通じた保険加入を求め，さらに民間保険間の競争や保険料規制・予算総枠制度の導入などによって，医療費

議会公聴会で医療保険制度改革について説明を行うH・クリントン（1993年9月）

出典：アメリカ議会図書館（Library of Congress）。

の抑制を図ろうとするものであった。しかし，中小企業団体，民間保険団体などから激しい反発を呼び，また，民間を活用し市場原理を重んじる進め方に対してリベラル派から批判を浴びた結果，計画は頓挫した。

## ❸ 個人責任・就労機会調整法の成立

**要扶養児童家族扶助**（AFDC）とは1935年社会保障法制定時に公的扶助の一部となったシングルの親とその子どもたち向けの事業をさす（62年の法改正以前は要扶養児童扶助と呼ばれた）。第

要扶養児童家族扶助（AFDC）／貧困家庭への一時扶助（TANF）を受給している家族数の推移（1961〜2013年）

注：「Basic Families」はシングルの親の家庭をさし，「AFDC UP」の UP は Unemployed Parents の略であり，親の失業により給付金を必要とする家庭をさす。網掛け部分は全米経済研究所が「不況期」とみなす時期である。
出典：米国保健福祉省，https://aspe.hhs.gov/report/welfare-indicators-and-risk-factors-fourteenth-report-congress/afdctanf-program-data

2 次大戦以降，AFDC の拡大と費用の増大を危惧する政治家，メディアによって AFDC は批判に晒され続けた結果，「福祉」は AFDC を意味するようになった。

　AFDC への攻撃はリベラルと保守の双方によって行われたが，AFDC が解体に追い込まれたのはクリントン政権下であった。1996年 8 月，クリントン大統領は「我々にお馴染みの福祉を終わらせよう」のかけ声の下，個人責任・就労機会調整法（PRWORA）を成立させた。これにより，要扶養児童家族扶助は廃止され，「貧困家庭への一時扶助（TANF）」に切り替えられた。TANF では，受給期間を制限し（生涯で 5 年間），受給開始から 2 年以内の職業教育・訓練プログラムへの参加と16歳未満の者への就学を義務づけた。また，受給者の追加出産児への給付を禁止し，州政府への権限の委譲と連邦政府から州政府への補助金に上限を設定するなど，受給者に対し厳しい条件が課せられた。さらには実父を見つけ出し，養育費を滞納した場合，運転免許証やパスポートなどを取り消し，給与や資産の差し押さえを行う児童養育強制履行制度が強化された。TANF は貧困層が次の仕事を見つけるまでの一時的な救済措置に過ぎなかった。

　長い歴史をもつ AFDC は，「中道政治」を掲げたクリントン政権下で消滅し，かわって身体的に就労可能な受給者に就労か雇用訓練への参加を義務づける**ワークフェア**（workfare）中心の政策が施行されることとなった。

（土屋和代）

児童向けの現金給付。1961年の法改正によって，親の失業により貧窮状態に陥った子供も救済の対象となるとともに，翌62年には名称が「要扶養児童家族扶助」に変更され，児童だけではなく家族全体が受給の対象となった。

▷ワークフェア
work（労働）と welfare（福祉）を組み合わせた造語で，政府が福祉の支給に際し就労を義務づけること。1967年の社会保障法改正時に導入された雇用訓練，職業訓練，労働市場への参加を義務づける就労奨励プログラム（WIN）以降広まった。

**参考文献**
天野拓『オバマの医療改革——国民皆保険制度への苦闘』勁草書房，2013年。
佐藤千登勢『アメリカの福祉改革とジェンダー——「福祉から就労へ」は成功したのか?』彩流社，2014年。

# ポスト冷戦のアメリカ

## 「歴史の終わり」?

冷戦の終結はアメリカにいかなる転機となったのか。冷戦の前半期においては，共産主義陣営に対して自由主義圏のリーダーとしての体面を保つ意図から，自由と平等にかかわる経済的格差や人種主義の是正は重要課題と位置づけられた。しかし，冷戦後に「唯一の超大国」となったアメリカは，すでに進行していたグローバル化と新自由主義化を加速した。格差や人種主義の問題は今あらためて顕在化している。

アメリカは冷戦と湾岸戦争の「勝利」を，大国としての自信につなげた。フランシス・フクヤマは，『歴史の終焉』(1992年) において，それを民主主義と自由経済の勝利と表現した。またサミュエル・ハンチントンは，『文明の衝突』(1996年) で，東西対立という軸を失った国際関係では，もはやイデオロギーではなく，西洋世界と非西洋世界という相容れない文明間の分断と衝突がおこるだろうと予言した。

## 新自由主義とグローバリゼーションの加速

冷戦後のアメリカをレーガノミクスの延長線上にのせ，ニューディール以来のリベラリズムを断ち切ったのは，民主党のクリントン大統領だった。特に第2政権期には保守層の期待に答えるかのように，福祉削減や犯罪取り締まりなどの施策を打った。

同時に，クリントンは経済のグローバル化を積極的に推し進めた。1994年に発効した北米自由貿易協定 (NAFTA) は，カナダ，メキシコとの地域貿易を自由化するもので，企業利益を代表する共和党議員は概ね賛成した。一方で，産業の空洞化や雇用の流出を恐れる労働組合や，企業活動の自由化による環境破壊を危惧する環境保護団体は反対した。しかし，クリントンは国際通貨基金 (IMF) や関税と貿易に関する一般協定 (GATT) を通して，冷戦後の世界の自由経済のグローバル化による国際秩序の形成に尽力した。

アントニオ・ネグリとマイケル・ハートは，『帝国』(2000年) において，1990年代には，国民国家ではなく，新しいネットワークとしての「帝国」が立ち現れたと論じた。しかし，21世紀転換期を経て，むしろグローバリゼーションと帝国は，アメリカを中心に一体化したものとして可視化されることになった。

## 1999年 WTO プロテスト

その端緒となったのが，1999年の WTO プロテストだった。11月30日から12月3日にかけて，シアトルで開催された第3回世界貿易機関 (WTO) 閣僚会議では，街全体で急速なグローバル化に反対する人びとの怒りが爆発した。

会議初日の昼過ぎには総勢3万5000人のデモ参加者がビジネス街に結集した。ほとんどのデモは非暴力で行われたが，なかにはゴミ箱を燃やしたりバリケードを築く者が現れた。また，黒づくめの格好をしたアナーキストを名乗る集団が現れ，ナイキやスターバックスなどのグローバル企業の店舗を破壊する行動に出た。市警は催涙ガスやペッパー・スプレーを用いてデモ隊を制圧しようとしたが，午後にはペッパー・スプレー

を切らしてしまった。市長は州兵の出動を要請し，16時30分に非常事態を宣言した。さらに，19時から翌朝7時30分までの外出禁止令を出した。この日だけで68名が逮捕された。その後も抗議行動は続き，最終日の12月4日，WTO事務局長はすべての交渉プロセスを凍結することを発表した。会議参加国の意見の不一致と，会場外での抗議行動に配慮した決断だった。

　反グローバリゼーションのために集結したグループは，じつに多様だった。「トラック運転手とウミガメ，ついに団結する」というプラカードが象徴的だった。環境保護団体や動物保護団体が企画したマーチでは，ウミガメの着ぐるみを着た数百人が街を練り歩いた。一方で，保守的な労働組合も，スタジアムで自らの権利を守るため大規模集会を開催し，その後市内に繰り出した。アメリカの社会運動史においてはあまり前例のない組み合わせだった。

　多国籍企業の利益を優先するWTOという「非民主的」で「不透明」な組織が率いる商業システムは，弱者の利益を様々な形で損ねていることが確認された。企業が労働力を安価な海外に求めることで仕事を失う労働者，スウェット・ショップがグローバル・サウスに拡大することを懸念する人権団体活動家，乱開発によって現地の自然環境が破壊されることを恐れる環境主義者や動物愛護者，安価な農作物の輸入によって仕事を失う農業労働者，さらに安全基準の低い輸入商品の増加を懸念する消費者活動家など，その回路は多様ながらも共通するグローバルな搾取の構造を自国アメリカが推進するWTOに見出したのだ。

## グローバルな帝国アメリカの心性

　シアトルの勝利は，グローバル正義（Global Justice）運動として，世界各地の農民運動，先住民運動，反資本主義運動，知識人運動，環境運動などの分散的でインフォーマルなネットワークの形成につながった。またNGOの役割が増したことで，フェアトレードや環境などの大義にすり寄るビジネスが増えた。

　一方で2001年9月11日の同時多発テロ事件後にブッシュ政権が開始した「対テロ戦争」は，アメリカが主導するグローバリゼーションと帝国主義的侵略行為が不可分であったことを印象づけた。反戦運動は，対外的な武力行使だけではなく，チェイニー副大統領のハリバートン社との癒着のような21世紀型軍産複合体とも呼べるグローバル企業による支配を批判した。

　続くオバマ大統領には，グローバル化の抑制と「帝国アメリカ」からの脱却，そして福祉など政府の公的役割の回復が期待された。しかしまさにオバマ任期中に，保守のティーパーティー運動だけでなく，経済的格差の是正を訴えるオキュパイ運動，警察の暴力に抗議し大量投獄社会を批判するブラック・ライヴズ・マター運動がおこった。これらの草の根運動は，トランプ政権期を経て，それぞれの形で現在も引き継がれている。1970年代から80年代にはじまり，冷戦後に加速された新自由主義とグローバリゼーションはその勢いを失っていない。その結果，その中心のアメリカの内側で様々な矛盾を生んでいる。

（梅﨑　透）

### 参考文献

古矢旬『グローバル時代のアメリカ』岩波書店，2020年。

「ウミガメ」に扮したWHOプロテスト参加者

出典：ワシントン大学 "The WTO History Project"。

# 7　ジョージ・W・ブッシュと「対テロ戦争」

## 1　サンベルトを代表する大統領

　21世紀初めての大統領は，共和党のジョージ・W・ブッシュであった。南部テキサス州における石油ビジネスにて活躍し，同州知事を成功裏に務めたブッシュは，「思いやりのある保守主義」を掲げ，クリントンの元で副大統領を務めた民主党候補アル・ゴアに僅差で勝利を収めた。大統領を父にもち，レーガン元大統領に心酔していたブッシュが推し進めようとしたのは，「小さな政府」路線であった。ハイテク産業やサービス業が興隆し，人口増加と経済成長を経験していたサンベルトのビジネス文化のなかで頭角を現した彼は，市場の力を最大限活用するために規制緩和を推進し，クリントン政権下で蓄えられた歳入増加分を大型減税という形で主に富裕層に還元した。さらにブッシュは，ニクソン，レーガンにならい行政の要職には担当する部局の専門家を配置するのではなく，政治的に野心のある人材を任命し，政権運営の円滑化を図った。また彼は閣僚にマイノリティを積極的に登用した。

## 2　同時多発テロと「対テロ戦争」

　ブッシュ政権の方向性に大きな影響を与えたのが，2001年9月11日に起こった同時多発テロであった。4機の航空機をハイジャックしたイスラーム教ジハード主義者集団アルカーイダによるテロ攻撃は，ニューヨークの世界貿易センタービルやペンタゴンを破壊し，結果約3000人の犠牲者を出した。このアメリカ本土への攻撃により，アメリカはアフガニスタンならびにイラクにて「対テロ戦争」に邁進していくことになる。2001年10月にはアメリカは「不朽の自由作戦」を開始し，アフガニスタンにおいてアルカーイダをかくまうターリバーンへの攻撃を開始，さらに2003年3月には，仏独など多くの国が反対をしたのにもかかわらず，大量破壊兵器の存在の疑いを根拠に，サダム・フセインの支配下にあるイラクとの戦争に突入した。同年5月には「作戦成功」を宣言したものの，2011年まで戦いは継続，さらに占領政策は難航し，単独行動主義は以降困難を極めた。

▷マイノリティの登用
例えば政権発足時にはアフリカ系アメリカ人のコリン・パウエル国務長官ならびにコンドリーザ・ライス国家安全保障担当補佐官（後に国務長官），アジア系のエレイン・チャオ労働長官，ヒスパニック系のメル・マルチネスを住宅都市開発長官などが起用された。2005年には司法長官に同じくヒスパニック系のアルバート・ゴンザレスが任命された。

▷「どの子も置き去りにしない法」
公立学校に共通テストにお

世界貿易センタービル倒壊現場にて演説をするブッシュ

出典：国立公文書館（NARA）。

「対テロ戦争」は，アメリカの自由や平等の原則を大きく変えた。テロとの戦いという未曾有の事態に対応をするために，副大統領のディック・チェイニーらを中心に行政権の大幅な拡大が進められた。2001年10月に成立した米国愛国者法はこの象徴であった。同法により，連邦政府は電話の通話やEメールさらにはビジネスの記録などを秘密裏に入手し，捜査ができるようになった。また，書類不所持移民に対してより厳しい取り締まりや，テロリストの定義を広く捉え，捜査をより国に有利に進めることが可能になった。

### ❸ 「思いやりのある保守主義」の成果と限界

ブッシュはテロとの戦いを進める一方で，「思いやりのある保守主義」の実現を目指した。規制緩和や市場主義を進めると同時にブッシュは弱者切り捨てを看過しようとせず，独自のやりかたで多文化主義を実現し，共和党の支持基盤をマイノリティにも広げようとしたのである。とりわけブッシュが力を入れたのは，教育改革であった。ブッシュはテキサス州での経験に基づき，民主党の提携も得つつ「どの子も置き去りにしない法」を成立させた。また，「信仰に基づいたイニシアチブ」によって，福祉や犯罪対策などに取り組む宗教団体に連邦政府が補助金の拠出や，税金の控除などを通して恵まれない人々に対する寄付を行いやすくした。さらにブッシュは，**エイズに対するグローバルな対策**に力を入れた。しかし，イラク占領ならびにテロの制圧が難航すると，ブッシュの支持率は落ちていった。こうしたなか，ブッシュは同性愛者の結婚を禁じる憲法修正に賛成するなどして，宗教右派の支持拡大に活路を見いだそうとした。

ブッシュはさらにオーナーシップを基盤とした社会の形成を目指した。年金や健康保険，ならびに年金，住宅所有において，個人が裁量をもてる制度を構築しようとしたのである。例えば，高齢化が進み，社会保障による政府の年金負担は重さを増していたが，ブッシュ政権は，投資信託等を活用させ，老後の生活資金を個人にまかなわせることでこれを解決しようとした。税の優遇措置を通して社会保障の個人「所有」が可能になると考えたのである。だが，社会保障のいわゆる民営化に対する反対意見は根強く，これらが成立することはなかった。

イラク情勢が芳しくないなか，2005年にブッシュ政権を襲ったのがハリケーン・カトリーナであった。このアメリカ史上最大規模の自然災害は，メキシコ湾岸諸州を中心に甚大な被害を与え，ルイジアナ州の大都市ニューオリンズを中心におよそ1800人の犠牲者を出した。とくに大きな被害を受けたのは，差別ゆえに水害に遭いやすい地域に住んでいたアフリカ系アメリカ人であった。連邦政府の彼らへの対応も極めて不十分で，ブッシュは黒人のことなど憂慮していないと見なされた。任期終盤には金融危機が起こり，企業の救済に追われた。市場への介入は，彼の政治方針とかけ離れたものであり，保守的な共和党支持者も含め彼と距離を取るようになっていった。　　　　　　　　（宮田伊知郎）

いて生徒が一定の点数をとることを求め，かなわなければ当該校への指導や罰則，最悪では閉校命令もあり得るとする法で，民主党の支持もあり2002年に成立した。人種マイノリティに良い成績を期待せず，がんばらせないことこそ人種差別だとするブッシュの思想を反映していた。

▶**エイズに対するグローバルな対策**

イラク戦争開戦の前の2003年の一般教書演説にて，ブッシュはエイズへの対策に約150億ドル支払うことを提案，同年中にエイズ救済のための緊急計画イニシアチブを開始した。これによりブッシュの任期が終わるまでに，エイズに罹患したおよそ120万人が必要な薬剤などを入手することができるようになった。

（参考文献）
矢口祐人・吉原真里編『現代アメリカのキーワード』中央公論新社，2006年。
宮田伊知郎「『思いやりのある保守主義』と『対テロ戦争』——ジョージ・W・ブッシュ」青野利彦・倉科一希・宮田伊知郎編著『現代アメリカ政治外交史——「アメリカの世紀」から「アメリカ第一主義」まで』ミネルヴァ書房，2020年。
Kevin M. Kruse and Julian E. Zelizer, *Fault Lines: A History of the United States since 1974*, W. W. Norton, 2020.
Julian E. Zelizer ed., *The Presidency of George W. Bush: A First Historical Assessment*, Princeton University Press, 2010.

# 「格差社会」アメリカ

## 1 格差の拡大

　1910〜1970年にかけてアメリカにおける所得分布の偏りはより平準化されたが，1970年代以降，その平等化傾向は反転した。1980年に上位1％は国民所得の10％強を占め，下位50％は20％程度だったが，その割合は逆転し，2018年に前者（上位1％）が約20％，後者（下位50％）が12％となった。

　こうした格差の拡大はグローバル化という「時代の趨勢」によるものだけではない。労働組合に対する執拗な攻撃がなされ，経営陣の給与を抑え込む力を奪われ，高所得者に対する税金が軽減され，人々の生活を支えてきたセーフティ・ネットが切り崩されてきた結果でもある。

　経済的な格差は人種間の格差と重なる。2018年の平均世帯所得（実質額）は6万3179ドルだが，「ヒスパニック以外の白人」は7万642ドル，アジア系は8万7194ドル，黒人は4万1361ドル，「ヒスパニック系」は5万1450ドルであった。

## 2 世界金融危機

　2008年9月15日に，米証券4位のリーマン・ブラザーズが米連邦破産法の適用を申請した。負債総額約6000億ドルというアメリカ史上最大規模の企業倒産となり，連鎖的に世界で金融危機が発生した。この世界金融危機（the global financial crisis）の背景には2007年夏に表面化した**サブプライム・ローン**問題があった。金融機関はこの低所得者向けの住宅ローン市場に次々と参入したが，住宅バブルの崩壊とともに返済に行き詰まる人びとが増え，金融危機に発展した。

　2008年10月3日，ジョージ・W・ブッシュ大統領は緊急経済安定化法案に署名し，7000億ドルの金銭支援を定めた。またバラク・オバマ政権下で2009年アメリカ復興・再投資法が制定され，失業者及び低所得者の支援策と，社会基盤・教育・保健・再生可能エネルギーへの大規模な投資が行われた。

▷**サブプライム・ローン**
「信用度」の低い借り手を対象とした住宅ローン。当初数年間は金利を抑え，支払いを金利に留めるなど，返済負担を軽減したものが普及し，債務者が自分の返済能力を超えた借入を行うことが可能となった。住宅価格が上昇する間は住宅を転売しローンを返済した上で差益も手にすることが可能だったが，住宅価格の下落とともに不良債権化し，住宅を手放すことを余儀なくされる人々が急増した。

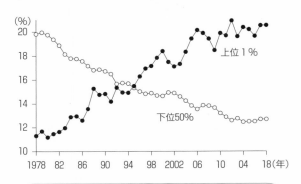

拡大する不平等——上位1％と下位50％の所得が国民所得に占める割合（課税前）（1978〜2018年）

出典：Emmanuel Saez and Gabriel Zucman, *The Triumph of Injustice: How the Rich Dodge Taxes and How to Make Them Pay*, New York: W. W. Norton & Co., 2019, p. 7.

## ③ ティーパーティー運動と「ウォール街を占拠せよ」

オバマ政権下の景気刺激策は財政赤字を拡大し，「大きな政府」に向かうものだと警鐘を鳴らす人々が現れた。2009年，確定申告の締切り日であった4月15日を「租税の日」として，全米750の都市で約50万人がデモ行進を行い，翌年1月には「ティーパーティー独立宣言」が出された。オバマ政権下で医療保険制度改革法が成立し，限定的ではあれ国民皆保険制度がつくられたことは，草の根右派の団体を刺激し，ティーパーティー運動（the Tea Party movement）を生み出した。「反オバマ」を掲

「ウォール街を占拠せよ」の様子（ニューヨーク市警本部付近，2011年9月30日）

出典：Wikimedia Commons.

げ，2010年11月の中間選挙での共和党の躍進を支えたこの運動は，「小さな政府」を支持し，減税を要求する様々な団体の連合体であり，反移民，反イスラムを掲げるものもあった。

一方，格差が拡大し，労働者や低所得者，学生がその矛盾を背負わされる現状に異議申し立てをする左派からの運動が，「ウォール街を占拠せよ（Occupy Wall Street, OWS）」である。2011年9月17日にニューヨークのウォール街近くにあるズコッティパークで始まったOWSは，前年に中東各地で起きた民主化運動，2011年5月に財政危機に直面するスペインで行われた占拠運動の影響を受け，グローバルに展開した。OWSの中心にいたのは，「借金を背負い，高学歴すぎて，それに見合う給料や手ごろな就職先が見つからず，尊厳を奪われ，わが身と家族の面倒をどうやってみればいいのか，不安にさいなまれている人たち」であった。

OWSはリーダーを置かずに，参加者同士が話し合いのなかで「コンセンサス」（合意）を築くことを目指した民主主義の実験場となった。それは "99%" の側からの異議申し立てであったが，同時にニューヨークのストリートを地域住民の手に取り戻す試みでもあった。大幅な緊縮財政と産業の空洞化により苦境が続くなか，ニューヨーク市は企業の本社を誘致し，企業で働くホワイトカラーの社員の「生活の質」の向上を目指した。ニューヨーク市警は公共スペースでの飲酒やしつこい物乞い，落書き，売買春，麻薬取引など，秩序を乱す軽犯罪について，厳しく取り締まり，「秩序」維持に注力したが，その結果何十万人というニューヨーカーがほとんど何の法的根拠もなく日常的に路上で警察官に呼び止められ，私生活が脅かされる事態となった。このことは，OWSの担い手が「誰のストリート？　私たちのストリートだ！」と訴える素地となり，同時にブラック・ライヴズ・マター（BLM）運動を生み出す背景となった。

（土屋和代）

▷「ウォール街を占拠せよ（OWS）」

「私たちは "99%" だ！」「銀行は救済，私たちは投げ売り！」「誰のストリート？　私たちのストリートだ！」をスローガンに掲げた抗議行動。わずか1％の富裕層がアメリカの富を独占している状況を告発し，経済格差の解消と富裕層への課税強化を求めた。OWSの運動はアメリカの他の都市へと波及し，さらに欧州やアジアにも広がった。

▷ブラック・ライヴズ・マター（BLM）運動

Ⅷ章コラム「21世紀のジェンダーと人種」を参照。

【参考文献】

藤本一美・末次俊之『ティーパーティー運動——現代米国政治分析』東信堂，2011年。
『オキュパイ！ガゼット』編集部編，肥田美佐子訳『私たちは "99%" だ——ドキュメントウォール街を占拠せよ』岩波書店，2012年。

# オバマの功罪

▷バラク・オバマ
2008年中頃より，オバマはアメリカ生まれでないとする誹謗中傷がネットで繰り広げられた。アメリカ合衆国憲法が「アメリカ生まれ」であることを大統領の条件としていることを根拠に，彼の大統領としての資格を問おうとした動きである（バーサー運動）。このような中傷を繰り返していた人物の１人に，ドナルド・トランプがいる。

## 1　バラク・オバマの来歴

　バラク・オバマ（Barack H. Obama）は，1961年 8 月 4 日，ハワイ州ホノルルで生まれた。母親のアン・ダンハムは，カンサス州ウィチタ出身のヨーロッパ系（白人）であり，父のバラク・オバマ・シニアは，ケニアから来た留学生だった。

　オバマはアメリカ史上初の「黒人大統領」と評されるが，それは父系の血統のみに着目した規定である。オバマの自伝を読むと，幼い頃より，自分の人種的出自と格闘している様が窺い知れる。つまり，オバマの「黒人性」は，１人でも家系に黒人がいればその人物を黒人と見なすアメリカ特有の人種観と，葛藤のすえに彼が選択したアイデンティティとの双方によって成り立っているのである。

　そのようなオバマは，カリフォルニア州のオクシデンタル・カレッジに学び，その後，名門コロンビア大学に転校し，政治学を修める。大学卒業後，シカゴの黒人居住地区のコミュニティ組織でオーガナイザーの仕事に就く。1988年にハーヴァード大学ロースクールに進学し，格式高い『ハーヴァード・ロー・レヴュー』の編集長に選ばれたことで最初のメディアの関心を集めた。

　1991年，シカゴに戻った彼は，シカゴ大学で憲法学を教えると同時に，有権者登録運動などの市民活動や公民権問題が関わった裁判に弁護士として携わり，政界入りを模索し始めた。1996年にイリノイ州上院議員に選出され，2000年に連邦下院議員選挙に挑むも，元ブラックパンサー党幹部で現職下院議員のボビー・ラッシュに民主党予備選挙で敗北することになる。

　しかし，2004年 3 月に行われた連邦上院議員の予備選挙で地滑り的な大勝利を収め，同年夏の開かれた民主党大会の基調演説者に抜擢されて党派対立を超えたアメリカの団結を訴えかけると，全米から熱い関心を集めるようになった。

## 2　2008年大統領選挙

　2007年 2 月10日，気鋭の政治家として着目されていたオバマは，イリノイ州スプリングフィールドで，翌年の大統領選挙へ立候補を表明した。この選挙が始まった当初，民主党候補指名獲得に向けて最有力と見られていたのは，政界での経験豊富なヒラリー・クリントンだった。ところが，予備選シーズン初戦

のアイオワ州党員集会で予想外の勝利をオバマが収めると，彼のキャンペーンは主に若者を中心に熱烈な支持者を集め始めた。またアメリカの歴史のエピソードを巧みに取り入れた彼の演説と雄弁術は知識層をも魅了した。

このようなオバマ人気の高まりに際してクリントン陣営は，オバマの政治家としての経験不足を強調するキャンペーン戦略を採った。しかし，政治においても経済においても，アメリカ社会が厳しい苦境にあるなか，ワシントン政界での長い経歴は，かえって候補者の評判を落とすことになった。他方，若きオバマには，従来の政治家にはない新鮮さがあった。経歴の浅さもかえって魅力となり，**2008年11月の大統領選挙**投票日，オバマは，選挙人票365（対立候補のマケインは173)，総投票のうちの52.9%を獲得し，第44代アメリカ合衆国大統領に選出された。「黒人」が大統領になったのである。

### ③ オバマ政治の特徴

オバマの政治姿勢の特徴は，高い人気と期待を背景に**医療保険制度改革（通称オバマケア）**などのリベラルな政治課題を追求しながら，政治の分断を乗り越えようとしたところにある。それはまた外交的には，ブッシュ政権の単独行動主義から国際協調路線へ切り替えることを意味した。多国間の貿易協定である環太平洋パートナーシップ協定（TPP）の妥結は，オバマ外交の1つの成果であった。

このオバマの人種問題に関する姿勢の特徴は，分断を呼びかねない黒人の特殊利害と思われる主張とは距離を置き，それを貧困などのより普遍的な問題へと編み変えようとしたところにある。しかし，このようなアプローチは，公民権法や投票権法が明示的な人種差別を禁じた以上，人種問題はすでに解決済みであると見なす考え方——カラー・ブラインディズム——とも近かった。2013年，連邦最高裁は，南部に対して懲罰的な投票権法の規定に違憲判決（シェルビー判決）を下すのだが，40年前の差別事例は現代の問題とは関連性がないとする最高裁の多数派意見は，このような**オバマの時代**の人種問題観を反映したものであった。

他方，保守派の巻き返しは彼の当選直後より続き，2010年の中間選挙で民主党は議会少数派に転落した。公民権運動が人種問題を解決した以上，差別されているのはむしろ白人だという考えも声高に言われるようになってしまった。その後に誕生したトランプ政権は，オバマとは対照的に分断的な政治を推し進め，国際協調路線とは正反対の方向——アメリカ・ファースト——に路線を切り替えた。そして，トランプ主義を支える熱情は，白人こそが差別されているという感情にも支えられている。

（藤永康政）

▷2008年大統領選挙
この年の選挙で黒人投票者の95%がオバマを支持した一方，白人の55%は対立候補のマケインを支持していた。

▷オバマケア
価格が安く購入しやすい民間の保険の提供を促し，既往症を理由にした差別などを禁止しようとする政策。健康保険を購入していない個人には追加の税を課すことで今まで保険購入をためらっていた人びとに保険加入を促すなど，日本の公的医療保険制度とは異なり，民間の活力を導入する新自由主義的な発想を取り込んでいる。

▷オバマの時代
ブラック・ライヴズ・マター運動もまたこのようなオバマの時代に生まれたものである。それは人種の問題を普遍的課題へと編み直そうとするオバマの方向性の限界を鋭く突き，再び人種をアメリカ政治の中心課題に置き直すものである。

参考文献

バラク・オバマ，木内裕也・白倉三紀子訳『マイ・ドリーム——バラク・オバマ自伝』ダイアモンド社，2007年。
ジェイムズ・クロッペンバーグ，古矢旬・中野勝郎訳『オバマを読む——アメリカ政治思想の文脈』岩波書店，2012年。
デイヴィッド・レムニック，石井栄司訳『懸け橋——オバマとブラック・ポリティックス　上・下』白水社，2014年。

# 10 「アメリカ・ファースト」

## 1 「アメリカ第一主義」

　「アメリカ・ファースト」——こう唱えて2016年大統領選挙で勝利したのが，共和党のドナルド・J・トランプであった。大統領就任まで公職に就いた経験がないなど，あらゆる意味で例外づくしの候補であったトランプは，元上院議員で国務長官の民主党大統領候補ヒラリー・クリントンに勝利した。

　トランプの登場は，予想外のものであった。父の築いた不動産業を引き継ぎ，ニューヨーク・マンハッタンを拠点にホテル，ゴルフ場，カジノリゾート開発に関わる「不動産王」となったトランプは，自己アピール力に長け，自身をホスト役としたリアリティ番組にて人気を博した。一躍時の人となったトランプは，政治の世界にも興味を示した。本格的に政治の世界に本格的に足を踏み入れたのは，バラク・オバマが大統領を務めていたときであった。

　セレブリティ・トランプが共和党の大統領候補とまで上り詰めた理由は，排外主義的で反グローバル主義的な意見を巧みに表明したことにあった。トランプにとってオバマは危険な「社会主義者」に他ならなかった。トランプは，オバマ大統領の出生がアメリカではないという疑惑を右派チャンネルやソーシャルメディアで執拗に煽り，証明書が提示された後もそれ自体が偽造だと訴え続けた。さらにトランプは民主党政権下ではアメリカはイスラムのテロリズムや「不法移民」の脅威にさらされ続けると主張した。彼によれば中南米諸国は，犯罪の温床に他ならず，よって**メキシコとの国境に壁を作る**ことを公約とした。

　「アメリカを再び偉大に（Make America Great Again：MAGA）」をスローガンに，第 2 次世界大戦後の豊かな時代の復活を目指したトランプが掲げたのは「アメリカ第一主義」であった。致命的な失言の数々が指摘されたトランプだが，経済において諸外国に譲歩をし続け損を重ねるアメリカを嘆き，そして首都ワシントンのエリート政治家がそうした状態を見過ごし続けることへの強い怒りを隠さず，製造業の雇用の減少に苦しむラストベルトの人々からの共感を得た。「半分はいわゆる哀れな者と分類される人たち」とのクリントンによるトランプ支持者の描写は，こうした人々からの彼への支持をさらに強めた。大幅な減税案で富裕層や中産階級の，保守的な最高裁判事の任命案で宗教右派の，保護貿易の

▷壁の建設

「壁をつくれ！」は，トランプ支持者の集会で聴衆が連呼する言葉の 1 つだったが，建設にあたっては隣国メキシコの協力が得られず，さら壁が建立される諸州もこれに難色を示した。メキシコとの境界州にはヒスパニック系移民が多く，長年にわたり築き上げられてきた多様性を重んじる文化が破壊されることを当該州の議員は憂慮したのである。よって，建設のための予算を承認する法案の成立は難航したが，19年 2 月には国家非常事態宣言を出し，議会による無効化の決議に拒否権を発動してまで，壁の建設費を確保した。

メキシコとの国境に建設された壁を前にたたずむトランプ

出典：Wikimedia Commons.

復活や大型の公共事業プログラムの提案で労働者階級の支持を勝ち取ったトランプは，クリントンに得票数では及ばなかったものの，従来民主党が強かったウィスコンシン州，ミシガン州，ペンシルヴェニア州の大統領選挙人団を抑え，結果，クリントンに勝利することができたのである。

## ② 「偉大なアメリカ」の頓挫

大統領に就任したトランプは，「アメリカ第一主義」を実現していった。法人税，所得税，遺産税などの減税を行い，保守的な最高裁判事を任命した。彼はまた，いわゆる「**オバマケア**」の撤回を図り，経済活動の円滑化を図るためにパリ協定からの離脱を決意するなどなど規制緩和に努めた。一方で，アメリカ国内の雇用を守るため，TPP や NAFTA から脱退し，関税引き上げを通して保護貿易を進めた。さらに多国籍企業には海外にある生産拠点をアメリカに戻すように求め，雇用の拡大を促した。

「アメリカ第一主義」は，排外的な政策の実施にもつながった。就任すぐにトランプは，イスラム圏7カ国からの入国を90日間禁じる大統領令を出し，メキシコとの国境における壁の建設を進めた。書類不所持移民に対しての排外的な取り扱いは壁の建設だけでなく，彼はオバマ政権下で成立した **DACA**（幼少時にアメリカへ不法入国した若者の送還を猶予する措置）**の廃止**も試みた。

トランプによる政権の運営は，自身の様々な疑惑に加え，閣僚の度重なる辞任など，混乱の連続であった。これと同時に彼の**人種差別や性差別を認めるような発言の数々**は，強い非難を浴び続けた。こうしたトランプの姿勢に対して，多くの人々が反対の声を上げていった。ツイッターや右派テレビ局の報道を通して気勢を上げるトランプに対し，反対派もソーシャルメディアを活用し勢力を拡大した。女性やマイノリティの躍進が目立った2018年の中間選挙では民主党が下院の多数派政党となり，トランプ政権は以降難しい舵取りを迫られることになった。19年2月には外交の私物化が指摘された「ウクライナ疑惑」にて弾劾訴追を受けたが，無罪となった。

2020年「アメリカをこれからも偉大に」をスローガンに大統領再選を狙ったトランプを襲ったのが，凄惨を極めたコロナ禍である。トランプ本人も罹患したものの，犠牲者の圧倒的多数がアフリカ系アメリカ人であった。感染拡大のさなか起こったジョージ・フロイド殺害事件は，はびこり続ける人種差別主義を改めて露わにし，「ブラック・ライヴズ・マター（黒人のいのちも大事）」運動の再興を促した。トランプは大統領選挙での敗北を認めず，21年1月には，支持者を扇動し議会議事堂占拠事件を起こしたとして，史上初めて二度目の弾劾訴追を受けることになった。

（宮田伊知郎）

▷**オバマケア**
Ⅷ章9節を参照。

▷ **DACA の廃止**
オバマ政権によって2012年に成立した当該プログラムは，子供の時に書類不所持移民として親に連れられアメリカに入国した若者が合法的に滞在を継続することを可能にするものであった。トランプ政権はこの廃止を試みたが，最高裁により差し止められた。

▷**トランプの問題発言**
排外的，排他的な姿勢は，トランプの言動にも如実に表れていた。2017年にヴァージニア州シャーロッツヴィルでオルタナ右翼の男性が排外主義に反対する人々に自動車で突っ込み，多くの死傷者を出す事件が起こったが，トランプはこれに対しどちら側にも良い人がいるとのコメントをし，強い非難を受けた。

**参考文献**
古矢旬『グローバル時代のアメリカ——冷戦時代から21世紀』岩波書店，2020年。
倉科一希・宮田伊知郎「『例外』の国の例外？——ドナルド・J・トランプ」青野利彦・倉科一希・宮田伊知郎編著『現代アメリカ政治外交史——「アメリカの世紀」から「アメリカ第一主義」まで』ミネルヴァ書房，2020年。
矢口祐人編『東大塾 現代アメリカ講義——トランプのアメリカを読む』東京大学出版会，2020年。
Kevin M. Kruse and Julian E. Zelizer, *Fault Lines: A History of the United States since 1974*, W. W. Norton, 2020.

# 21世紀のジェンダーと人種

## LGBT と第 3 波／ポストフェミニズム

21世紀に入って，LGBT と呼ばれる性的マイノリティの権利獲得の動きが進んできた。2011年にはLGBT の人々の軍入隊を禁止する規定が解除され，2015年の連邦最高裁判決は同性婚禁止を違憲とした。さらに2020年には，同性愛者やトランスジェンダー（出生時の身体的性別と性自認が異なる人）であることを理由とした解雇が，性差別を禁止した1964年の公民権法に違反するとの最高裁判決も出された。

他方，宗教保守派などの間では反 LGBT 感情がいまだ根強く，課題も多い。さらに近年では，同性愛者であるレズビアン，ゲイの人々と，バイセクシュアルやトランスジェンダーの人々の間の様々な差異が，一元化した運動を形成しにくくしている。これは，LGBT という用語が当事者の多様性を十分には代表していないとして，LGBTQ，LGBTQIA，LGBT+ など無数の呼称が創り出されていることからも分かる。

このような課題は，1990年代前半から2000年代にかけて現れた第 3 波フェミニズムやポストフェミニズムと呼ばれる動きの中から表出してきた。黒人作家アリス・ウォーカーの娘レベッカ・ウォーカーが命名したとされる第 3 波フェミニズムは，第 1 波・第 2 波フェミニズムが中産階級の白人女性を中心として展開され，白人以外の女性やレズビアン，労働者階級の女性たちを排除した反省から，より多様な人々を包摂し連帯する運動を志向した。しかし，大きな動きを生み出すことはなく，早くも2010年代には SNS を通じて第 4 波

フェミニズムと称される動きが出現している。

ポストフェミニズムは，抗議運動を通じて様々な成果を上げた第 2 波フェミニズムとそれに対する保守派の反動を経て，第 2 波への批判的立場をとる。政治的な集団運動よりもむしろ個人の自由意志に基づく行動を重視したが，ジェンダーやセクシュアリティに関わる構造的な問題を解決するには至っておらず，人種や階級などへの関心も十分であるとは言い難い。

## 「女性の行進」と二つの MeToo 運動

2017年 1 月の「女性の行進」と10月の #MeToo 運動は，性差別主義を体現するトランプ大統領の登場によって喚起された新しい女性運動である。大統領就任式の翌日に行われた「女性の行進」は，トランプ当選の直後から SNS を通じて組織され，推計400万人前後が抗議デモに参加した。SNS 上で展開した #MeToo 運動は，芸能界における性暴力やセクシャル・ハラスメントが相次いで告発される中，白人女優アリッサ・ミラノが同様の経験を持つ女性たちに「私も（Metoo）」と声を上げる連帯を呼びかけたことで広がった。

「女性の行進」は，多様な文化的背景を持つ女性たちに開かれた運動であることを標榜し，黒人やその他の非白人女性を運営側に加えるなどしたが，彼女たちの中には参加しなかった者も多かった。後述するブラック・ライヴズ・マター（以下 BLM）運動の担い手たちのように，警察暴力や人種・貧困問題などに対する抗議への連帯を，白人女性が実践していないと感じた者もいたのである。

さらに，「MeToo」という言葉は，実は10年以上の実績を持つ運動名だった。黒人女性活動家タラナ・バークによる貧しい非白人女性や子供の性暴力被害者を支援する地道なコミュニティ活動の名称を，白人のミラノが知らずに用いたことは，人種と階級を周縁化してきた前世紀のフェミニズムの遺産のようにも見えた。21世紀のフェミニズムは，このような批判に対し，軌道修正を続けている。

## ブラック・ライヴズ・マター

2020年，コロナ禍のアメリカで再燃したBLM運動は，ミネソタ州で白人警官が黒人男性のジョージ・フロイドを窒息死させた事件を含む，同時期の黒人男女や性的マイノリティの射殺事件を契機に，国内のみならず世界中に拡大し，長期間継続した。

奴隷制時代から継続する制度的人種主義の撤廃を訴えるBLM運動の起源は，2012年にフロリダ州で黒人少年のトレイヴォン・マーティンを射殺した自警団の男性が翌年無罪となった直後に，SNSでハッシュタグ #BlackLivesMatter が拡散した時点に遡る。人種主義に反対する運動を組織化するオンライン・コミュニティが形成されると，2014年には，ミズーリ州で警官が黒人少年のマイケル・ブラウンを射殺した事件と，その前後に相次いだ同様の殺害事件への抗議として勃発したストリートのデモと連結し，BLM運動と呼ばれるようになった。

#BlackLivesMatter を生み出したアリシア・ガーザ，パトリース・カラーズ，オパル・トメティのうち2人は，クイアと自認する性的マイノリティである。BLM運動は，過去の主要な黒人解放運動が異性愛の男性主導だったことや，抗議デモの契機がつねに黒人男性・少年の殺害事件だったことから，これまで周縁化されてきた女性や性的マイノリティの人々を中心に据える立場を明確に打ち出した。さらにそれは，黒人がセクシュアリティやジェンダーをどのように認識す

る／されるか，性別をどのように表現するか，どのような経済的地位にあるか，健常者か障がい者か，どのような宗教的信条を持っている／いないか，移民かどうか，などにかかわらず，すべての黒人の命と生活を重視する立場でもある。BLM運動は，こうした多様な社会的カテゴリーをめぐる複数の抑圧が交差して形成される差別構造の問題を明らかにし，その構造に変革をもたらすことを志向する実践なのである。

## 新しい運動のゆくえ

このような立場は，ブラック・フェミニストのキンバリー・クレンショーが1989年に提唱し，近年再注目されている「インターセクショナリティ（交差性）」という概念に基づいている。2020年のBLM運動は，2014年の抗議デモ以上に多様な参加者を動員し，インターセクショナルな視点を共有した新しい紐帯が実現しつつある。たとえば，フロイド殺害事件が起きたミネアポリスの抗議デモには，ムスリム系団体，ユダヤ系団体，障がい者団体，女性団体なども加わっていた。

「女性の行進」は，抗議デモの初期の段階でBLM運動とその警察予算削減の訴えに対する支持を表明し，具体的な行動指針をウェブサイトに掲載した。黒人女性や貧しい女性，合法・非合法移民の女性たちが不当なほど頻繁に警察暴力の標的や犠牲となっているがゆえに「警察予算削減はフェミニストの論点である」と訴える指針は，ジェンダー・人種・階級などのインターセクショナルな抑圧構造の問題に，おそらく初めて取り組もうとしている。2020年のBLM運動は，こうした多様な運動との連帯を可能にし，これまでにない新たな動きを生み出したのである。　　（坂下史子）

（参考文献）
兼子歩「トランプの時代の新しい女性運動——その限界と可能性」『世界』2018年5月号，岩波書店。
河出書房新社編集部編『ブラック・ライヴズ・マター——黒人たちの叛乱は何を問うのか』河出書房新社，2020年。

# コラム

# 「分断」をこえる：おわりにかえて

## 2020年大統領選挙

　2020年はアメリカの歴史において長く記憶されることになるだろう。2020年初頭，新型コロナウイルス感染症が顕在化し，世界中に蔓延していくなか，アメリカでは翌年１月はじめまでに約36万人の命が奪われた。コロナ禍で混乱に陥ったアメリカ社会で露わになったのは，構造的な人種主義と経済格差だった。

　2020年５月25日，ミネソタ州ミネアポリス近郊で，黒人男性のジョージ・フロイドが白人警官の拘束下で死亡した。「息ができない」と声を絞り出すフロイドの首を膝で執拗に押さえつけ続ける白人警官の映像は，ソーシャルメディアを通して全世界に広まった。この事件は，苛烈な人種差別の存在を改めて暴露することになり，ブラック・ライヴズ・マター（BLM）運動が再び拡大した。全米各地でデモ行進が行われたが，その参加者は人種，年齢，性別においても多様であった。

　2020年の大統領選挙は，こうした張り詰めた雰囲気のなかで行われた。民主党の大統領候補は，オバマ政権で副大統領を務めたジョー・バイデンであった。齢77歳で最高齢の大統領候補であった彼は，分断の克服を唱えつつ，コロナ禍への対策の充実を訴えた。また彼は，カリフォルニア州出身の上院議員でジャマイカ系の父とインド系の母を持つカマラ・ハリスを副大統領候補とした。

## 史上最多の得票数と民主党の躍進

　人種主義に対する抗議の高まりや，政権のコロナ対

策の不十分さなどにより，トランプ大統領は劣勢が伝えられた。選挙戦においてトランプ大統領は，コロナの感染者拡大への対策ではなく，「法と秩序」の重要性を強く訴えた。BLM運動に対しトランプは，デモ全体があたかも暴徒であるかのように振る舞い，「国内テロリスト」などと呼んだ。彼に賛同する白人至上主義を掲げる集団が勢力を増していったが，市民の大多数はBLM運動に理解を示していた。

　大統領選挙はバイデンの勝利で終わった。アメリカの歴史上もっとも多くの有権者が投票したこの選挙で，バイデンは史上最多の票を獲得した大統領になった。バイデンは，2016年選挙で民主党が敗北したペンシルヴェニア州，ミシガン州，ウィスコンシン州，アリゾナ州，そしてジョージア州で選挙人を獲得した。いずれも結果の判明までに数日かかる僅差の戦いとなった。

　とくに南部ジョージア州での民主党候補の勝利は予想外であった。その立役者の一人が黒人女性で民主党州議会議員のステイシー・エイブラムズである。彼女は2018年の州知事選に立候補し，社会保障の充実を訴えたが，トランプの政策を強く支持する共和党のブライアン・ケンプに僅差で敗北していた。このときの選挙では当時州務長官であったケンプによる投票妨害が指摘されており，以降エイブラムズらを中心に公正な選挙を求める運動が草の根で進行していたのである。2020年におけるバイデンのジョージア州での勝利は，彼女らの活動が実を結んだ結果であったと言える。また翌年１月５日に連邦上院２議席をめぐり行われた同州での決選投票でも，いずれも民主党が勝利し，上下

知事選挙運動中のエイブラムズ（2018年）

出典：Wikimedia Commons.

ハリス副大統領（2021年）

出典：Wikimedia Commons.

議事堂前で演説するオカシオ＝コルテス（2019年）

出典：Wikimedia Commons.

院ともに民主党が多数派になった。

## 副大統領カマラ・ハリス

　バイデンの勝利は，アフリカ系・アジア系・女性初の副大統領を誕生させた。アメリカの大統領選挙史上において，主要政党の正副大統領候補に女性が選ばれたのは，1984年のジェラルディン・フェラーロ民主党副大統領候補，2008年のサラ・ペイリン共和党副大統領候補，2016年のヒラリー・クリントン民主党大統領候補に次いでハリスが4人目であり，非白人女性としては初である。

　ハリスは2004年からサンフランシスコ地方検事を2期務めた後，2010年にはアフリカ系初のカリフォルニア州司法長官となり，2017年からは同州選出の連邦上院議員となった。民主党の中でアフリカ系としては2人目，南アジア系としては初の上院議員である。また，史上最高齢のバイデン大統領とは対照的に，副大統領としては最年少での就任となった。

　奇しくも2020年は，女性参政権を認めた憲法修正19条の制定から百周年にあたる歴史的な年であった。勝利演説の夜，ハリスは20世紀転換期に活躍した女性参政権運動家たちのシンボルカラーである白のパンツスーツ姿で壇上に現れ，「私は最初の女性副大統領かも

しれませんが，最後ではありません」と述べ，車で集まった聴衆の喝采を浴びた。

　バイデン政権は，閣僚や要職ポストにも女性や非白人，性的マイノリティを積極的に起用した。このような多様性重視の人事は，勝利演説で彼が宣言した「アメリカらしい顔ぶれで，アメリカらしく行動する政権」を体現している。

## ミレニアル世代とＺ世代のアメリカ

　バイデンの勝利は，若者世代の投票によってもたらされた。大統領選での出口調査では，18歳から24歳までの世代で65％がバイデン支持と突出していたばかりでなく，彼らの投票率もまれに見る高さだった。ミレニアル世代（1981〜1996年生）とＺ世代（1997〜2012年生）は，すでにベビーブーマーとその上の世代を合わせた数を上回っており，2020年度大統領選においても大きな影響をあたえた。

　アメリカ史上もっとも多様性に富んだ若者世代は，コロナ禍のアメリカでトランプの4年間に敏感に反応した。彼らの最大の関心事は公衆衛生と健康，保険，経済格差の問題であった。さらに，彼らの8割が人種的公正さを求めるBLM運動を支持し，構造的差別を問題視する。気候変動や銃規制，性的マイノリティの

権利は言うまでもなく主要なイシューである。こうした立場は，彼らを取り巻く21世紀のアメリカ社会の状況から生まれたものであり，世代としての体験が彼らを政治に向かわせたといえる。

このような若者世代の意見を代表する一人が，2018年中間選挙でニューヨーク市から連邦下院議員に選出されたアレクサンドリア・オカシオ＝コルテス（1989年生）である。プエルトリコ系の母をもつ彼女は，大学卒業後，飲食店で働きながら家計を助けた。自らを「民主社会主義者」と称し，民主党大統領候補の座をバイデンと争ったバーニー・サンダース上院議員らとともに，環境と経済の両立をめざす「グリーン・ニューディール」を主張する。

## 「分断」から「対話」のアメリカ史へ

自由や平等そして民主主義——こうした理念をもとに創られたアメリカだが，その国土は先住民から奪ったもので，経済基盤はアフリカ人を奴隷とした奴隷制であった。解放後も奴隷化されてきた人々への差別は継続し，その傷跡はいまも深く残っている。また，ジェンダーや階級，出身国，言葉，宗教，そしてアメリカ国籍の有無に基づく差別が，これに重なり合っても

就任式後，コロナ禍の犠牲者を悼む正副大統領夫妻。400個のランタンは40万の失われた命を意味する。

出典：Wikimedia Commons.

いた。アメリカは19世紀末以降急速に資本主義大国化していくが，差別と経済発展は両輪の関係にあったともいえる。資本主義体制下において，差別される人々に対する搾取は，大量生産，大量消費社会を形成するうえで不可欠でもあったし，そうした経済体制は，帝国主義的展開を推し進める要因の一つにもなっていた。フロイドの殺害やコロナ禍は，こうした側面を改めて露わにしたといえよう。

その一方で，アメリカ史は抵抗の歴史でもある。差別と闘うために人々が立ち上がり，自由そして平等の名の下に権利を勝ち取るさまは，本書のあらゆる場所に見て取ることができるだろう。BLM，ハリスをはじめとするバイデン政権の顔ぶれ，そしてこれらを推進したミレニアルならびにZ世代の差異を超えた共闘は，アメリカ史の連続のうえにあるといえる。

思えば2020年は，アメリカ社会の「分断」が繰り返し指摘された年だった。今後，アメリカは再び「多からなる一つ（E pluribus unum）」という伝統的な社会理念に向き合うことができるのだろうか。大統領選挙で勝利し，上下院での多数派となった民主党だが，議員数では共和党と拮抗している。一方のトランプは，次回2024年の大統領選挙での再出馬を狙っているとも噂され，熱狂的な支持者も健在である。2021年1月6日には彼らが連邦議事堂を占拠する事件が起こった。しかし，いくら「分断」が煽られ，強調されようとも，アメリカの21世紀を担う世代は，自らの社会に対する政治的責任を積極的に果たそうとしているようだ。歴史的に構築された人種，階級，ジェンダーの裂け目に架橋するのは，彼らによる対話を通じた政治の実践にほかならない。

（梅﨑　透・坂下史子・宮田伊知郎）

# アメリカ史略年表

| | |
|---|---|
| 紀元前1万4000年〜1万2000年ごろ，ユーラシア大陸からアラスカへ人々が移動 | |
| 紀元前1万2000年ごろ，アメリカ先住民が南下，アメリカ大陸全土に広がる | |
| 紀元前1800年ごろ，ミシシッピ川下流で大規模な先住民共同体が形成される | |
| 14世紀から16世紀，アステカ王国が興隆 | |
| 15世紀半ばから16世紀，インカ帝国が繁栄 | |

|  |  |
|---|---|
| 1492年 | 10月クリストファー・コロンブスがスペイン国王の支援を受け，アメリカ大陸を「発見」 |
| 1550年 | 伝染病や戦争，人口過多などにより，先住民人口の9割が減少（〜1750年ごろ） |
| 1585年 | 7月ウォルター・ローリー，ノースカロライナ沖のロアノーク島に植民団派遣。地域一帯をヴァージニアと命名 |
| 1607年 | 5月ヴァージニア会社，ジョン・スミス率いる植民団を派遣。ジェイムズタウンを建設 |
| 1612年 | ヴァージニア植民地でタバコ栽培始まる |
| 1613年 | ポウハタン族の大族長の娘ポカホンタスが誘拐され，ヴァージニア植民地の人質となる。1614年タバコ貿易に携わるジョン・ロルフと結婚，1617年に渡英，国王に謁見 |
| 1619年 | 7月ヴァージニアで最初の植民地議会が開催。8月ヴァージニア植民地に20数名のアフリカ人が連れてこられる |
| 1620年 | 12月ピューリタンの分離派がメイフラワー号にてニューイングランドに渡り，プリマス植民地を建設 |
| 1630年 | 6月ジョン・ウィンスロップらの会衆派ピューリタンがマサチューセッツ湾植民地を建設。「丘の上の町」の形成を模索 |
| 1632年 | 6月信教の自由を保証するメリーランド植民地が建設される |
| 1635年 | 9月ロジャー・ウィリアムズがプロヴィデンス植民地を建設 |
| 1636年 | 7月ピークォット戦争勃発。10月ハーヴァード大学創立 |
| 1646年 | ポウハタンの指導者オペチャンカヌ処刑。アングロ・ポウハタン戦争終結 |
| 1675年 | 6月フィリップ王戦争勃発（〜1676年）。ニュージャージーに最初のクエーカー植民が始まる |
| 1681年 | 3月ウィリアム・ペンがペンシルヴェニア植民地を建設 |
| 1689年 | 5月ウィリアム王戦争勃発（〜1697年） |
| 1692年 | 6月セイラムの魔女裁判が開かれる。20名以上の犠牲者を出す（〜1693年） |
| 1701年 | 10月イェール大学創立 |
| 1702年 | 5月アン女王戦争勃発（〜1713年） |
| 1744年 | 3月ジョージ王戦争勃発（〜1748年） |
| 1751年 | ベンジャミン・フランクリン『電気についての実験と観察』を刊行 |
| 1754年 | 5月フレンチ・インディアン戦争始まる |
| 1756年 | 8月七年戦争勃発 |
| 1763年 | 2月英仏間でパリ講和条約が結ばれる。5月ポンティアックの反乱。エドマンド・バーク，「有益なる怠慢」宣言。10月先住民らの土地保護のため，入植者にアパラチア山脈以西への入植を禁じる国王宣言 |
| 1764年 | 4月砂糖法可決 |
| 1765年 | 3月印紙法の制定 |
| 1767年 | 6月タウンゼンド諸法の制定 |
| 1773年 | 4月茶法の改定。12月ボストン茶会事件の発生 |
| 1774年 | 9月第1回大陸会議の開催 |
| 1775年 | 4月アメリカ独立戦争の勃発。5月第2回大陸会議の開催 |
| 1776年 | 1月トマス・ペイン『コモン・センス』刊行。7月独立宣言採択，大陸会議にて連合規約案の報告 |
| 1777年 | 10月ワシントン率いる大陸軍，ニューヨーク北部のサラトガでイギリス軍に対して初めての大きな勝利 |
| 1781年 | 10月アメリカ・フランス連合軍，ヨークタウンの戦いで勝利。イギリスを降伏させる |
| 1783年 | 9月パリ講和条約締結。独立戦争が終わる |
| 1785年 | 5月公有地条例，連合会議可決 |
| 1786年 | 9月アナポリス会議の開催 |
| 1787年 | 5月フィラデルフィア会議（憲法制定会議）の開会。7月北西部条例。9月憲法草案の成立 |
| 1788年 | 6月合衆国憲法の発効 |
| 1789年 | 4月ジョージ・ワシントンが初代大統領就任，ジョン・アダムズ初代副大統領に。7月権利条項の原案が議会に提出される |
| 1791年 | 2月合衆国銀行の設立（〜1811年）。8月ハイチ革命の勃発（1804年ハイチ共和国樹立）。12月権利条項のうち10条の批准が成立（権利の章典）。初の合衆国憲法修正へ |
| 1794年 | 3月イーライ・ホイットニー，綿繰り機の開発，特許取得。11月英国とジェイ条約の締結 |
| 1796年 | 9月ワシントンの告別演説 |

# アメリカ史略年表

|  |  |
|---|---|
| 1798年 | 6月外国人・治安諸法の可決 |
| 1800年 | 12月トマス・ジェファソンが大統領選挙で勝利。初の共和派の大統領 |
| 1803年 | 2月「マーベリー対マディソン事件」判決。司法権の優越が定まる。4月ルイジアナ購入 |
| 1804年 | 5月ルイス・クラークの探検 |
| 1806年 | 11月ナポレオン、大陸封鎖令の発令 |
| 1808年 | 12月共和派のジェームズ・マディソンが大統領選挙で勝利 |
| 1809年 | 3月通商禁止法 |
| 1811年 | カンバーランド国道着工 |
| 1812年 | 6月1812年戦争（アメリカ＝イギリス戦争）の勃発 |
| 1814年 | 8月イギリス軍、首都ワシントンへ侵攻。12月ハートフォード会議の開催、ベルギーのガンにて講和条約（アメリカ＝イギリス戦争の終結） |
| 1816年 | 4月保護関税法の成立。12月共和派ジェームズ・モンロー、大統領選挙で勝利 |
| 1819年 | 2月アダムズ＝オニス条約によって東フロリダの譲渡を受ける |
| 1820年 | 3月ミズーリ協定の締結 |
| 1823年 | 12月モンロー・ドクトリン発表 |
| 1824年 | 3月ヘンリー・クレイ「アメリカ体制論」の発表 |
| 1825年 | 10月エリー運河の開通 |
| 1826年 | 2月アメリカ禁酒教会の設立 |
| 1828年 | 5月関税法。12月アンドリュー・ジャクソン、大統領選挙で勝利 |
| 1830年 | 4月末日聖徒イエス・キリスト教会の発足。5月インディアン強制移住法 |
| 1832年 | サミュエル・F・B・モールス、電信を発明 |
| 1835年 | アレクシス・ド・トクヴィル『アメリカのデモクラシー』第1巻刊行 |
| 1836年 | 3月テキサス共和国の誕生 |
| 1840年 | 6月世界奴隷制反対会議の開催 |
| 1845年 | 7月ジョン・オサリヴァン「マニフェスト・デスティニー（明白な天命）」の提唱。12月テキサスの連邦加入を認める |
| 1846年 | 4月アメリカ＝メキシコ戦争勃発 |
| 1848年 | 1月カリフォルニア州サクラメント川支流で砂金が発見される。2月グアダルーペ・イダルゴ条約の締結。7月セネカフォールズ女性会議が開催される。女性の権利宣言 |
| 1850年 | 9月「1850年の妥協」が成立。カリフォルニア州が自由州として連邦へ加入。逃亡奴隷法の成立 |
| 1851年 | 9月フォートララミー条約の締結 |
| 1852年 | ストウ夫人『アンクル・トムの小屋』の刊行 |
| 1853年 | 12月ガズデン購入 |
| 1854年 | 5月カンザス・ネブラスカ法成立 |
| 1857年 | 3月ドレッド・スコット判決、ミズーリ協定に違憲判断 |
| 1859年 | 10月ジョン・ブラウンらがヴァージニア州のハーパーズ・フェリーの連邦兵器庫を襲撃。この年、チャールズ・ダーウィン『種の起源』刊行 |
| 1860年 | 11月共和党エイブラハム・リンカンが大統領選挙で勝利。12月サウスカロライナ州が連邦から脱退（61年にミシシッピ、フロリダ、アラバマ、ジョージア、ルイジアナ、テキサスが続く） |
| 1861年 | 2月南部11州がアラバマ州モントゴメリーにてアメリカ連合国を樹立。4月連邦軍のサムター要塞が攻撃され、南北戦争が始まる |
| 1862年 | 5月ホームステッド法の成立。苦力貿易禁止法成立 |
| 1863年 | 1月奴隷解放宣言の発効。3月連邦徴兵法の成立。7月ニューヨーク市にて徴兵暴動が発生。12月リンカン、「10%プラン」の提示 |
| 1865年 | 4月アポマトックスで南軍のリー将軍が、連邦軍指揮官ユシリーズ・グラントに降伏。南北戦争の終結。4月リンカン暗殺される。12月憲法修正13条成立（奴隷制廃止） |
| 1866年 | 4月共和党急進派、市民権法案を議会に上程、成立 |
| 1867年 | 10月ロシアからアラスカ購入。この年、ホレイショ・アルジャー『ボロ着のディック』刊行 |
| 1868年 | 2‐3月アンドリュー・ジョンソン大統領弾劾追訴、有罪判決には至らず。7月憲法修正14条成立（黒人男性の市民権）。11月共和党ユリシーズ・グラントが大統領選挙で勝利 |
| 1869年 | 3月グラント、第18代大統領就任。5月初の大陸横断鉄道開通、全国女性参政権協会（NWSA）設立。この年、労働騎士団結成 |
| 1870年 | 3月ジョン・D・ロックフェラー、スタンダード石油会社設立。3月憲法修正15条成立（投票権）。この年までに、南部全州が連邦に復帰。このころグレンジャー運動開始 |
| 1874年 | 11月女性キリスト教禁酒同盟（WCTU）全国大会 |
| 1876年 | 3月アレグザンダー・グラハム・ベル、電話を発明 |
| 1877年 | 3月ヘイズ、第19代大統領就任。4月南部から連邦軍の撤退が完了し、再建が終わる。1877年の妥協 |
| 1879年 | ヘンリー・ジョージ『進歩と貧困』刊行 |
| 1880年 | 11月エンジェル条約調印 |
| 1881年 | 3月ガーフィールド、第20代大統領就任（7月に狙撃され負傷、9月死去）。9月チェスター・アーサー、第21代大統領就任 |
| 1882年 | 5月中国人移民排斥法成立 |
| 1883年 | 1月ペンドルトン法成立。この年、レスター・ウォード『動物社会学』刊行。『レディース・ホーム・ジャーナル』創刊 |

| | |
|---|---|
| 1885年 | 3月クリーヴランド，第22代大統領就任 |
| 1886年 | 5月ヘイマーケット事件。12月アメリカ労働総同盟（AFL）結成 |
| 1887年 | 2月一般土地割り当て法（ドーズ法）成立 |
| 1889年 | 3月ハリソン，第23代大統領就任。この年，ジェーン・アダムズ，シカゴにハルハウスを設立 |
| 1890年 | 2月全国アメリカ女性参政権協会（NAWSA）設立。6月国勢調査開始，フロンティア・ライン消滅の報告。7月シャーマン反トラスト法成立。12月ウンデッドニーの虐殺。この年，アルフレッド・T・マハン『海上権力史論』，ジェイコブ・リース『向こう半分の人々の暮らし』刊行 |
| 1892年 | 1月エリス島移民局開設。2月人民党結成。7-11月ホームステッド争議。7月人民党，オマハ綱領採択 |
| 1893年 | 3月クリーヴランド，第24代大統領就任。5-10月シカゴ万国博覧会 |
| 1895年 | 9-12月アトランタ綿花国際博覧会 |
| 1896年 | 5月プレッシー対ファーガソン最高裁判決，「分離すれども平等」の原則確立。6月ヘンリー・フォード，最初の自動車完成 |
| 1897年 | 3月マッキンリー，第25代大統領就任 |
| 1898年 | 2月キューバのハバナ港で米軍艦メイン号沈没。4月米西戦争。7月ハワイ併合。12月パリ条約（グアム，フィリピン，プエルトリコ割譲）。この年，シャーロット・パーキンズ・ギルマン『女性と経済』刊行 |
| 1899年 | 2月米比戦争。9月ヘイ国務長官，第1次門戸開放通牒 |
| 1900年 | 3月金本位制維持を明示した法貨法成立 |
| 1901年 | 2月USスチール設立。3月キューバ憲法に「プラット修正」挿入。7月アメリカ社会党結成。9月マッキンリー大統領暗殺。T・ローズヴェルト，第26代大統領就任。この年，ブッカー・T・ワシントン『奴隷より身を起こして』刊行 |
| 1903年 | 6月フォード自動車会社設立。12月ライト兄弟，世界初の有人動力飛行。この年，W・E・B・デュボイス『黒人のたましい』刊行 |
| 1904年 | 5月パナマ運河建設開始。12月ローズヴェルト，年次教書でモンロー・ドクトリンを拡大解釈（ローズヴェルト・コロラリー） |
| 1905年 | 6月世界産業労働者同盟（IWW）結成 |
| 1906年 | アプトン・シンクレア『ジャングル』刊行 |
| 1907年 | 2月日米紳士協定（～1908年） |
| 1909年 | 3月タフト，第27代大統領就任 |
| 1913年 | 3月ウィルソン，第28代大統領就任。5月カリフォルニア州で土地禁止法成立。12月連邦準備法成立，連邦準備銀行設立 |
| 1914年 | 7月第1次世界大戦開始（～1918年）。8月ウ |

| | |
|---|---|
| | ィルソン，中立を宣言。10月クレイトン反トラスト法成立 |
| 1915年 | 2月グリフィス『国民の創生』上映。12月KKK復活 |
| 1916年 | 6月全国女性党（NWP）結成。この年，マディソン・グラント『偉大な人種の消滅』刊行 |
| 1917年 | 4月ドイツに宣戦布告。5月選抜徴兵法成立。この年，アメリカ，債務国から債権国へ |
| 1918年 | 1月ウィルソン，「14カ条」を発表 |
| 1919年 | 1月パリ講和会議（～6月）。6月ヴェルサイユ条約調印。7月シカゴ人種蜂起（暴動）。8月アメリカ共産党結成。10月憲法修正18条成立（禁酒法） |
| 1920年 | 4月サッコ，ヴァンゼッティ逮捕（サッコ＝ヴァンゼッティ事件，1927年死刑）。8月憲法修正19条成立（女性参政権）。11月ラジオの商業放送開始 |
| 1921年 | 3月ハーディング，第29代大統領就任。5月移民法（暫定移民制限） |
| 1922年 | F・スコット・フィッツジェラルド『ジャズ・エイジの物語』刊行 |
| 1923年 | 8月ハーディング急死。クーリッジ，第30代大統領就任 |
| 1924年 | 5月移民法（国別割当による移民制限，排日条項）成立。6月先住民市民権法成立 |
| 1928年 | 8月パリ不戦条約調印 |
| 1929年 | 3月フーヴァー，第31代大統領就任。10月暗黒の木曜日（大恐慌の始まり） |
| 1930年 | 4月海軍軍縮条約調印。6月フーヴァー・モラトリアム（戦時債務支払いの1年間猶予） |
| 1933年 | 3月F・ローズヴェルト，第32代大統領就任。第1次ニューディール，百日議会開会，緊急銀行法成立，炉辺談話放送開始，市民保全部隊（CCC）設置。4月金本位制廃止，5月連邦緊急救済法，農業調整法（AAA）成立，テネシー川流域開発公社（TVA）法成立。6月全国産業復興法（NIRA）成立。11月ソ連との国交樹立。12月憲法修正18条（禁酒法）廃止 |
| 1934年 | 5月キューバ憲法のプラット修正条項廃止 |
| 1935年 | 1月第2次ニューディール開始。7月全国労働関係法（ワグナー法）成立。8月社会保障法成立，中立法（交戦国への武器輸出禁止）成立。11月産業別労働者組織委員会（CIO）結成 |
| 1938年 | 6月公正労働基準法成立 |
| 1939年 | 9月第2次世界大戦（～1945年）。11月中立法改正（主要条項撤廃） |
| 1940年 | 1月日米通商条約失効。9月選抜徴兵法成立 |
| 1941年 | 1月ローズヴェルト「4つの自由」演説。3月武器貸与法成立。6月公正雇用実施委員会成立。8月米英首脳会談，「大西洋憲章」発表。11月ハル・ノート。12月日本軍が真珠湾攻撃，アメ |

| | |
|---|---|
| | リカ参戦 |
| 1942年 | 1月連合国共同宣言。3月米議会，大統領の日系人強制収容命令を承認。3月人種平等会議（CORE）設立 |
| 1943年 | 1月米英首脳カサブランカ会談。11月米英中首脳カイロ会談，カイロ宣言。12月中国人移民排斥法撤廃 |
| 1944年 | 6月連合軍，ノルマンディ上陸。7月ブレトン・ウッズ会議。8月ダンバートン・オークス会議（国連憲章起草）。11月ローズヴェルト，大統領4選 |
| 1945年 | 2月米英ソ首脳ヤルタ会談。4-6月サンフランシスコ会議。4月ローズヴェルト急死。トルーマン，第33代大統領就任。7月米英ソ首脳ポツダム会談，ポツダム宣言。8月広島，長崎に原爆投下。9月日本，降伏文書に調印。10月国際連合発足 |
| 1946年 | 3月チャーチル，「鉄のカーテン」演説。8月ジョン・ハーシー「ヒロシマ」発表 |
| 1947年 | 3月トルーマン・ドクトリン，連邦職員に対する忠誠審査令。6月マーシャル・プラン（ヨーロッパ復興計画）発表。10月非米活動委員会，ハリウッド・テン証人喚問 |
| 1948年 | 4月ボゴタ憲章，米州機構成立。7月連邦職員人種差別禁止令，軍隊における人種統合。7月-翌年5月西ベルリンへの空輸作戦。8月非米活動委員会，アルジャー・ヒス証人喚問。11月トルーマン，大統領選挙で勝利 |
| 1949年 | 4月北大西洋条約機構（NATO）調印 |
| 1950年 | 2月マッカーシー，ホィーリング演説。6月朝鮮戦争勃発。7-8月ローゼンバーグ夫妻，スパイ容疑で逮捕（51年死刑判決，53年死刑執行）。9月マッカラン法（国内治安）成立 |
| 1951年 | 7月朝鮮戦争休戦会談はじまる。9月サンフランシスコ講和条約，日米安全保障条約調印 |
| 1952年 | 7月プエルトリコ，自治領に。11月アイゼンハワー，大統領選挙で勝利。水爆実験成功 |
| 1953年 | 1月アイゼンハワー，第34代大統領就任。ダレス国務長官，「巻き返し」政策発表。4月大統領令10450号，連邦機関からの同性愛者排除。7月朝鮮休戦協定調印 |
| 1954年 | 5月ブラウン判決。7月インドシナ休戦協定。12月上院，マッカーシー議員非難決議 |
| 1955年 | 8月エメット・ティル殺害事件。12月アラバマ州モントゴメリーでバス・ボイコット運動開始 |
| 1956年 | 3月「南部宣言」 |
| 1957年 | 1月南部キリスト教指導者会議（SCLC）結成。9月リトル・ロック危機。10月スプートニク・ショック |
| 1958年 | 7月米航空宇宙局（NASA）設置。9月国防教育法制定 |
| 1959年 | 1月キューバ革命成功，2月カストロ首相就任。アラスカ，州に昇格。7月ニクソン，フルシチョフ「キッチン論争」。8月ハワイ，州に昇格。9月キャンプ・ディヴィッド会談 |
| 1960年 | 2月ノースカロライナ州グリーンズボロでシットイン開始。4月学生非暴力調整委員会（SNCC）結成。9-10月ケネディ，ニクソン，大統領候補テレビ討論会。11月ケネディ，大統領選挙で勝利 |
| 1961年 | 1月キューバとの国交断絶。アイゼンハワー，「軍産複合体」を警告。ケネディ，第35代大統領就任。4月ピッグス湾上陸作戦失敗。5-12月フリーダム・ライド運動。5月ケネディ，アポロ計画発表。8月ベルリン危機，ベルリンの壁建設。12月南ベトナムへの軍事援助増強 |
| 1962年 | 6月民主社会を求める学生（SDS）結成。9月メレディス，ミシシッピ大学入学。10月キューバ危機 |
| 1963年 | 4-5月バーミングハム闘争。6月ケネディ，平和共存路線，ホットライン設置を決定。8月米英ソ，部分的核実験停止条約調印。仕事と自由のためのワシントン大行進。11月南ベトナムでクーデター，ケネディ暗殺，副大統領リンドン・ジョンソンが第36代大統領に就任 |
| 1964年 | 1月ジョンソン，「貧困との戦い」を宣言。7月公民権法成立。8月トンキン湾事件，トンキン湾決議。経済機会法成立。12月キング，ノーベル平和賞受賞 |
| 1965年 | 1月ジョンソン，「偉大な社会」を宣言。2月マルコムX暗殺。3月ベトナムで「ローリング・サンダー」作戦開始，北爆が本格化。キング，セルマ行進。4月民主社会を求める学生（SDS），ワシントンDCで反戦集会開催。7月メディケア法成立。8月投票権法成立。ワッツ蜂起（暴動）。10月移民法成立（国別割り当て制限撤廃） |
| 1966年 | 6月ストークリー・カーマイケル，「ブラックパワー」を訴える。全米女性組織（NOW）結成。10月ブラックパンサー党，カリフォルニア州オークランドで結成 |
| 1967年 | 4月キング，ベトナム政策を批判。戦争に反対するベトナム帰還兵の会（VVAW）設立。夏サマー・オブ・ラヴ。7月デトロイト蜂起（暴動）。10月ペンタゴンでのベトナム反戦集会に10万人が結集 |
| 1968年 | 1月テト攻勢。3月ソンミ村虐殺事件（翌年発覚）。ジョンソン，大統領選挙不出馬表明。4月キング暗殺。コロンビア大学ストライキ。6月ロバート・ケネディ暗殺。7月アメリカン・インディアン・ムーヴメント（AIM）設立。8月シカゴ民主党全国大会，反戦候補を支持す |

| | |
|---|---|
| | るデモ隊と警察が衝突。9月ラディカル・フェミニスト，ミス・アメリカ・コンテスト会場で抗議行動。10月メキシコ・オリンピック，ブラックパワー・サリュートをした選手が失格に。11月ニクソン，大統領選挙で勝利 |
| 1969年 | 1月ニクソン，第37代大統領に就任。2月ニクソン・ドクトリン発表。6月ストーンウォール・イン蜂起（暴動）。7月アポロ11号，月面に着陸。8月ウッドストック・フェスティバル。11月アルカトラス島占拠（～71年6月） |
| 1970年 | 4月アースデイ開催。カンボジア侵攻。5月ケント州立大学銃撃事件，ハードハット・ライオット。6月最初のプライド・パレード開催。11月核拡散防止条約。12月環境保護庁設置 |
| 1971年 | 6月『ニューヨーク・タイムズ』，ペンタゴン・ペーパーズをスクープ。8月ニクソン，ドルと金の兌換停止を発表（ニクソン・ショック／ドル・ショック）。11月沖縄返還協定 |
| 1972年 | 2月ニクソン訪中。3月男女平等権修正条項（ERA），上院を通過。5月ニクソン，訪ソ。第1次戦略兵器削減条約（SALT I）調印。6月ウォーターゲート事件。11月ニクソン再選。12月『Ms.』マガジン創刊 |
| 1973年 | 1月ロウ対ウェイド判決，人工妊娠中絶を禁止する州法を憲法違反と認定。ベトナム休戦協定締結。3月ベトナムから米軍撤退完了。10月第4次中東戦争勃発，オイルショック。スピロ・アグニュー副大統領，辞任。ニクソン弾劾決議審議，下院で始まる。11月戦争権限法成立。12月ジェラルド・フォード，副大統領就任 |
| 1974年 | 7月下院，ニクソン弾劾訴追勧告。8月ニクソン辞任，フォード，第38代大統領就任。11月情報公開法成立 |
| 1975年 | 4月サイゴン陥落，ベトナム戦争終結 |
| 1976年 | 7月アメリカ独立200周年。11月ジミー・カーター，大統領選挙で勝利 |
| 1977年 | 1月カーター，第39代大統領就任。2月カーター，人権外交を開始。8月エネルギー省設立 |
| 1978年 | 2月ニューヨーク州ラヴキャナルで水質汚染発覚　6月カリフォルニア大学対バッキ判決，アファーマティヴ・アクションの逆差別が争点に |
| 1979年 | 1月イラン革命発生，第2次オイルショック。3月スリーマイル島原子力発電所事故。6月モラル・マジョリティ設立。11月イラン，アメリカ大使館人質事件 |
| 1980年 | 1月モスクワ・オリンピックのボイコットを決定。11月レーガン，大統領選挙で勝利。12月ジョン・レノン殺害される |
| 1981年 | 1月レーガン，第40代大統領就任，「小さな政府」演説。4月スペース・シャトル飛行成功。7月減税法案成立 |

| | |
|---|---|
| 1982年 | 6月ヴィンセント・チン殺害事件。男女平等権修正条項（ERA）不成立 |
| 1983年 | 3月戦略防衛構想（SDI）発表。10月グレナダ侵攻 |
| 1984年 | 11月レーガン再選 |
| 1985年 | 9月プラザ合意。11月ゴルバチョフ書記長と米ソ首脳会談 |
| 1986年 | 4月リビア爆撃。6月最高裁，バウワーズ判決でソドミー法を合憲判断。11月イラン＝コントラ事件発覚 |
| 1987年 | 12月INF全廃条約成立 |
| 1988年 | 8月市民的自由法（日系人強制収容補償法）成立。11月ジョージ・H・W・ブッシュ副大統領，大統領選挙で勝利 |
| 1989年 | 1月ブッシュ，第41代大統領就任。6月天安門事件。7月最高裁，人工妊娠中絶を制限する判決。11月ベルリンの壁崩壊。12月米ソ首脳，マルタ会談にて冷戦の終結を宣言。パナマ侵攻 |
| 1990年 | 10月東西ドイツ統一 |
| 1991年 | 1月湾岸戦争開始。7月第1次戦略兵器削減条約（START I）調印。10月全米非白人環境指導者サミット。12月ソビエト連邦崩壊 |
| 1992年 | 4月ロサンゼルス蜂起（暴動）。11月ビル・クリントン，大統領選挙で勝利。12月北米自由貿易協定（NAFTA）調印 |
| 1993年 | 1月第2次戦略兵器削減条約（START II）調印。クリントン，第42代大統領就任 |
| 1994年 | 9月クリントン，暴力犯罪抑制および法施行法に署名。11月カリフォルニア州，住民提案187号通過 |
| 1995年 | 7月ベトナムと国交正常化 |
| 1996年 | 8月クリントン，個人責任・就労機会調整法（PRWORA）に署名。11月カリフォルニア州，住民提案209号可決（アファーマティヴ・アクション廃止）。クリントン再選 |
| 1998年 | 1月クリントン＝ルインスキー・スキャンダル発覚。10月マシュー・シェパード殺害事件 |
| 1999年 | 4月コロンバイン高校銃乱射事件。11月シアトルにて第3回世界貿易機関（WTO）閣僚会議への抗議行動 |
| 2000年 | 11月大統領選挙で混乱，ジョージ・W・ブッシュ勝利 |
| 2001年 | 1月ブッシュ，第43代大統領就任。9月同時多発テロ。10月アフガニスタン攻撃開始。愛国者法成立 |
| 2002年 | 1月ブッシュ，どの子も置き去りにしない法に署名。ブッシュ，「悪の枢軸」演説。11月米国国土安全保障省（DHS）設置 |
| 2003年 | 3月イラク戦争開始。11月マサチューセッツ州最高裁，同性婚を合法化する判決（翌年実現）。12月米軍，サダム・フセイン確保 |

| | | | |
|---|---|---|---|
| 2004年 | 11月ブッシュ再選 | | イケル・ブラウン射殺事件 |
| 2005年 | 8月ハリケーン・カトリーナ | 2015年 | 6月連邦最高裁，同性婚を合憲と判断 |
| 2006年 | 10月米国人口推計3億人超に | 2016年 | 2月環太平洋パートナーシップ協定（TPP）署名。11月ドナルド・トランプ，大統領選挙で勝利 |
| 2007年 | 4月ヴァージニア工科大学銃乱射事件 | | |
| 2008年 | 9月リーマン・ブラザーズ倒産。11月バラク・オバマ，大統領選挙で勝利 | 2017年 | 1月トランプ，第45代大統領就任。TPP離脱を表明，メキシコとの国境に壁を作る大統領令に署名。「女性の行進」。4月シリア爆撃。6月パリ協定からの離脱を表明。8月ヴァージニア州シャーロッツヴィルで白人至上主義者のデモ。10月ラスベガス乱射事件。#MeToo運動 |
| 2009年 | 1月バラク・オバマ，第44代大統領就任，キューバのグアンタナモ基地収容所閉鎖命令。2月ティーパーティー運動はじまる。4月クライスラー，破産法適用申請。6月GM，破産法適用申請。マイケル・ジャクソン死去。12月オバマ，ノーベル平和賞受賞 | | |
| | | 2018年 | 6月米朝首脳会談 |
| | | 2019年 | 2月INF全廃条約破棄をロシアに通知。米朝首脳会談。12月下院，トランプ弾劾を評決 |
| 2010年 | 3月医療保険制度改革（オバマケア）成立 | 2020年 | 1月米国初のCovid-19感染者。2月上院，トランプ弾劾を否決。5月ジョージ・フロイド殺害事件，全米でBLM運動が展開。11月ジョー・バイデン，大統領選挙で勝利 |
| 2011年 | 5月米軍，ウサーマ・ビン・ラディン殺害。9月「ウォール街を占拠せよ」抗議運動。12月イラクから撤退完了 | | |
| 2012年 | 2月トレイヴォン・マーティン射殺事件。11月オバマ再選 | 2021年 | 1月トランプ支持者，連邦議事堂に乱入。ジョー・バイデン，第46代大統領就任，カマラ・ハリス副大統領就任。下院，トランプ弾劾を評決。2月トランプ弾劾裁判上院で否決。2月米国内のCovid-19死者数が50万人を超える |
| 2013年 | 4月ボストン・マラソン爆破事件。6月シェルビー判決。7月ハッシュタグ #BlackLivesMatter 登場。7月デトロイト市，財政破綻 | | |
| 2014年 | 7月エリック・ガーナー窒息死事件，ブラック・ライヴズ・マター（BLM）運動。8月マ | | |

（梅﨑　透・坂下史子・宮田伊知郎）

# 人名索引

# 事 項 索 引

**執筆者紹介**（氏名／よみがな／現職／五十音順／＊は編著者）　　　　執筆担当は本文末に明記

＊**梅﨑　透**（うめざき・とおる）
　　フェリス女学院大学文学部英語英米文学科教授

**小田悠生**（おだ・ゆうき）
　　中央大学商学部准教授

**今野裕子**（こんの・ゆうこ）
　　亜細亜大学国際関係学部多文化コミュニケーション
　　学科講師

＊**坂下史子**（さかした・ふみこ）
　　立命館大学文学部教授

**鈴木周太郎**（すずき・しゅうたろう）
　　鶴見大学文学部英語英米文学科准教授

**高田馨里**（たかだ・かおり）
　　大妻女子大学比較文化学部比較文化学科教授

**土屋和代**（つちや・かずよ）
　　東京大学大学院総合文化研究科地域文化研究専攻
　　准教授

**土屋智子**（つちや・ともこ）
　　日本女子大学文学部英文学科准教授

**野口久美子**（のぐち・くみこ）
　　明治学院大学国際学部国際学科准教授

**久野　愛**（ひさの・あい）
　　東京大学大学院情報学環准教授

**藤永康政**（ふじなが・やすまさ）
　　日本女子大学文学部英文学科教授

**丸山雄生**（まるやま・ゆうき）
　　東海大学文化社会学部ヨーロッパ・アメリカ学科
　　准教授

＊**宮田伊知郎**（みやた・いちろう）
　　埼玉大学人文社会科学研究科准教授

**鰐淵秀一**（わにぶち・しゅういち）
　　明治大学文学部史学地理学科専任講師

《編著者紹介》

梅﨑　透（うめざき・とおる）

　　1971年　生まれ
　　2003年　一橋大学大学院社会学研究科博士課程単位取得退学
　　2013年　コロンビア大学大学院歴史学研究科博士課程修了，Ph. D.（アメリカ史）
　　現　在　フェリス女学院大学文学部英語英米文学科教授
　　「なぜアメリカに社会主義はないのか／今あるのか」『立教アメリカン・スタディーズ』42号，2020年
　　『中国が世界を動かした「1968」』（共著），藤原書店，2019年
　　『グローバル・ヒストリーとしての「1968年」』（共編著），ミネルヴァ書房，2015年

坂下史子（さかした・ふみこ）

　　1971年　生まれ
　　2012年　ミシガン州立大学大学院文芸研究科アメリカ研究専攻博士課程修了，Ph. D.（アメリカ研究）
　　現　在　立命館大学文学部教授
　　*Transpacific Correspondence : Dispatches from Japan's Black Studies*（共編著），Palgrave Macmillan, 2019
　　『「ヘイト」の時代のアメリカ史——人種・民族・国籍を考える』（共著），彩流社，2017年
　　『変容するアメリカの今』（共著），大阪教育図書，2015年

宮田伊知郎（みやた・いちろう）

　　1973年　生まれ
　　2010年　ジョージア大学大学院歴史学研究科博士課程修了，Ph. D.
　　現　在　埼玉大学人文社会科学研究科准教授
　　『現代アメリカ政治外交史——「アメリカの世紀」から「アメリカ第一主義」まで』（共編著），ミネルヴァ書房，2020年
　　『お望みなのはコーヒーですか？——スターバックスからアメリカを知る』（ブライアン・サイモン著），岩波書店，2013年

やわらかアカデミズム・〈わかる〉シリーズ
よくわかるアメリカの歴史

2021年6月30日　初版第1刷発行　　　　〈検印省略〉

定価はカバーに
表示しています

編著者　　梅　﨑　　　透
　　　　　坂　下　史　子
　　　　　宮　田　伊知郎
発行者　　杉　田　啓　三
印刷者　　江　戸　孝　典

発行所　株式会社　ミネルヴァ書房

607-8494 京都市山科区日ノ岡堤谷町1
電話代表　（075）581-5191
振替口座　01020-0-8076

© 梅﨑・坂下・宮田ほか，2021　　共同印刷工業・新生製本

ISBN978-4-623-09197-3
Printed in Japan

| | | | |
|---|---|---|---|
| アメリカ合衆国の歴史 | 野村達朗編著 | 本体 | 2800円 |
| 大学で学ぶアメリカ史 | 和田光弘編著 | 本体 | 3000円 |
| よくわかるアメリカ文化史 | 巽孝之・宇沢美子編著 | 本体 | 2500円 |
| よくわかるイギリス近現代史 | 君塚直隆編著 | 本体 | 2400円 |
| よくわかるフランス近現代史 | 剣持久木編著 | 本体 | 2600円 |
| グローバル・ヒストリーとしての「1968年」 | 西田慎・梅﨑透編著 | 本体 | 3500円 |
| 現代アメリカ政治外交史 | 青野利彦・倉科一希・宮田伊知郎編著 | 本体 | 3200円 |
| 先住民 vs. 帝国 興亡のアメリカ史 | アラン・テイラー著／橋川健竜訳 | 本体 | 2800円 |
| 独立宣言の世界史 | デイヴィッド・アーミテイジ著／平田雅博ほか訳 | 本体 | 3800円 |
| 工業化とアメリカ社会 | ウォルター・リクト著／森杲訳 | 本体 | 3600円 |
| ケネディはベトナムにどう向き合ったか | 松岡完著 | 本体 | 3200円 |
| アメリカのコミュニティ開発 | 矢作弘・明石芳彦編著 | 本体 | 3500円 |
| オバマ政権の経済政策 | 河音琢郎・藤木剛康編著 | 本体 | 3000円 |
| アメリカはアートをどのように支援してきたか | タイラー・コーエン著／石垣尚志訳 | 本体 | 4000円 |

ミネルヴァ書房

https://www.minervashobo.co.jp/